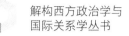
解构西方政治学与
国际关系学丛书

国际关系理论中的
普遍性与特殊性

孟维瞻 著

Universality and Particularity
in International Relations Theories

天津出版传媒集团

天津人民出版社

图书在版编目(CIP)数据

国际关系理论中的普遍性与特殊性 / 孟维瞻著. --
天津 : 天津人民出版社, 2023.5
（解构西方政治学与国际关系学丛书）
ISBN 978-7-201-19293-2

Ⅰ.①国… Ⅱ.①孟… Ⅲ.①国际关系理论 Ⅳ.
①D80

中国国家版本馆CIP数据核字(2023)第061709号

国际关系理论中的普遍性与特殊性
GUOJI GUANXI LILUN ZHONG DE PUBIANXING YU TESHUXING

出　　版	天津人民出版社
出 版 人	刘　庆
地　　址	天津市和平区西康路35号康岳大厦
邮政编码	300051
邮购电话	(022)23332469
电子信箱	reader@tjrmcbs.com

责任编辑	佟　鑫
封面设计	汤　磊

印　　刷	天津海顺印业包装有限公司
经　　销	新华书店
开　　本	710毫米×1000毫米　1/16
印　　张	18.25
字　　数	260千字
版次印次	2023年5月第1版　　2023年5月第1次印刷
定　　价	68.00元

谨以此书献给我的父母

序

欣闻孟维瞻博士的书稿即将付梓出版,我很高兴为此书写一个简单的序。

维瞻是我在香港大学担任教授期间指导的博士研究生,我跟他相识近十年了,看着他一步步成长为一个出色的国际关系学者。我博士毕业后曾经在美国任教五年,之后于1997年来到香港大学政治与公共行政学系任教22年时间。2019年,我来到澳门大学,担任社会科学学院院长、澳大发展基金会政治与公共政策特聘教授。在这三十余年里,我带过来自世界各地的研究生,他们现在世界各地的不同岗位上工作,维瞻是他们之中的佼佼者。

光阴荏苒,日月如梭。记得我跟维瞻的第一次电邮联系是在2012年12月,差不多正好是10年之前。通过多次电邮联系,我发现他很有学术潜力,在硕士期间已经发表了好几篇文章,我看出他是一个意志非常坚定、立志投身于学术研究的好苗子。每年我会收到很多来自内地学校的学生的申请,他们希望有机会来到香港大学就读研究型硕士生和博士生,但由于每年教育经费数额的波动,我们系三个专业平均每年招收研究型硕士生和博士生总共不超过7个人,有的时候甚至一年仅仅招收3~4个人。我们的生源非常国际化,一般是香港本地学生、内地学生和国际学生各占1/3。我认为维瞻很有竞争力和潜力,未来将会有一番不错的表现,因此决定为他争取就读的机会和名额。在面试中,他提到了自己的抱负,我建议他一步一个脚印,不要低估前进道路中的每一个困难。

2013年5月,我们正式决定录取维瞻为香港大学博士研究生,并且按照香港大学的惯例为其提供了四年的全额奖学金,保证他能够安心读书。之后我迫不及待地发邮件将这一喜讯告诉他,并且由衷为他感到高兴。我也提醒他,在香港学习期间,英文听说和写作水平须得到进一步提升。与香港本地的学生从小接受三种语言教育相比,他的英文能力显得较为薄弱,使用英文撰写毕业论文显然是一个艰巨的挑战。因此他每天必须阅读一定数量的英文文献,模仿学术写作。香港高校的教职人员的工作和生活背景是非常多元化的,他们出生和成长于世界各地,在世界名校接受教育,来到这样的学校就读有利于拓宽他的国际视野。

我和维瞻的第一次见面是在2013年7月北京的一次学术会议上。在他即将来港大读书之前,我为他制订了未来四年的学业计划。我鼓励他务必珍惜宝贵时间,将精力用在最重要的地方,争取尽可能多地发表一些学术文章,提高自己的学术生产力和竞争力。2013年9月,维瞻来到香港大学报到注册,正式成为我们系的学生。这是他第一次来到香港,似乎尚对这边的生活和学习感到不太习惯。例如,香港大学及其宿舍建立在山坡上,学生每天往返学校都要经过山坡。这边的大学教育保留了英式培养体系的某些特征,研究型硕士生和博士生有义务为本科学生提供小组辅导,帮助他们理解教授在课堂上讲授的知识内容。

我建议维瞻读书期间要做好两手准备。一方面,要博览各种文献,拓宽自己的视野范围,同时掌握必要的研究方法和技术手段,但也不要陷入方法论主义。另一方面,要有自己的研究领域,最好选出一个比较明确的研究问题。维瞻有比较强的悟性,在入学之后的半年,他就基本上确定了自己的研究方向。他希望探索古代中国的对外关系,我认为这个话题很有趣,也非常适合他。我告诫说,博士期间的选题方向很重要,未来他的职业生涯发展可能会始终以此为中心。中国崛起是当代国际关系中非常重要的话题,未来中国将会持续崛起,选择这样一个不会过时的研究领域可能会有益于他的一生。不过我也提醒他,博士期间时间比较紧张,一旦确立了研究领域就不应见异思迁,以便于集中精力阅读这个特定领域的文献。

维瞻在港大就读的四年里,我鼓励他多到美国去看看,增长国际视野。我们学校为每位博士生提供两次赴美国进行短期学术交流的机会,我希望他能够在国际研究协会(International Studies Association)的年会上认识一些和他从事相近学术领域研究的学者。维瞻在就读博士的后期,我告诫他要克服各种暂时的困难,千万不可懈怠。博士期间要集中精力完成眼前要做的事,等以后再树立更远大的抱负。他的英文写作比较吃力,显然比不上用母语来撰写文章那么轻松。我告诉他,中文和英文之间的叙述转换,并不是翻译那么简单,两种语言的思维方式、话语体系都有很大差异,不能仅仅关注某一种语言的文献,要善于进行对比。

2017年8月,维瞻终于按时完成了博士论文的写作。在11月答辩之前的一天,我鼓励他不要畏惧答辩,要相信自己是一个非常了解这个领域的学者。2018年,维瞻参加毕业典礼的时候,我正好担任香港大学政治与公共行政学系的主任,我也参加了他的毕业典礼。之后,他开始进行新的研究工作,将自己博士期间和毕业后的一些所思所想写成了完整的文章,我们一起撰写新的论文,发表在一些学术期刊上面。从2018年初到2020年末,他已经撰写了8篇英文论文,其中有几篇是我们一起合作撰写的。他不仅关注以前的研究领域,也尝试在其他领域有所建树,涉猎变得越来越广,在中美关系、东亚安全、国际秩序、国际安全战略等方面都有不少自己的独立看法。

这本书汇聚了维瞻十年来对中国特色国际关系理论和中国古代对外关系的思考。主体部分是他就读博士研究生期间的研究成果,还有一部分是他毕业之后与我共同撰写和发表的论文。我感到非常欣慰,经过这些年的努力,维瞻已经成长为一位出色的青年学者。他致力于研究与中国崛起相关的国际关系理论问题,希望为中国特色国际关系理论的发展作出一点贡献。

胡伟星

写于疫情隔离中的澳门

2022 年 7 月 31 日

前　言
为什么要探索国际关系中的普遍性和特殊性？

中国的崛起是当代国际关系中最重要的事实之一。不少中国学者、西方学者和其他第三世界学者将中国崛起作为最重要的学术创新增长点，这可能会持续相当长的时间。当我们讨论"中国能和平崛起吗？""中国将会如何塑造国际秩序？""中国强大之后将会采取什么样的对外战略？"这样的问题时，本质上是在讨论中国与世界其他国家之间的普遍性和特殊性。甚至类似的争论在政治学以及整个社会科学各个学科中都是存在的。

普遍性与特殊性的二分法与国际关系理论的各种范式相互结合，可能会产生各种不同的具体观点。普遍性的现实主义者可能认为，中国的崛起不会与西方国家的争霸历史有本质区别；普遍性的自由主义者可能认为，中国的政治发展最终会与西方国家趋同并且不会提出与西方主导的国际秩序不同的主张。最坚定的普遍主义者则认为，我们不需要专门研究中国，或者没有必要太关注中国。他们否定发展中国特色的国际关系理论和"中国学派"理论的意义和价值。不少英文的国际关系学术期刊并不关注中国的经验，认为探索普遍性的规律或者创造普遍性的理论比专注于某一个国家或地区的研究更有意义。

近年来，在中国和西方的学术讨论和政策分析中，我们更多看到的是对特殊性的强调。中国和美国各有一部分群体，将自己描绘成为道德的、正义的形象，将对方进行妖魔化。这实际上将东西二分思维发展到极致，形成自我中心主义。即使在严肃的学者中也有很多人认为古代东亚的等级制国际体系是区分于欧洲威斯特伐利亚体系的本质特征。但事实上，这种等级制也许在东亚之外的其他体系也曾经存在。特殊性在换一个角度或者将其置于更广义的视野之后可能就会成为普遍性。过于强调特殊性，反而会低估中国经验的可推广性，不利于我们构建人类命运共同体的努力。即使中国的特殊性在某些视角下确实存在，我们很多人也并未抓到其关键。

一、研究古代问题为何如此重要？

很多朋友曾经问我，你为什么要将古代问题作为研究国际关系普遍性和特殊性的切入点，而不是关注当今世界中那些更为重要的问题呢？古代的国际体系、规则和秩序与现在完全不同，你如何从中得到启示并指导今天的实践呢？还有人一语中的，指出古代中国人持"天下"世界观，根本没有国家的意识，甚至很少划定清晰的国界，而今天的世界是一个主权国家组成的体系，那么研究古代问题究竟有何价值呢？

上面的种种质疑，都是富有洞见而且掷地有声的。如果是在十多年前我刚刚开始关注古代中国和古代东亚的时候，这些批评一定是切中要害的，但是到了今天，我会有更多的理由给出自己的回答，尽管仍然不一定足够周详和严谨。

如果中国自身真的没有太多的特殊性，那么中国崛起就不应该引起与现行的西方主导的国际秩序的较大冲突，但是今天我们看到的事实是，中国与西方国家之间在国家利益、国际秩序和国际规则方面的分歧正在变得越来越多，冲突正处于上升趋势。这并不是说中国只有特殊性，而没有与西方国家之间的普遍性，因为中国的确一直在努力与西方世界求同存异，支持联合国和绝大多数重要国际制度的运作并且维护以国际法为核心的国际秩序。但我们也不能否认，西方主导的国际秩序中，有很多内容可能会潜在地伤害中国的核心利益与合法权益，这也是中国一直在坚持斗争的原因。

　　如果我们仅仅研究今天的世界,那么就无法了解产生冲突的原因。葛兆光先生曾经说,今天西方创造的国际秩序已经很"完美"了,中国只能遵守它。然而,现实与葛先生描绘的这种"理想境界"相差甚远。即使我们愿意与西方世界和谐相处,西方尤其是美国仍然对中国的很多行为非常不满意,他们希望中国作出更多的让步。中国之所以特殊,在于中国的历史传统以及中国的政治制度遗产,本书称之为"宪制传统",这种力量是非常巨大的。当然,笔者并不是第一个强调历史传统和政治制度遗产的国际关系学者。萨缪尔·亨廷顿(Samuel P. Huntington)很早就从世俗权威与宗教权威关系的角度论证了西方文明并不具有普遍性而只具有独特性。①

　　我们也可以讨论一下中国之外的其他国家,而不是只讨论中国,这样会更容易理解。今天的国际秩序很大程度上是第二次世界大战结束之后美国按照自己的主张来塑造的,冷战结束以后的国际秩序毫无疑问更加体现了美国的价值和意愿,但是美国的国际秩序观并不是在最近一个世纪之内才形成的。事实上,早在美国建国之初就提出了与欧洲国家完全不同的国际秩序主张,只不过第一次世界大战结束之后美国曾经尝试将其付诸实践但没有成功,第二次世界大战结束之后美国才有足够的能力将其付诸实践。又如,英国的殖民主义秩序观和美国的自由主义秩序观有很大不同,鲜明地体现在1941年罗斯福和丘吉尔在大西洋会议上的争论。今天的英国没有放弃在世界各地保留殖民地的努力,它在全世界还有二十多个殖民地,只不过它没有足够的实力使得这种做法成为被世界其他国家普遍接受和效仿的规则。再如,历史上的俄罗斯帝国曾经侵略成性、肆意扩张,苏联则主张民族自决权原则,反对帝国主义侵略扩张,今天的俄罗斯联邦修改与乌克兰的领土边界现状则是在北约东扩压力下的被动选择。但是俄罗斯民族的地缘政治思维与领土安全理念是一脉相承的,它指导了俄罗斯几百年来处理对外关系的原则。此外,日本的国际秩

---

　　① Samuel P. Huntington, "The West: Unique, Not Universal," *Foreign Affairs*, Vol. 75, No. 6, 1996, pp. 28-46.

序观也是自古以来一脉相承的,自从16世纪末丰臣秀吉统一日本之后,"大陆政策"就一直被延续下来,每次中国呈现衰落迹象之时它都会立即实施该计划。第二次世界大战之后,日本被剥夺了独立的军事力量并且成为美国的附庸国,但是假如有一天日本拥有足够的实力,它依然会重蹈侵略扩张的覆辙。除此以外,印度、土耳其也有自己鲜明独特的国际秩序观,它们都是基于自己的历史文明。

这就质疑和动摇了西方主流国际关系理论的同质化假定。例如,现实主义者常常争论霸权是否有助于维护国际体系的稳定,自由制度主义者热衷于讨论霸权如何支持国际制度的运作,但是他们都忽视了一个更为重要的问题:谁是霸权?谁主导国际体系和秩序?实际上,每一个国家都有处理对外关系的独特方式,这种独特性往往源于各自的古老历史,也就是本书所说的宪制传统。即使在西方世界内部,它们彼此看待对方时也会有很多分歧,只不过在面对其他文明时它们可以表现出团结一致。然而,并不是每一个国家都有机会成为霸权。我们可以想象,如果有一天英国再次成为世界第一强国,或者俄罗斯、日本、印度取代美国的地位,那么它们主导的国际秩序一定与现在有巨大的不同。

二、中国独特性之源

当我们要说某个国家具有特殊性时,一定要格外慎重。这种观点往往会被上升为政治意识形态,甚至成为各种民族主义的依据。很多时候,特殊性似乎比普遍性更加容易识别,但实际上却常常被高估。相反,真正的特殊性可能很难被发现,需要进行详细精致的论证,才能让人信服。本书想要告诉读者,古代东亚国际体系与世界上其他地区相比,特殊性被高估了,普遍性被低估了。同时,我们也不能放弃寻找其真正特殊性的努力。

关于中国的普遍性和特殊性的分野,我认为有四个层次:第一个层次,中国和西方表面上的不同并不意味着中国就是特殊的,因为这种不同本身可能已经在某个西方理论的解释范围之内。在这种情况下,我们甚至不应再发明原创的"术语"和"话语"来解释中国自身,而是应该尽量使用已有的理论。第二个层次，如果某一个西方理论难以解释中国，但另一个理论可以解释中国，我们仍然不能说中国是特殊的。西方学术体系本身就是多元的，我们应该充分参与和西方同行的辩论，而不是将主要任务放在论证中国如何特殊。第三个层次，即使西方所有的理论确实不能解释中国的某个现象，我们依然应慎言中国是特殊的。因为中国学者应该优先尝试发展普遍性理论，把中国和其他国家都作为这个普遍性理论之下的不同案例。当特殊性的事物足够多的时候，普遍性规律反而可以应运而生。第四个层次，当前三个层次的努力都无法实现时，我们才能说中国在某一方面确实是特殊的。

在国际关系中，特殊性往往源于各国的历史传统和国内政治制度的层面，而不是源于国际关系的层面。对外关系是内部政治的延续，一个国家有什么样的内部政治，就会有什么样的对外关系。今天美国主导的国际秩序，源于美国清教主义的民族特性和生活方式。19世纪英国缔造的殖民主义国际秩序，是英国国内等级森严的贵族体系的对外延伸。今天俄罗斯与西方在国际秩序上的冲突，是因为俄罗斯以东正教为基础的现代化道路与西方的自由主义现代化道路之间存在不可避免的政治伦理分歧。

要想理解中国今天和未来在国际关系中的行为，我们离不开对中国历史的分析。这里不仅包括历史上中国如何处理对外关系，更包括中国宪制传统和政治遗产的独特性。这里的传统和遗产，指的是一个国家几百年来甚至上千年来一直流传和保留到今天的深层次的价值内容。冷战结束之后的30年里，全球化深入发展，商品、资本、信息和人员的跨国界流动速度达到空前的水平。美国一直试图通过它主导的国际制度对全世界进行自由化改造，使之符合美国金融资本的利益。但是全球化的结果是，非西方国家并没有放弃自己的传统和遗产，越来越多的国家重新回归和强调自己独特的文明。讽刺的是，美国的特朗普和民族保守主义者正在兴起，他们痛恨自由主义国际秩序，希望回到美国建国时的精神。

今天的中国并没有像三十多年前很多美国人预期的那样，被同化成为一个和美国的政治制度一样的国家。相反,中国仍然保留了自己的宪制传统,它在各个方面更像过去的自己,而不是今天的其他国家。虽然中国吸收了很多西方先进的知识和科技成果,但是在社会和政治本质性的层面并没有发生太多改变。首先,中国两千年历史中的基本形态是儒法政体。在儒法政体中,政治权力与意识形态权力之间结成相互依存的共生关系,儒家思想成为统治国家的唯一指导思想。这种政体具有强大的自我更新机制,因此在中国历史上表现出了超乎想象的弹性和活力。[1]今天中国的社会主义制度,实际上仍然保留了儒法合一模式的关键特征。例如,中国官员获得权力的方式是通过考试和考核,官僚系统内部有严格的科层和晋升制度,并且保留了古代流官治国的特征。这些与西方的选举制度有重大区别。

其次,今天的中国依然是一个中央集权的国家,官僚系统有严格的科层制度,下级服从于上级,地方服从于中央。古代中国有一个重要词汇描述这个特征,即"大一统"。儒家礼制体系规定了政治制度的基本原则,并且保证了其稳定存在和有序运作。在西方国家,中央政府和地方政府有着明确的职能分工,地方政府只对自己的选民负责,甚至在有些议题上可以不服从中央的命令。中国古代的社会结构是扁平型的,没有贵族这样一个阶层,绝大多数的官僚职位是无法世袭的。[2]欧洲则建立了一个严格的贵族爵位体系,并且爵位可以世袭。

再次,无论是古代还是今天,商人在中国的政治体系中都是没有权力的。中国历史上也曾经有很多巨商大贾,但他们始终处于边缘地位,他们不仅不能像欧洲中世纪的商人那样维护自己的经济利益,而且不能以某种意识形态为基础形成组织化的力量。[3]在中国古代,国家财政主要来源于农业,统治者采取重农抑商政策;在今天,国有经济是国民经济的支柱,

① 赵鼎新:《东周战争与儒法国家的诞生》,夏江旗译,北京:北京联合出版公司,2020年,第190—191页。
② 寒竹:《中国道路的历史基因》,上海:上海人民出版社,2018年,第103—107页。
③ 赵鼎新:《东周战争与儒法国家的诞生》,夏江旗译,北京:北京联合出版公司,2020年,第12页。

私营经济是公有制经济的补充。中国的传统伦理,对于商人获得政治权力是非常警惕的,今天中国的国家性质是人民民主专政。与此不同,美国真正的统治者是金融资本家,他们要求在世界范围内实现资本和商品的自由流动,这就是为什么美国主导的国际秩序与中国宪制传统存在矛盾的关键。

此外,中国是一个多元一体的超大规模国家,中国的人口规模和国土面积不是任何一个西方国家可以相比的。自从中世纪和近代之后,西方逐渐形成以民族国家为单位的国际体系。每个民族国家强调民族内的同以及与外族的异,因此是封闭的体系。[①] 民族国家内部,容易形成较强的国家认同,因此国家只需要保持对社会的较低程度的控制。多元一体则与中国传统的和合思想相一致,几千年来中国各个族群不断融合,形成共同的国家认同,直到今天依然美美与共。但是超大规模国家也面临着国家分裂的危险,必须建立强大的中央政府才有可能维护多民族国家的统一和边疆领土的完整。比较而言,西方将保护个人权利作为政治第一性,中国将维护国家的统一和安全作为政治第一性,双方有不同的价值取向。

最后,很多人认为中国是无神论国家,宗教不影响中国人的生活。实际上更准确的表述是,儒家思想本身能够为古代的中国人提供一套处理社会关系的伦理规则,因此中国社会不需要通过某种宗教来维系稳定。儒家的天道思想倡导探索客观真理,例如忠、孝、诚、天理、良心,都具有鲜明的入世主义和无神论倾向。[②] 西欧社会在宗教改革之前是教权高于政权,宗教改革之后形成了两个相互独立的权威体系;而在中国,在意识形态上占据主导地位的儒家思想始终依附于政治权威,各种宗教从来不可能干预政治。中国共产党坚持无神论,这不仅是马克思主义辩证唯物主义和科学性的体现,也是中国古代无神论传统的延续。

---

① 王成、宋清员:《多元一体中华民族的生成逻辑及其现代启示:基于民族共同体建构的视角》,《南开学报》(哲学社会科学版),2019年第2期,第53页。

② 赵德勇、姚洪越:《马克思主义无神论中国化初探》,《当代世界与社会主义》,2014年第4期,第48页。

很多已有的研究高估了古代中国主导的国际体系和国际秩序的特殊性,例如,等级制体系不能算中国的特殊性,因为历史上其他地区同样出现过等级制,中国与周边国家的关系有时并不是等级制,中国可能与它们处于平等地位甚至不占据主导地位。又如,朝贡关系只是古代中国对外关系的众多形态之一,而且其他地区的国家之间也会有朝贡现象。[①] 长和平也不算中国的特殊性,因为历史上其他地区也曾经有过长和平状态,而且长和平背后的关键原因不一定是中国的文化。本书将对这些问题进行详细的分析。如果不讨论中国和西方国家在上述五个方面的本质性差异,我们就无法从国内层面推导出中国主导的国际体系和秩序的特殊性。

三、中国原创性国际关系理论的三个发展阶段

由于受到各种主客观因素的影响,国际关系理论在中国的发展起步较晚。在20世纪80年代,中国国际关系理论主要以马克思主义为主导范式。80年代末,中国学者开始系统地引进和学习西方国际关系理论。[②] 进入新世纪之后,中国学者开始追求和倡导中国特色或"中国学派"的国际关系理论。根据对普遍性和特殊性的关注和强调,我们可以将中国原创性的国际关系理论的发展划分为三个历史阶段。每一个阶段的理论发展和创新,不是纯粹的学理或思维上的演化,而是受到深刻的社会政治背景影响的结果。

第一阶段开始于2000年,这一时期中国的多数国际关系学者强调中国的特殊性。当时的背景是中国特色社会主义建设已经取得瞩目的成绩,中国奉行和平发展战略,这与历史上西方大国尔虞我诈、战争频仍、争

---

① 有的学者发现,美国的"朝贡体系"与中国的朝贡体系其实有很多共同点,参见 Yuen Foong Khong, "The American Tributary System," *The Chinese Journal of International Politics*, Vol. 6, No. 1, 2013, p. 40;还有的学者对明清时期的中国与俄罗斯帝国、印度莫卧儿帝国、奥斯曼帝国进行了比较研究,发现它们处理与邻国关系的相似之处,参见 Peter C. Perdue, "The Tenacious Tributary System," *Journal of Contemporary China*, Vol. 24, No. 96, 2015, p. 1010。

② 最早的介绍西方国际关系学的著作是倪世雄、冯绍雷、金应忠:《世纪风云的产儿:当代国际关系理论》,杭州:浙江人民出版社,1989年。最为系统的中国国际关系学术史可参见任晓:《中国国际关系学史》,北京:商务印书馆,2022年。

夺霸权的历史经验迥然不同。中国学者不满意西方国际关系理论无法解释中国历史经验的独特性,因此呼吁构建中国特色的理论。在这一时期,很多中国学者基本上摆脱了传统研究范式的束缚,不再从意识形态角度思考问题,而是以探寻客观规律为目的的,并且强调国际关系研究的学术规范和学术自觉。

第二阶段大概开始于21世纪第一个十年的最后几年,中国学者开始从破到立,很多人力图构建原创性的大理论。经过多年的持续努力之后,大概到21世纪第二个十年的中期,中国国际关系学术界出现了百家争鸣的局面。其中著名的代表性成果有关系理论、道义现实主义理论、社会演化理论、共生理论、位置现实主义理论,等等。虽然这一时期的理论成果具有鲜明的中国特色,但是它们有一个明显的共同特征,即更多地展示中国与世界其他国家的普遍性,而很少关注中国自身的特殊性。虽然不少观点具有革命性,但是仍然对中国特殊论持谨慎和警惕态度,认为不应以争夺国际话语权为目的。换句话说,这一时期的中国学者注重将中国的思维逻辑、文化精华、历史经验融入国际关系理论的创新,但是他们强调自己的理论是普遍性的或普世性的,不仅可以比西方主流理论更好地解释中国,也可以更好地解释西方国家和其他国家。他们努力使自己的理论易于被西方学者理解和认可,并且致力于通过学术对话来提升中国学者的作品在国际学术共同体中的影响力。在这一阶段,很多学者争论"中国学派"国际关系理论的必要性问题,但实际上这个争论不是本质性的,因为这个标签并没有真正涉及对普遍性与特殊性的分歧的讨论。

第三阶段大概开始于21世纪第二个十年的最后几年,中国部分重要高校的国际关系学科的领导者大力强调重新发现和关注中国的特殊性。比较而言,在第二阶段,多数学者希望借助于中国独特的哲学思想与历史实践,提供一种与西方人不同的理解世界的方式。虽然他们的理论具有鲜明的中国特色,但理论的内容实际上是为了解释中国与其他国家的普遍性。在第三阶段,下面的几个学术理念非常关键:第一,中国自身文化和文明的独特性,决定了它的对外政策与众不同;第二,中国人的思维方式的独特性,意味着中国的对外战略的规律与众不同;第三,中国历史传统和政治实践的独特性,预示着中国崛起之后对国际秩序的影响将会与众不同。同时,一系列鲜明的学术主张应运而生:中国概念、中国话语、中国的国际话语权、中国自主的知识体系、"以中国为方法",等等。具体来说,学术同仁的努力主要表现在如下几个方向:有的同仁强调处理好普世知识与地方知识的关系;有的同仁主张将历史提升到本体论意义的存在,强调从历史角度研究政治问题的具体情景,尤其是要理解各国政治和国际关系的历史文明基因;有的同仁重点研究中国古代哲学中的独有概念,以此摆脱美国"三大理论"的束缚;有的同仁恢复了马克思主义范式和研究方法的学术活力,以及在今天逆全球化的时代背景下对于国际关系的强大解释力;甚至还有的同仁在文献中明确地批评"中国学派"国际关系理论依然保留着西方思维的特色。之所以出现上述转向,主要背景是中国崛起及其引起的中国与西方关系的变化。

要澄清的是,上述各个阶段的学术成果并不是泾渭分明的。各种观点之间一直在相互借鉴和学习,并不存在彼此竞争和对立的门户之见。关注国际关系普遍性的学者并不否认中国可能存在某些特殊性,致力于推动中国的国际话语权的学者也可能认为中国应该贡献普遍性的思想。此外,中国国际关系理论的进步是多个学科的学者共同努力的结果,包括政治学、哲学、历史学、经济学、区域国别研究,等等。还要注意的是,一些外国同行可能误解了中国国际关系学者的努力。十年前的一篇文章宣称,国际关系理论的中国范式有如下功能:维护中国的国家利益和为中国政治制度提供合法性支持,同时提升中国的全球地位。[①] 甚至连关心和支持中国国际关系学科发展的阿米塔夫·阿查亚(Amitav Acharya)也认为,中国学派的一些核心思想与中国政府倡导的政治口号重叠。[②] 但是

---

① Nele Noesselt, "Revisiting the Debate on Constructing a Theory of International Relations with Chinese Characteristics," *The China Quarterly*, Vol. 222, 2015, p. 430.

② [加拿大]阿米塔夫·阿查亚、董贺:《全球国际关系学与国际关系理论的中国学派:两者是否兼容》,《世界经济与政治》,2015年第2期,第15页。

这些观点明显夸大了中国学者的政治动机，忽视了他们的独立性以及对客观真理的学术追求。荷兰莱顿大学一位华裔学者的观点可能更为深刻。他认为"中国学派"可能是中国国际关系学者的一种斗争策略，他们模仿西方理论中的各种范式和概念，以融入西方主流话语进而改造西方理论，以一种温和渐进的方式与西方知识进行对话，目的是团结非西方世界的反西方理论家，以及西方内部的批判主义理论家，达到反抗和瓦解西方知识霸权甚至最终建立新的知识体系的目的。① 当然，这些观点都是一家之言，我们仅供参考。

四、本书的结构

本书的每一章都基于社会科学实证研究，还原历史的本来面貌。普遍性与特殊性这个话题，几乎涉及人文社会科学的每一个学科每一个分支。如果研究者带着某种既定的意识形态倾向和价值判断去做研究，那么很可能会妨碍我们得出比较客观的结论。但是完全不带有某种假定也是不可能的，因为社会科学做不到真正的价值中立。

强调事物特殊性往往成为一部分学者凸显自己学术贡献的途径。与普遍性相比，特殊性更容易成为重大发现，但是对特殊性的偏执会使得结果适得其反。在本书中，读者会看到，儒家和平主义、文化现实主义都有各种各样的逻辑问题而经不住推敲，但是这种为了创新而创新的做法使得古代东亚历史获得了西方主流国际关系学者的注意，并且引发相关学术辩论。马丁·雅克（Martin Jacques）在他的著作中试图回答和本书相同的问题，即"谁是霸权？"但他的过于情感化的论述方式并不利于在西方主流学术体系中产生影响，也无助于消除西方人对中国的误解。② 我们应尽量避免东西对立二分的思维，以历史为基础客观地看待普遍性和特殊

---

① Yih-Jye Hwang, "Reappraising the Chinese School of International Relations: A Postcolo-nial Perspective," *Review of International Studies*, Vol. 47, No. 3, 2021, pp. 311-330.

② ［英］马丁·雅克：《当中国统治世界：中国的崛起和西方世界的衰落》，张莉、刘曲译，北京：中信出版社，2010年。

性之间的联系和张力。

本书一共有十个章节。前两章讨论的是国际体系。第一章将会剖析学术界长期以来关于古代东亚基于儒家文化的"长和平"秩序的迷思。中国和西方学术界有很多这一观点的支持者和反对者,但他们或者没有提供足够的事实论据,或者论证逻辑存在明显的漏洞。在此基础上,第二章将会揭示古代东亚等级制国际体系生成的原因和维持的动力。中国的物质实力对于国际等级制秩序的生成是必不可少的,儒家文化对于等级制体系的长期稳定可能有促进作用,但也可能会使得周边行为体消解对中央王朝的政治认同。在这个问题上,中国与西方之间有相似之处,也有特殊之处。

接下来的三个章节将会阐明中国在三个时期的战略行为,即中国从分裂到统一的时期、中国正在崛起的时期以及中国成功崛起之后的时期的战略行为。第三章将会分析中国历史上内部各个行为体和政治力量之间的战争,并且借助国家间规范的视角分析其产生的原因。实际上这种内战现象在欧洲历史上也曾经出现过,只不过战争的动力不同,宗教权威和世俗政治权威都会成为内战的动力。第四章将会还原中国历史上每次从弱小走向强大之时面对的来自周边行为体的制衡,以及中国如何通过联盟方式破解制衡并最终实现崛起。通过对历史上几个主要强大王朝历史的实证分析,读者将会发现在这个问题上中国几乎没有特殊之处。第五章是本书的核心部分,将会构建一个简约的理论模型来解释古代中国在不同时期的战略行为的重大变化以及差异化对待周边行为体的战略行为的原因。如何既能使理论清晰明了,又能处理各种看似相互矛盾的案例之间的关系,是笔者必须要克服的挑战。

之后的两个章节与国际秩序有关。第六章涉及国际关系理论中存在广泛争议的道义问题。笔者并不穷究哪种道义或者哪个国家的道义的内容更好,而是试图通过实证研究总结普遍性的规律,即国家如何做才可以承担与自己的物质能力相称的道义;一国内部政治道德体系的稳定对它的国际道义行为有明显影响。第七章是一个思想史研究而非实证研究,分析了今天中西世界秩序理念之间的冲突。只有在这两种文明发生遭遇的过程中,我们才可能充分地看到中国的特殊之处。有的哲学家试图打通二者之间的普遍性,但效果不尽如人意。未来的世界政治的发展方向将会长期困扰中美两国的知识分子,我们获得解决方案的道路还很漫长。

第八章讨论的是最近在政治学和国家治理学的文献中经常看到的一个概念,叫作"超大规模国家",它引发了关于中国是否具有特殊性的争论。笔者认为,只有结合国际政治的视角才能更好地回应相关质疑。超大规模国家有利于形成超稳定的社会结构,只有中央集权政治模式才可以更好地应对其在国际体系中面临的竞争。

第九章是从古代问题延伸到当代问题。我们似乎生活在一个让人困惑的世界,前几十年我们积累的经验和学到的知识似乎不能解释今天世界的变化,但是从中国自己的历史中,我们仍然可以找到很多宝贵的资源。只要在战略设计中发挥好主观能动性,我们仍然可以让变局成为定局,让不确定性成为确定性。为打破西方的封锁,中国的当务之急是寻找与其他发展中国家之间的普遍性。

第十章即为结论,虽然简短,但这是本书最重要的部分。笔者先总结了中国和美国双方共享的价值观,即平等精神和商业精神。之后强调了双方在历史传统方面有重大的差异:第一,两国对商品自由流动的限制程度有明显的不同;第二,中国具有强国家、强政府传统,美国倡导个人自由;第三,两国都强调多元主义,但是内涵有较大差异。与前言部分相呼应,中国国内政治制度特殊性的五个方面均对中国的国际秩序理念产生了影响。这种传统的影响力依然很强大,以至于未来其将会长期延续,它决定了中国与美国主导的现行国际秩序之间的冲突难以消除。最后,笔者分析了为什么普遍性与特殊性之争是过去十几年中国国际关系理论发展的主线和动力,同时描绘了中国国际关系理论的未来前景。

目 录

第一章
东亚"长和平"的迷思:权力还是文化?

西方历史学界和国际关系学界长期有一种观点,将古代东亚描述成为一个极具特殊性的国际体系,其特点是与历史上欧洲截然不同的"长和平",但这种观点是否经得住细致的推敲,有很大的疑问。另一个最近暴露出来的问题是,西方很多"对华友好"学者在讲述中国问题时的动机可能是复杂的。他们对中国的"友好"可能有多种目的,甚至包含潜在的政治意图,不等于真正尊重中国的历史。随着中国实力的增强和维权行动的日益频繁,西方很多汉学家认为中国没有在西方价值体系圈定的范围内发展,因此他们对中国的态度迅速从褒到贬。这对我们来说是一个教训,我们应该以中国的历史语境为背景,从客观事实出发对相关问题进行分析,努力还原本来面目,避免基于主观想象的讨论,尤其是不要刻意拔高自己的历史。本章和下一章都是讨论古代东亚的国际体系,笔者将坚持上述原则。

东亚"长和平"的大致论点:在西方势力进入东亚之前,东亚的和平状态持续了几个世纪,而这种"长和平"的主要原因是儒家文化的传播推动各个东亚行为体接受反对战争的文化规范。不过,也有很多人表示不认同这个说法,但他们却从未通过严谨的论证来否定它,因为毕竟从对战争数据的统计中很容易发现明清两朝500年时间对周边小国的战争频率确实很低。我们要关注的是这种"长和平"的真正原因以及支持其存在的力量是什么,这是讨论中国和东亚特殊与否的关键。在这一章,我将中国视

1

角与中国周边国家视角结合起来进行分析,对历史发展的情景过程进行追踪,寻找儒家文化影响中国与周边国家战略行为的因果机制。读者会清楚地看到,儒家文化并不总是有效地巩固周边国家的和平动机,当中国的实力不足以维持以中国为中心的等级体系时,儒家文化基础上形成的"小天下"观念可能会对周边国家对中国的认同起到消解作用。

一、东亚"长和平"存在吗? 相关文献综述

可以将已有的关于东亚"长和平"的文献分为三类。第一类认为"长和平"本身并不存在。更准确地说,至少古代东亚并不比同期世界其他地区更为和平。一些人认为,明清时期东亚的战争和冲突频率并不低于世界其他地区,而另一些人则认为东亚的战争和冲突的低频率无法得到证实。换句话说,"长和平"不是幻觉就是无法证实的"迷思"。

濮德培(Peter C. Perdue)写道:"和平的东亚和明清帝国的仁慈霸权只不过是真正荒谬的主张,因为从公元前770年到1912年,中国内部各个政权之间先后发生了3756次战争,平均每年发生1.4次战争。明朝至少每四年就与蒙古人爆发一次冲突。即使这些简单的数字,也足可以揭示东亚和平的荒谬说法。"[1] 他宣称,20世纪60年代的朝贡体系的概念是冷战时代的产物,当时中国的军事实力尚不强大。[2]

威廉·卡拉汉(William A. Callahan)认为,中国是否是和平的"并不是一个学术争论议题",这是"新的东方主义的变体",即中国话语。这种新的东方主义,其实是在为中国崛起成为全球强国进行辩护,但实际上这种话语并不是中国独有的,中国例外论的话语与美国例外论的表述有许多共同之处。中国将自己描绘成一个仁慈的帝国,认为中国可以为解决各种世界问题提供办法,中国精英和外交政策分析人士正在宣传这一概念。[3]

---

[1] Peter C. Perdue, "The Tenacious Tributary System," *Journal of Contemporary China*, Vol. 24, No. 96, 2015, pp. 1004–1005.

[2] Ibid., p. 1014.

[3] William A. Callahan, "Sino-speak: Chinese Exceptionalism and the Politics of History," *Journal of Asian Studies*, Vol. 71, No. 1, 2012, pp. 35–50.

然而,上述这些观点似乎是武断和片面的。中国领土幅员辽阔,历史悠久。中国不可能对所有的周边国家都采取和平政策,也不可能在历史上任何时候都保持和平,这一点很容易理解,但中国在特定的时间会对某些特定的国家或政权采取和平政策,这也是客观事实。中国与游牧行为体的关系在多数时间并不是和平的,因为游牧政权频繁掠夺中原地区,但这并不足以驳斥"长和平",因为中国周边还有很多非游牧的成熟政权。此外,近代世界可能比古代世界更和平。也许在一千年前,东亚并不是非常和平,但在17世纪之后,东亚可能确实比世界上其他地区更为和平。

第二类文献认为,东亚最近几百年来确实表现为和平状态,战争的频率比同一时期世界其他地区要低得多。这种观点将文化因素视为和平或低战争频率的原因。东亚历史上的长期和平与稳定植根于共同的儒家信仰,因为儒家思想倡导和平,反对战争。①

美籍韩裔教授康灿雄(David C. Kang)是东亚"长和平"观点的代表性学者。他认为近代早期的东亚有一个比威斯特伐利亚体系更为稳定的等级和平秩序。②中国将国际权威和物质权力的合法性结合起来,培育与周边国家之间的信任,并且没有任何侵略其他国家的意图;反过来,周边国家也不想挑战中国,不想破坏现存的稳定。③与权力制衡理论的预测截然相反,古代东亚并没有出现欧洲历史上不断出现的结盟和制衡现象,周边国家选择追随(bandwagon)和调适(accommodate)中国,因此1300—1900年间亚洲的战争明显少于欧洲,中国与"中国化"国家之间的等级秩

---

① Nayan Chanda, "When Asia Was One," *Global Asia*, Vol. 1, No. 1, 2006, pp. 58–68; John K. Fairbank (ed.), *The Chinese World Order: Traditional China's Foreign Relations*, Cambridge, MA: Harvard University Press, 1968; Jonathan D. Spence, *The Search for Modern China, 2nd edition.* New York: Norton, 1999; Brantly Womack, *China Among Unequals*, Singapore: World Scientific Press, 2010; Alexander Woodside, "Territorial Order and Collective-Identity Tensions in Confucian Asia: China, Vietnam, Korea," *Daedalus*, Vol. 127, No. 3, 1998, pp. 191–220.

② David C. Kang, "Getting Asia Wrong: The Need for New Analytic Frameworks," *International Security*, Vol. 27, No. 4, 2003, pp. 66–67; David C. Kang, *China Rising: Peace, Power, and Order in East Asia*, New York: Columbia University Press, 2007, pp. 43–44.

③ David C. Kang, "Hierarchy and Legitimacy in International Systems: The Tribute System in Early Modern East Asia," *Security Studies*, Vol. 19, No. 4, 2010, p. 593.

序是稳定的。①

康灿雄的贡献主要表现在以下几个方面：他成功吸引了西方国际关系学者关注中国和亚洲问题，明确提出反对"西方中心主义"，试图对西方主流的国际关系理论进行修正。他希望通过政治学和国际关系学的方法来研究东亚历史，而不是通过历史学的方法。笔者正是接受和采纳了这种研究路径。他强调通过研究亚洲的历史来预测亚洲的未来。②

然而，康灿雄的论述可能依然存在一些明显的逻辑问题：第一，康灿雄没有将中华帝国具有的物质与观念（文化）因素进行分离，他研究的时期都是中国同时具有物质与文化优势的时期，因此无法说清楚导致东亚和平的原因到底是什么。古代东亚国际体系的确处于"长和平"状态，这一点毋庸置疑，至少对于中国、日本、朝鲜、越南四个儒教国家来说的确如此。③但问题在于，导致东亚和平的首要因素是什么？康灿雄一再强调，东亚的和平与稳定是以中国的霸权为基础，但他的霸权概念又非常模糊。霸权既源于中国的物质实力，也源于中国的合法性权威，而权威的核心则是文化、规范和认同。④他不仅认为，历史上当中国衰落时东亚变得混乱，当中国强大时东亚变得和平，而且认为中国的文化为朝贡体系提供了支撑性力量。⑤这样就等于说物质实力与合法性权威都是东亚和平的原因，因此他没有对这个问题给出清楚的回答。我列举一个反例，也许读者就明白了。中国历史上的金朝和元朝几乎很少与朝鲜发生战争，但这两个王朝的文化吸引力可能比较有限。

---

① David C. Kang, Meredith Shaw, Ronan Tse-min Fu, "Measuring War in Early Modern East Asia, 1368-1841: Introducing Chinese and Korean Language Sources," *International Studies Quarterly*, Vol. 60, No. 4, 2016, p. 774.

② David C. Kang, *China Rising: Peace, Power, and Order in East Asia*, New York: Columbia University Press, 2007, p. xi.

③ 罗伯特·凯利（Robert Kelly）对东亚"长和平"进行了定量的检验，进一步支持了康灿雄的观点，见 Robert Kelly, "A 'Confucian Long Peace' in Pre-Western East Asia?" *European Journal of International Relations*, Vol. 18, No. 3, 2012, pp. 407-430。

④ David C. Kang, "Hierarchy and Legitimacy in International Systems," pp. 592-597.

⑤ David C. Kang, "Getting Asia Wrong," pp. 66-67; David Kang, *China Rising*, pp. 41-44.

　　第二,康灿雄的观点可能有一些悖论。有人通过中国与游牧政权之间的频繁战争来否定"长和平"存在。[①] 这当然不能驳倒"长和平"的基本论点,因为康灿雄已经说得很清楚,他只关注中国与"中国化"或深受儒家文化影响的国家的关系。不过,从另一个角度看,还有其他悖论存在。康灿雄忽略了一个重要事实——有的游牧帝国也是典型的尊儒国家。例如,辽代、金代都是非常尊崇儒学的朝代,政治制度模仿中原。辽代儒家知识分子地位很高,儒学是契丹统治阶级治国的根本指导思想,而且辽代的科举制度非常完善;金代的儒学不如辽代发达,但政府也大量收罗儒士,采用科举考试来录用人才。但是,辽、金在文化上的成熟,使得它们更加坚信自己的"正统"地位,对汉族帝国更加敌对,它们与宋朝的和平是通过力量均衡来实现的,而不是通过"共享"儒家文化来实现的。可见,行为体对儒家文化的共享有时可以促进和平,有时无法促进和平。

　　第三,康灿雄关于"长和平"背后因果机制的论述不够有说服力。他强调权力不能解释一切,并且等级制是关系性的(relational),起到关键作用的不是中国是如何想的,而是周边国家是如何想的,双方的合法性地位是经过互相协商建立起来的。[②] 可以这样理解他的观点,文化对国家行为的影响,必须要内化为一种信念,并且这种信念指导了中国和周边国家的外交政策。因此对于周边国家(朝鲜、日本等)来说,承认中国的合法性并且不进攻中国的信念,是文化影响其国家行为的关键机制。然而事实上,我们可以回顾一下历史,这种信念并不总是存在的。清朝初年,朝鲜内部存在强大的主张"北伐"的势力,并且这成为朝鲜官方理念的一部分;而日本在16世纪末丰臣秀吉统一之后,就已经树立了要取代中国的"理想",并且付诸实践。朝鲜和日本的确是有进攻中国的动机的,儒家文化并没有内化成为朝鲜和日本的和平信念,因此文化导致东亚和平的核心机制存在问题。朝鲜和日本可能是由于慑于清朝的强大实力而不敢将自己的

---

① Peter C. Perdue, "The Tenacious Tributary System," p. 1005.
② David C. Kang, " International Relations Theory and East Asian History: An Over-view," *Journal of East Asian Studies*, Vol. 13, No. 2, 2013, pp. 194–195.

动机转为现实,朝鲜选择消极对待清朝而将朝贡关系作为表面上的"权宜之计"[①];日本江户幕府敌视中国,选择闭关锁国政策,与清朝不相往来。因此,在康灿雄所定义的"长和平"中,有三分之二的时间不能用儒家文化来解释。这是本章接下来要重点讨论的内容。

罗伯特·凯利(Robert Kelly)试图通过定量方法检验东亚"长和平"的存在。他认为应该检验两个方面的问题:一是这种长时段的和平是否确实存在;二是这种和平是否可归因于儒家思想,以及东亚是否确实存在这样一个以反对战争为宗旨的文化共同体。[②]

凯利首先试图证明近代的东亚确实是一个国际体系。如果这个国际体系不存在,那么讨论东亚和平与否就没有意义,因为每个国家都没有能力投送权力或者彼此缺乏互动能力同样会导致和平。[③]凯利将1683年视为关键节点,因为这一年清朝统一了台湾。这至少说明此时的中国已有能力将军事力量投送到大陆周边的各个岛屿,也意味着从17世纪中叶开始,中国、日本、越南和朝鲜已经处于同一个国际体系之中。[④]这个体系中的所有国家都深受儒家文化的影响,成为"中国化"的国家。之后,凯利发现,这一体系在1644年至1839年间只发生过一次冲突和战争,足以说明这个时期是多么的和平。他还考察了世界上另外三个地区的情况,即古希腊城邦体系、中世纪和近代欧洲的基督教国际体系,以及当代阿拉伯国家体系。它们的冲突与战争频率均远远高于清朝时期的东亚。[⑤]

不过,凯利的研究似乎有一些问题。最明显的缺陷是,清朝可能不是检验"长和平"最好的案例,因为我们无法从中了解儒家文化促成"长和平"的因果机制。他认为之所以选择清朝作为案例,是因为当时技术的进步,以及清朝与其他东亚国家之间的互动能力更强,但是有一些事实不应

---

① Zhang Yongjin and Barry Buzan, "The Tributary System as International Society in Theory and Practice," *The Chinese Journal of International Politics*, Vol. 5, No. 1, 2012, p. 31.

② Robert Kelly, "A 'Confucian Long Peace' in Pre-Western East Asia?" pp. 407–408.

③ Ibid., pp. 414–416.

④ Ibid.

⑤ Ibid., pp. 416–419.

该忽视。例如,在清朝建立之初的一百年,朝鲜始终有进攻清朝的动机;此外,从明朝晚期以来,日本一直将明清时期的中国视为要征服的对象,清朝建立之后,日本切断了与它的一切官方联系。朝鲜和日本都认为,它们是真正的中华文明的代表,清朝则是野蛮人建立的王朝。它们憎恶清朝,它们没有进攻清朝是因为没有足够强的军事力量。

总之,虽然康灿雄和凯利通过定量研究的方法证明了1368—1840年东亚经历了一个低战争频率的时期,但他们并没有告诉我们儒家文化导致"长和平"的因果机制。在所有的原因中,至少儒家文化可能不是最重要的。在经过笔者的实证研究后,读者会发现,儒家文化从中国扩散到周边国家有时可以促进和平,但有时起到反作用。

第三种观点认为,"长和平"是有条件的,并不是自然产生的。真正导致和平的是中国的物质实力和主导权,而不是儒家文化。换言之,如果中国的实力尚未在东亚国际体系中占据主导地位,它就不会采取和平的政策。这种观点认为中国的对外战略与东亚之外其他大国的对外战略没有实质性区别。中国的主导权(霸权)与其他国家的霸权相比也并不独特。[①]

王元纲(Wang Yuan-kang)以对儒家和平主义和儒家"长和平"的批判而著名。他认为中国的崛起没有什么独特之处。[②] 他以明朝为例进行分析。明朝建立之后。不断扩张自己的政治利益,并且利用自己的主导权制订了游戏规则,以维护自己的利益。他宣称明朝的对外政策是扩张主义而不是和平主义,因为它曾经多次进攻蒙古部落,还曾经占领安南,并进行海上远征。明朝只不过是用儒学来论证自己在朝贡体系中的主导地位,中国之所以让周边国家受益于自己主导的规则和朝贡体系,是为了减少它们对中国的反对。因此,明朝的战略并没有特殊性,和美国的行为没有区别。美国也是通过一系列扩张成为地区霸主,然后再将其政治利益

---

① 英文的hegemony一词译为"霸权"并不妥,它其实并无贬义,只是强调某个行为体比其他所有行为体拥有更多的权力。因此译为"主导权"更符合其原意。

② Wang Yuan-kang, "Managing Regional Hegemony in Historical Asia: The Case of Early Ming China," *The Chinese Journal of International Politics*, Vol. 5, No. 2, 2012, p. 129.

扩展到海外,建立和塑造国际游戏规则。没有中国强大实力的支持,朝贡体系将变得不可持续,它不是靠儒家文化来维持的。①

王元纲对中国行为模式的解释采用了进攻性现实主义的逻辑。他认为,中国的相对实力决定了中国的战略选择。当中国的相对力量强大时,它倾向于采取进攻性战略,反之则采取防御性战略。中国人相信的是现实主义政治,而不是儒家的和平主义,在必要的情况下中国并不排除使用武力甚至消灭敌人。这并不是说中国是侵略性的,而是说与其他大国相比中国的行为几乎没有什么不同。②

类似地,许田波(Victoria Tin-Bor Hui)认为,中国一方面有着丰富的政治军事历史,另一方面也有很多理想的政治,这预示着崛起的中国将实现和平转型,一旦中国实力达到顶峰,它对其他国家将会更为友好。不过,中国的很多实际行为更与法家而不是儒家保持一致,法家与儒家的很多观点是对立的,它关心如何实现国家权力的最大化,用严刑峻法统治国内民众,以及在对外关系中扩张领土。③

王元纲的观点有很多重要意义,中国的实力肯定是塑造中国与其周边国家之间的关系的主要因素,但是王元纲选择宋朝和明朝作为案例,其实并不完全妥当。中国与"中国化"国家的关系,显然不同于中国与游牧政权的关系,前者的战争频率比后者低得多。正如康灿雄所说,王元纲研究的是10世纪到12世纪的多极体系、14世纪到15世纪的多极体系,他不能解释17世纪之后中国与周边的那些"中国化"国家之间的等级和平关系。④

此外,王元纲将中国的实力看作是影响中国与邻国关系的唯一自变

---

① Wang Yuan-kang, "Managing Regional Hegemony in Historical Asia," pp. 151–152.

② Wang Yuan-kang, *Harmony and War : Confucian Culture and Chinese Power Politics*, New York: Columbia University Press, 2011, p. xiii.

③ Victoria Tin-Bor Hui, "How China Was Ruled," *The American Interest*, Vol. 3, No. 4, 2008, Retrieved from https://www.the-american-interest.com/2008/03/01/how-china-was-ruled.

④ David C. Kang, "International Relations Theory and East Asian History: An Overview," *Journal of East Asian Studies*, Vol. 13, No. 2, 2013, p. 190.

量,但他并不能解释中国与朝鲜之间的关系的变化。中国的实力一直大大强于朝鲜,双方不在一个量级,但它们之间的关系并不是一成不变的,这说明权力之外还有其他因素在起作用。从另一个角度来看,中国一直比朝鲜更强大,但中国在处理与朝鲜的关系时始终采取和平主义政策,这也不是仅仅通过权力因素就可以解释的,至少意味着有某种文化力量在约束着中国的行为。

二、一个初步的假设与分析框架

我们的核心假设和命题如下:历史数据可以证实明清时期的东亚(西方有的学者称之为近代早期的东亚)确实存在很长一段时间的和平秩序,但这种和平不一定是以各国共享儒家文化为基础的,中国强大的国防力量以及惩罚周边反叛者和侵略者的能力才是维护和平秩序的基础。要说明的是,讨论中原王朝与西北方向的游牧政权的关系是否和平没有意义,因为游牧政权是一类具有较强进攻性的特殊的行为体,现在已经不复存在。我们也不会试图论证中国在任何时候都是和平的,反对"长和平"观点的学者不应该试图用中国与一部分政权的关系来证伪这个观点。

本章的理论框架是建立在亚洲各行为体的统治精英和知识精英对世界秩序以及中国与周边行为体关系的认识基础之上的。在详细论述古代东亚和近代早期东亚的国际关系之前,我们须重新审视和评价众所周知的"天下"概念。"天下"是中国古代人的世界秩序观。《诗经·小雅·北山》提道:"普天之下,莫非王土,率土之滨,莫非王臣。"这个概念也体现了儒家的等级秩序观,与西周的礼乐制度的精神是一致的。

中国古人将世界视为一个整体,即"天下",不存在"我国"和"外国"的区分。《公羊传》说"王者无外",即王者"以天下为一家"。古代的"中国"一词有多种概念,但从来不是某一个国家的名字。[1] 直到1911年之后,中国才成为国家的名字。正如梁启超所说:"中国人不知道国家与'天下'

---

[1] 葛兆光:《何为中国:疆域、民族、文化与历史》,香港:牛津大学出版社,2014年,第1—32页。

的区别,至今没有国家的名字,几千年来一直如此,怪哉!"①

中国古人认为"天下"之内存在一个等级秩序,于是将中国周边的各个族群和国家划分为等级。皇帝处于最高地位,"天下"的中心是黄河中下游地区,即汉族人最密集的地区。汉族人根据各个族群与黄河中下游地区的距离,将"天下"划分为一系列同心圆。根据费正清(John King Fairbank)的说法,中国人根据朝廷影响力的强弱递减规律,将世界划分为三部分,大致与地理上的远近相一致。②还有很多历史学者和国际关系学者也提到过同心圆模型,观点差不多。③

不过,我们也应注意到,"天下"体系反映的是中国古人的世界观,显然是一个虚构的世界秩序,它是中国处理对外关系的理想形式。周边国家不一定总是接受中国古人对世界秩序的看法,他们也不一定总是承认中国的中心地位和至高无上的地位。儒家思想也是一个复杂的体系,中国周边国家的儒学不同于中国本土的儒学。儒学如何影响中国与周边国家的关系,其实比康灿雄和凯利的理解要复杂得多。即使是在深受儒学影响的国家,也可能形成与中国人不同的世界秩序观。当中国的物质和文化力量都强大时,周边国家会努力密切与中国的关系,它们学习和接受儒家思想,效仿中国的政治统治模式,但是一旦中国衰落,那么以儒家文化为核心的中国文化的传播,也可能会增强周边国家的"去中国化"倾向,促使它们试图打破与中国的等级关系。

历史上,中国经历了多次从强大到衰落的转变。例如,汉朝的衰落、

---

① 梁启超:《饮冰室文集点校》,昆明:云南教育出版社,吴松等点校,2001年,第671—673页。

② John K. Fairbank (ed.), *The Chinese World Order*, pp. 1–9.

③ 参见秦亚青:《国际关系理论中国学派生成的可能和必然》,《世界经济与政治》,2006年第3期,第10页;John Cranmer-Byng, "The Chinese View of Their Place in the World: A His- torical Perspective," *The China Quarterly*, Vol. 53, 1973, pp. 67–79; Wang Gungwu, "Early Ming Relations with Southeast Asia: A Background Essay," in John K. Fairbank (ed.), *The Chinese World Order: Traditional China's Foreign Relations*, Cambridge, MA: Harvard University Press, 1968; Wang Gungwu, "The Rhetoric of a Lesser Empire: Early Sung relations with Its Neighbors," in Morris Rossabi (ed.), *China Among Equals: The Middle Kingdom and Its Neighbors, 10th–14th Centuries*, Berkeley: University of California Press, 1983.

唐朝的衰落、清朝的衰落。费正清的冲击—反应模式认为中国朝贡体系的解体是外部因素的作用,也就是说,假如没有西方力量的介入,这个体系将会长期持续下去。[①] 不过,实际上,不少中国学者已经指出,在西方列强1840年开始入侵中国之前,中国主导的等级制国际体系就已经受到了削弱。当中国强大时,那些受到中国儒家等级秩序观念影响的周边国家将中国看成是"天下"的中心。但与此同时,它们并不认为自己位于等级秩序的底层,而是试图建立一个以自己为中心的"小天下",例如经常要求或强迫一些小的部落、小的行为体向它们朝贡。当中国衰败时,这种"小天下"的观念甚至会转变成为以它们自己为中心的"天下"观念。甚至它们会逐渐相信自己是真正的"中国",将中国视为边缘国家。

例如,在17世纪中叶,朝鲜王朝拒绝承认清朝为中心,而是认为自己才是真正的"中国"。朝鲜国王及知识分子对清朝采取敌视态度,企图"北伐"清朝。与此同时,日本在16世纪末统一后开始入侵朝鲜半岛,挑战明朝在东亚的权威。从17世纪初到19世纪末,日本人认为,真正的中国文化已经转移到日本,日本应该征服亚洲大陆,但是由于日本缺乏经济和军事实力,从1598年到1894年,东亚似乎维持了几个世纪的和平状态。

总之,本章的主要观点可以归纳为三个子假设:第一,没有中国强大的实力,中国与"中国化"国家之间的等级关系依然无法建立,中国实力的衰落会导致等级关系无法持久维系。第二,儒家思想不仅可以指导和规范中国的对外关系,也可以作为中国巩固与周边国家关系的工具,也就是说,它既可以表现为"情感理性",也可以表现为"工具理性",我们将会在第五章详细讨论。第三,儒家天下世界观的传播对于中国主导的国际秩序有双重影响,并且这是两种彼此对立的影响。当中国强大时,中国的邻国通过学习儒家思想改善与中国的关系;当中国衰落时,它们利用儒学来脱离中国主导的秩序。

---

① John K. Fairbank (ed.), *The Chinese World Order*, 1968.

三、对历史发展过程的实证研究

我们将通过对历史进程进行追踪,来检验本章的假设。在此之前,我们必须澄清,应该区分等级关系的建立与等级关系的维持这两个概念或两种现象。康灿雄和凯利没有分清二者的关系,他们仅仅看到了和平的现象,但没有讨论和平形成的原因以及和平维持的动力。虽然以中国为中心的等级制体系的确是和平的,但是中国的实力是建立这种关系的必要条件。一旦朝贡等级关系建立之后,儒家文化可以用于巩固这种关系。要注意的是,当中国实力不足的时候,儒家思想中的国际秩序观也可能对中国主导的等级体系有离心和消解的作用。

康灿雄论述的一个细节非常典型。他认为1300年是"长和平"的起点[1],但是他忽视了一个重要史实:在1258年,朝鲜半岛的高丽王朝并不是主动成为蒙古帝国的藩属国的。[2] 此外,忽必烈于1274年和1281年进攻日本失败之后,元朝和日本在近一个世纪内根本没有政治关系。14世纪下半叶,明朝取代元朝之后,双方曾经保持了几十年的短暂友谊,但是明朝对日本没有太多的政治影响。从16世纪末到19世纪末,日本一直敌视中国。简而言之,康灿雄和凯利只讨论了和平这个现象,但是没有正确地理解这是什么样的和平。

(一)朝鲜王朝和明清中国:宗属等级关系的变动

很多人认为明朝与朝鲜半岛的关系是典型的等级关系。然而,应当指出,明朝初年与高丽王朝之间的冲突较为频繁。1368年明朝建立后,高丽国王公开表示愿意臣服于明朝,但高丽内部的政治斗争阻止了双方友好关系的发展。高丽依然与蒙古人的北元政权结盟,并且它与明朝之间

---

[1] David C.Kang, *East Asia Before the West: Five Centuries of Trade and Tribute*, New York: Columbia University Press, 2010.

[2] 朝鲜半岛的古代历史可以分为如下几个重要的时期:三国时代(公元前57—668年)、统一新罗时代(676—892年)、高丽王朝(918—1392年)、朝鲜王朝(1392—1910年)。"三国时代"这个说法不准确,因为高句丽是中国历史的一部分,而非朝鲜历史的一部分。

的领土争端几乎导致了1387年的战争。关于这一时期的历史细节我们在第二章会进行详细分析。

1388年,李成桂和高丽的一部分文臣武将发动政变。四年之后,王氏高丽被李氏朝鲜取代,即丽鲜革命。李氏定下了对明朝的"事大以诚"政策,效仿历史上箕子朝鲜接受周武王册封的典故,将明朝尊奉为宗主国。朝鲜王朝按照儒家学说倡导的华夷观念,将自己定位为"夷",但是它又认为自己是唯一一个由"夷"入"华"的民族,即"小中华",地位高于其他"夷"。朝鲜之所以强调严格遵守以中国为中心的等级秩序,主要是希望借助于明朝来解决新政权的正统合法性问题。

后金1627年派军队进攻朝鲜,1636年强迫朝鲜与明朝断绝政治关系。1644年,清朝取代了明朝,并且很快统一中国,但是朝鲜人认为清朝是"蛮族",不能代表中国。[①] 朝鲜人信奉朱子学,强调华夷之别,承认明朝是中国正统,否认清朝的合法性,这与当年宋人对金人的看法如出一辙。尽管朝鲜向清朝称臣,但是朝鲜的国王、文臣、知识分子依然对明朝怀有情感。朝鲜与清朝之间的文化交流一度非常之少。[②] 朝鲜著名知识分子声称朝鲜才是中华文明的真正唯一余脉。朝鲜统治阶层甚至一度策划利用三藩之乱攻击清朝,实现反清复明。[③] 尽管这是一个不可能实现的目标,但是足以说明朝鲜人不服从清朝主导的国际秩序。

明朝中期至清朝末期,当时儒学的主流派别朱子学成为朝鲜的官方哲学。在此期间,朝鲜知识分子的世界观经历了三个阶段:在第一阶段,朝鲜知识分子强调"天无二日",即朝鲜人只承认一个皇帝,即明朝皇帝。朝鲜只有对明朝"事大以诚",才能提升其在东亚的地位。在第二阶段,到了17世纪初,即万历援朝战争(壬辰倭乱)结束之后,一些有影响力的大儒,例如宋时烈认为朝鲜应该更加努力地学习中国文化,并且"进于中

---

① 孙卫国:《大明旗号与小中华意识:朝鲜王朝尊周思明问题研究》,北京:商务印书馆,2007年。

② 李扬帆:《涌动的东亚——明清易代时期东亚政治行为体的身份认同》,《国际政治研究》,2010年第3期,第148页。

③ 同上,第147页。

国",成为中国的一部分,共同守卫先进的中华文化。1644年以后是第三阶段,一些朝鲜知识分子认为朝鲜应该"进入中国",帮助汉族人抵抗满洲人的统治,恢复明朝江山。当时不少朝鲜儒家士大夫支持"北伐"以推翻清朝,甚至幻想统治中国及其诸侯国,使朝鲜从"小中华"向"中华"转变。如果朝鲜不能实现这个理想,那么就应该努力保护朝鲜半岛的"华脉",并且应该尽可能地占领一些中国土地以保证自己的安全。尽管朝鲜没有能力进攻军事力量强大的清朝,但这些想法得到了王族、文臣和很多知识分子的支持。

朝鲜的"北伐"理论也的确曾经计划被付诸实践。1649年,朝鲜孝宗即位,他曾经在清朝做人质,对清朝有刻骨的仇恨。孝宗登基以后与宋时烈等人积极谋划北伐事宜,但很快被清朝得知,孝宗不得不数年内不敢轻举妄动。1658年,孝宗重用宋时烈,谋划北伐,但是之后不久孝宗离世。[①]虽然朝鲜的北伐并没有实现,但是"尊周思明"理念[②]逐渐成为占主导地位的意识形态。直到18世纪,北伐论依然有一定影响力,甚至韩元震等一部分儒学家提出朝鲜应该派军队入主中原,将满洲人赶到关外。到了19世纪,朝鲜则分为两个派别,有人主张利用太平天国起义的机会实现反清复明,还有人建议李氏直接率军进入中国成为皇帝,而不是复兴朱明王朝。[③]

此外,明清易代还使得东亚的国际关系发生了变化。朝鲜和日本这两个原本敌对的国家开始改善关系[④],但它们不可能形成针对清朝的制衡性联盟。因为尽管双方都有攻击清朝的强烈动机,但每一方都认为自己是世界的中心,将对方视为附属国。因此,东亚只是维持了表面上的"和平"。凯利将"长和平"归因于儒家文化,但实际上至少从17世纪中叶

①孙卫国:《试论朝鲜王朝尊明贬清的理论基础》,《史学月刊》,2004年第6期,第44—50页。

②这里的"周",即周朝,代指中国,因为朝鲜和中国的往来始于春秋时期。

③王元周:《论"朝鲜中华主义"的实与虚》,《史学集刊》,2009年第3期,第47—55页。

④[韩]郑容和:《从周边视角来看朝贡关系:朝鲜王朝对朝贡体系的认识和利用》,《国际政治研究》,2006年第1期,第78页。

到18世纪中叶的一个世纪的和平与儒家文化无关。

(二)从16世纪末到19世纪末的日本和明清时期的中国:从战争到"冷战"再到"冷和平"

朝鲜王朝与清朝的敌对关系开始于1636年,当时清朝迫使朝鲜成为其藩属国。中日之间的敌对关系则开始于16世纪末明朝统治时期。早在9世纪中叶,日本断绝了与唐朝的官方联系。在接下来的五个世纪里,中国和日本几乎没有官方关系。1394年,足以利满统一了日本,他恢复了与明朝的正常贸易,从中国获得奢侈品和其他利益。[1] 1401年,他向明成祖朝贡,明朝回赠了大量礼物,并赐予金印。[2] 明成祖赐予足以利满金印时,是希望日本成为明朝的藩属国。事实上,日本从未承认自己是明朝的藩属国。直到15世纪最初几十年,双方关系一直稳定,虽然时间不长,但这是中日历史上继唐朝之后的第二个友好时期。1467年,日本开始了战国时代,中日关系完全中止。

到16世纪末,丰臣秀吉再次统一日本,他制订了征服亚洲的"大陆政策"。他打算以朝鲜为跳板,逐渐蚕食中国,最终征服印度,建立以日本为中心的新的等级体系,但丰臣秀吉的军队很快被明朝和朝鲜的联军击败。虽然他最终放弃了征服中国的计划,但之后的日本从未承认中国在东亚的中心地位,双方基本上是敌对关系。

1603年,德川家康取代丰臣氏,成为日本实际统治者。他继承了丰臣氏的扩张战略,旨在挑战明朝,建立以日本为中心的等级制度。1607年,德川家康试图通过朝鲜向明朝传递友好信息,以恢复贸易,但他很快取消了这一计划,因为他担心这样做可能会损害日本的权威,让世人认为日本向明朝屈服。[3] 1609年和1611年,他支持萨摩藩进攻琉球王国,迫使琉

---

① 武心波:《日本与东亚"朝贡体系"》,《国际观察》,2003年第6期,第63页。
② 付百臣主编:《中朝历代朝贡制度研究》,长春:吉林人民出版社,2008年,第153页。
③ 王来特:《朝贡贸易体系的脱出与日本型区域秩序的构建:江户前期日本的对外交涉政策与贸易调控》,《日本学刊》,2012年第6期,第139页。

球不得不同时向萨摩藩、德川幕府和明朝进贡。通过这种方式,德川幕府与明朝保持了微弱的贸易关系。

在之后的几年中,中日关系再遭挫折。1612年,德川幕府发布锁国令。1621年,浙江地方官员派遣使者致函德川幕府,称明朝朝廷希望恢复与日本的贸易,但前提是德川幕府必须镇压倭寇和保护商船。德川幕府认为这封信有冒犯性,因此拒绝了使者的请求。[①] 1642年,福建地方官员致函德川幕府,要求其打击倭寇。德川幕府再次逃避责任,声称倭寇的行为与自己无关。[②] 这样,双方失去了重建官方关系和经济关系的最后机会。

清朝建立之后,日本对古典华夏的心理认同逐渐消退,乃至变成对现实中国的鄙夷与仇视,有日本人认为应该将日本领土范围扩展到中国。[③] 此外,日本人仍然对忽必烈在13世纪的两次海上征服行动留有深刻印象,他们认为满洲人统一中国之后很可能会进攻日本。[④] 日本与清朝没有任何正式的政治关系,清朝朝廷也没有要求日本向中国朝贡。《大清会典》没有规定与日本的贡道、贡期、赐物等有关的事宜。此外,清朝和德川幕府都采取闭关锁国政策,使得两国不仅缺乏政治关系,而且缺乏经济文化交流。[⑤]

此外,日本还曾经试图与反对明朝的政治力量结盟,共同进攻清朝。后金两次攻打朝鲜的时候,日本曾经试图提供军事援助。[⑥] 1644年明朝灭亡后,中国的南方出现了一系列反清复明的政治力量。其中最著名的是郑成功,1662年他将荷兰殖民者赶出台湾,开始了在台湾的21年统治,

---

① 王来特:《朝贡贸易体系的脱出与日本型区域秩序的构建:江户前期日本的对外交涉政策与贸易调控》,《日本学刊》,2012年第6期,第142—143页。

② 同上,第143页。

③ 李扬帆:《涌动的东亚》,第149页。

④ 同上,第148页。

⑤ 在17世纪,日本的生产力有了极大的提高。以高度发达的海上贸易网络为基础,日本无须依赖中国就可以建立新的政治和经济结构。参见王来特:《朝贡贸易体系的脱出与日本型区域秩序的构建》,第151—152页。

⑥ Lee Ji-Young, The Chinese System of International Relations in Early Modern East Asia: China at the Center in the Eyes of the Periphery, PhD dissertation at Georgetown University, August 17, 2009, p. 183.

史称明郑时代。郑成功提醒日本,满洲人可能效仿13世纪的蒙古人进攻日本,并且写信希望日本出兵帮助制衡清朝。[①] 一方面,日本统治阶层和平民中的不少人对中国表示怜悯,并且向明朝的遗老遗少捐款;另一方面,日本宣称1644年之后中国已经被"蛮族"征服,因此中华文明在中国不复存在。日本人将日本视为真正的"中国",承担"复兴中华文明"的责任。[②] 此外,1673年三藩之乱爆发后,日本利用了十年的时间进行各种广泛的情报搜集活动。[③]

应该强调的是,德川幕府早在清朝建立之前就已经继承了丰臣秀吉的征服中国计划,明清易代只不过是借口。德川幕府希望建立以日本为中心的新的等级秩序。它不仅试图向中国派遣远征军,而且还准备了一份详细的作战计划,例如在中国的海岸建立据点和防御工事,逐渐向内陆移动和蚕食中国。[④]

儒家文化的确促进了日本对中国的认同吗? 这是有条件的。从明朝后期开始,儒学的传播及其在日本的变异实际上增加了日本对中国的离心倾向。1603年,德川幕府将朱子学作为日本的官方哲学,但这有强烈的政治动机。德川幕府时期一度有影响力的扩张主义思想"海外雄飞论"不仅继承了丰臣秀吉的"大陆政策",更是日本部分儒学家的理论成果。第一个为儒学在日本的传播作出很大贡献的学者是林罗山。他曾经担任德川幕府的顾问,实现了儒学的"日本化",尤其是将朱子学中的等级意识与日本本土思想相结合。山鹿素行对孟子的思想给予了高度评价,但刻意突出强调孟子的"舍生取义"思想,因为它符合武士道精神,淡化了孟子的民本思想。他高度赞扬儒家倡导的礼制和等级秩序,但强调日本优于中国。他将儒学思想与中国本身进行了剥离,宣称虽然儒学没有产生于日

---

① 韩东育:《"华夷秩序"的东亚构架与自解体内情》,《东北师大学报》(哲学社会科学版),2008年第1期,第50—51页。

② 同上。

③ Ronald Toby, *State and Diplomacy in Early Modern Japan: Asia in the Development of the Tokugawa Bakufu*, Stanford: Stanford University Press, 1984, p. 161.

④ Ibid., p. 124.

本,但是日本比中国更好地实践了儒学的价值,强调儒学不是中国的专属之物。① 还有的日本儒学家淡化了"仁",而突出强调"忠""勇"思想,将其与日本本土的武士道结合。在中国的儒学中,"忠"并不是首要思想,而且"忠"是有条件的。孔子说:"君使臣以礼,臣事君以忠。"而在日本,"忠"则被无条件化和绝对化。

到了19世纪,另一位日本著名的儒学家吉田松阴在儒学基础之上论述日本民族主义的特殊性,为日本近代的蔑华思想奠定了基础。他认为中国不断被外族征服,先后亡于蒙古人、满洲人,因此日本更适合成为中华正统。与山鹿素行相比,吉田的侵略扩张思想更为明显。吉田歪曲了中国儒学的本意,并使之成为日本的官方意识形态。他明确提出日本应该吞并朝鲜和中国,甚至占领印度,这种思想对明治维新时期的伊藤博文、山县有朋等人产生了直接的影响。②

德川幕府在儒家思想的影响下确立了"大君外交"体制,其中包括四个主要特征:第一,日本认为自己才是亚洲的中心,不承认以中国为中心的国际秩序。③ 第二,日本的统治精英在政治上运用新儒家思想,展现日本在东亚中心地位的自我形象。④ 第三,日本效仿了中国历史悠久的朝贡制度,要求其他东亚行为体对它朝贡。⑤ 第四,日本对清朝表达极度的轻蔑和敌视,但暂时搁置"大陆计划"。

19世纪下半叶,明治天皇掌权后,日本人被要求无条件服从天皇的命令。明治维新的驱动力与儒学相关,并且日本军国主义者和侵略政策的理论家经常喜欢引用日本化的儒家学说,用以激发国民的好战情绪,鼓励

---

① 窦兆锐:《"日本中华思想"的理论建构与历史影响:以山鹿素行为中心的考察》,《社会科学战线》,2022年第3期,第130—137页。

② 唐利国:《日本武士道论视野中的中国儒学》,《世界历史》,2014年第1期,第100—110页。

③ Ronald Toby, *State and Diplomacy in Early Modern Japan*, p. 94.

④ Lee Ji-Young, The Chinese System of International Relations in Early Modern East Asia, p. 208.

⑤ Ibid, pp. 195-196.

他们征服中国。[①] 19世纪末,日本对中国发动战争、建立以自己为中心的等级秩序的愿望得到了加强。[②] 此时的日本著名历史学家内藤湖南宣称,东亚文化的中心在10世纪从黄河流域迁往长江以南,到18、19世纪迁往日本。

(三)朝鲜和日本在多大程度上承认以中国为中心的秩序?

不同学者对近代早期东亚的"长和平"的时间界定不同。费正清和凯利将其定义为1644年至1840年,而康灿雄将其定义为1300年至1900年。基于对东亚国际关系史的审慎理解,图1显示,在近代早期的东亚确实存在"长和平",但实际上是"冷和平"。图1中Y轴的正值表示日本和朝鲜统治者接受以中国为中心的国际秩序,而负值则表明他们试图挑战这个秩序。虽然这一时期很少发生战争,但和平的形式是我们不应忽视的。

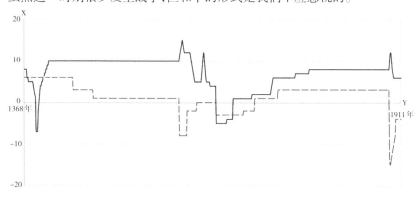

——朝鲜接受以中国为中心的国际秩序的程度变化

……日本接受以中国为中心的国际秩序的程度变化

图1　明清时期朝鲜和日本接受以中国为中心的国际秩序的程度变化

针对图1的解释:在Y轴上,大于5的点表示朝鲜或日本领导层接受以中国为

---

① 另见刘岳兵:《论日本近代的军国主义与儒学》,《中国社会科学院研究生院学报》,2000年第3期,第36—45页。

② Hisayuki Miyakawa, "An Outline of the Naitō Hypothesis and its Effects on Japanese Studies of China," *The Far Eastern Quarterly*, Vol. 14, No. 4, 1955, pp. 550-552.

中心的秩序。0至5的点表示朝鲜或日本领导层在规范上并未接受以中国为中心的秩序,但在实际行动上接受了以中国为中心的秩序。这种关系可以被称为"冷和平",即朝鲜和日本在思想层面上试图成为亚洲的中心,但暂时不得不接受清朝的存在,通过经济和文化关系参与中国建构的国际秩序。这可以看作是以软制衡的形式对抗中国的崛起。在Y轴上,-5到0的点表示朝鲜或日本领导层拒绝接受以中国为中心的秩序,但它们没有能力直接对中国发动战争。这种关系可以被看作是"冷战"。-10至-5的点则表示发生战争。

这张图是根据中朝关系和中日关系的变化绘制的。1368年,高丽国王试图与刚刚建立的明朝确立友好关系,但遭到权贵势力的反对,并且被杀害。1387年,明朝和高丽之间的战争似乎一触即发。1388年,丽鲜革命之后,朝鲜王朝与明朝保持了两百年的友好关系。因此,朝鲜对明朝为中心的国际秩序的接受程度达到了10的水平。就中日关系而言,明朝在14世纪后期与室町幕府保持密切的官方往来,但到15世纪中叶,日本向明朝朝贡的频率大幅下降。在丰臣秀吉时代,日本试图挑战明朝主导的国际秩序。从1592年到1598年,明朝向朝鲜提供军事援助,共同打败了日本。此时中朝之间的友谊达到了历史的顶点,但这种情况只持续了10年。从1608年到1623年,光海君[①]因为王位继承的合法性问题与明朝发生了严重分歧。因此,笔者用数字5来表示这段时期双方的友谊程度。16世纪末以来,日本对明朝和清朝采取敌对政策近100年。清朝建立之后,朝鲜逐渐承认清朝为宗主国,但友谊的层次从未回升到明朝时期。这种"冷和平"显然基于清朝的经济和军事力量,而不是东亚各国对儒家文化的共享。

四、本章小结

近代早期的东亚为什么可以维持数百年的和平与稳定?"长和平"本身的确是事实,但这不是由文化因素推动形成的。本章研究的重点和难

---

① 光海君指朝鲜王朝第十五任君主李珲(1608—1623年在位),因被废位而无庙号、谥号,通称光海君。

点是如何验证儒学与和平没有因果关系。

我们可以发现,明朝初年、明朝末年和整个清朝时期,一些"中国化"的国家对中国发动攻击的动机很强,并且确实曾经采取过制衡中国的行动。我们有足够的论据来证明这些都是历史事实。换句话说,虽然战争没有发生,但这种和平是"冷"的而不是"暖"的。本章向读者展示,儒学在朝鲜和日本的传播和变异,实际上助长了一部分统治阶层对中国的敌对态度。通过这两个步骤,我们驳斥了基于共享儒家文化的"长和平"理论。

讨论东亚"长和平"对国际关系理论有一定启示。儒家文化的吸引力在一定程度上影响了国际关系,但这不是等级关系形成的必要条件,而中国的实力则是等级关系形成的必要条件。换句话说,当中国在文化上有吸引力,但在物质上很弱的时候,中国和朝鲜之间不会有等级关系;当中国在物质上强大,但文化上很弱的时候,朝鲜依然会成为中国的藩属国,只不过这种关系不会很稳定。

历史上,朝鲜从未主动加入中国历代王朝主导的等级制秩序。17世纪中叶以后,朝鲜不再把中国视为东亚的中心。与17—19世纪英国与殖民地的关系以及今天美国与其盟国的关系相比,中国对朝鲜和日本的权威是微不足道的。英国部分殖民地的人民曾经反抗英国国王的统治并且获得独立,但它们从未试图攻打英国本土。同样,美国及其盟国之间的冲突经常发生,但没有一个国家试图取代美国的霸权地位。相比之下,中国对朝鲜和日本的权威一直是非常微弱的,甚至这两个国家曾经试图攻打中国和取代其地位。[1] 唐、明、清三个朝代各自末年的历史事实表明,中国在物质实力强大的时期,儒家文化对维持中国与邻国的等级关系起到积极作用;而当中国不强大时,儒家文化则会起到负面作用。

最后,对"长和平"的研究可以为理解当前中国崛起的政策问题提供

---

[1] 朝鲜和日本在实践层面上都接受以清朝为中心的秩序,但表现出自己比清朝更为优越的意识形态。值得注意的是,清朝之所以能够维持以它为中心的等级制度,部分原因在于它在意识形态方面给予周边国家一定宽容。详见 Lee Ji-Young, The Chinese System of International Relations in Early Modern East Asia, pp. 185–186。

一些帮助。有些学者可能不同意儒家"长和平"论,但他们夸大了朝贡体系与威斯特伐利亚国际体系的差异,夸大了古代与当代中国的差异。通过本章可以看出,上述差异并不大。以中国为中心的国际体系的等级程度其实很低,远远低于英国与其殖民地之间的等级程度,也远低于今天美国与其盟国之间的等级程度。历史上,朝鲜和日本的自主性一直非常强。可以预见,即使美国将来从西太平洋撤出军事存在,中国也会允许其他东亚国家保持较大程度的自主性和独立性。很多西方学者夸大中国的特殊性,但实际上却具有误导性,容易导致西方人对中国的恐惧。无论是东亚的还是西方的国际政治,都是基于各自的实力分配结构和各国的具体利益。

第二章
等级制国际体系：从东亚特殊性到世界普遍性

在第一章，我们破除了与中国文化特殊论相关的某些迷思。第二章的主要任务是从破到立，实现普遍性理论的建构，即探索一般意义上的国际关系等级制的规律。①这里有四个问题须澄清。

首先，本章要研究的核心概念是等级制。在古代东亚国际体系中，较高等级制即表现为藩属关系或宗属关系。藩属/宗属关系只是广义上的等级制的一种形式，而且是程度较高、制度化较强的等级制形式。②等级或关系型权威（relational authority）是衡量两国之间密切程度的关键指标。此处之所以不使用"朝贡关系"这一术语，是因为"朝贡关系"的外延要比藩属关系大得多。"朝贡关系"基本没有边界，很难作出明确严格的界定。

---

① 本章内容曾经发表在《国际政治科学》2016年第3期，编入本书时有较大调整和改动。戴维·莱克在《国际关系中的等级制》（*Hierarchy in International Relations*）一书中，对"无政府"的假设提出了质疑，认为国家之间存在着"关系型权威"，这种权威反映了主导国与附属国之间存在等级状态，双方交往的频度与深度是衡量等级制程度的指标。等级制的核心概念是关系型权威。权威不同于权力（power）和强制（coercion），强制主要是通过威胁和使用暴力的手段实现的。权威同样以暴力或武力为后盾，但权威具有权力行使的正当性，行为体A对B具有命令的权力，而行为体B对A的命令有顺从的义务，双方对各自的权利和义务有明确的认识。详见 David A. Lake, *Hierarchy in International Relations*, Ithaca and London: Cornell University Press, 2009, chapter 1.

② 藩属关系的意思就是弱小的一方尊重强大的一方，强大的一方怀柔和保护弱小的一方，也就是史学界经常说的"事大"与"字小"。Song Nianshen, "'Tributary' from a Multilateral and Multilayered Perspective," *The Chinese Journal of International Politics*, Vol. 5, No. 2, 2012, p. 174. 当然，藩属还有内藩、外藩的区别，本书研究的是中国与外国的关系，因此讨论的是外藩，无关内藩。历史上，中国的外藩国家是非常少的，其中以朝鲜半岛、琉球、越南为典型。

古代中国与周边任何一个国家有所往来,都可以被称作"朝贡关系",但实际上双方交往频度可能非常低,中国对该国并没有太高的关系型权威。从一定意义上,"朝贡关系"更多像是中国人想象中的概念。①此外,"朝贡关系"也无法反映出两国之间从属关系的实质,因为"朝贡"这一行为可以是双向的。

等级制的生成需要多个条件同时存在,藩属/宗属关系是较高的等级制形式,其生成的条件比较苛刻,本章要研究中华帝国藩属/宗属关系形成的充要条件,而不仅仅是必要条件。国家之间的实力不平等是一种普遍现象,两个国家之间仅仅有实力的不平等,还不足以导致等级制的生成。②小国不会自动成为大国的附属国,大国只有综合使用强制与怀柔政策,才能获得权威。正如莱克所强调的,如果大国得不到小国对其服从义务的认同,权威就不复存在。权威和等级制根植于这样的一种契约:主导国向附属国提供一套秩序,保护附属国的财产、安全与领土完整,结果是附属国让渡其部分主权,双方可以从中共同获益。③

具体到古代东亚,宗主国与藩属国之间较高程度的等级关系,至少应该符合如下几个特征:第一,藩属国的国王应该承认宗主国皇帝至高无上的地位,同时必须表现出专一性的忠诚,包括采用宗主国的历法制度、年号;第二,宗主国皇帝认可藩属国国王对其土地的管理权,该行为就是"册封",它一般是通过某种正式的礼仪实现的(如颁发印绶);第三,宗主国为藩属国提供军事保护;第四,宗主国与藩属国之间在形式上是不平等的

---

① 朝贡关系形态具有复杂性与多样性,文安立(Odd Arne Westad)及其他一些学者明确否认存在一个不变的朝贡体系。Odd Arne Westad, *Restless Empire: China and the World Since 1750*, New York: Basic Books, 2012, p. 10.

② 例如明朝皇帝曾以对等的方式称呼帖木儿帝国国王,清朝曾经默认浩罕国的自治权。见 Joseph Fletcher, "China and Central Asia, 1368—1884," in John K. Fairbank (ed.), *The Chinese World Order*, p. 213. 又如,今天的中国对蒙古国基本上没有本章所说的关系型权威,两国之间不是等级关系;今天的俄罗斯与波罗的海国家也没有等级关系;美国与它旁边的古巴也没有等级关系。

③ David A. Lake, *Hierarchy in International Relations*, pp. 7–9.

(formally unequal),但事实上是平等的(informally equal)①,也就是藩属国是独立于宗主国的。那什么样的关系不是藩属关系?藩属国应该保证对宗主国绝对忠诚,因此如果附属国对宗主国三心二意,那么这就不是藩属关系。一个弱小国家可以同时向两个及其以上的大国朝贡,但在逻辑上不可能同时与两个强大国家之间均保持藩属关系。②

其次,本章要解释的问题是等级制的生成,而不是等级制的维持。两者并不相同。③就中华帝国的藩属关系,已有很多学者做过研究,但多集中于后一问题。本章聚焦前一问题,探讨藩属关系是如何从无到有的,研究藩属关系的生成要比研究藩属关系的维持有更加重要的意义。在没有对藩属关系的生成进行充分研究的情况下,只研究其维持,价值有限。所谓"生成",具体有三种表现:第一,两国之间的藩属关系从无到有;第二,藩属关系中断之后的再次重建;第三,弱小国家与某一国断绝藩属关系之后,再与另一个强大的国家建立藩属关系。例如,古代朝鲜与中国之间的藩属关系就经常中断。

再次,本章力图建立一个关于等级制的国际政治理论,致力于解释等级制反复生成(the recurrent patterns)的一般性原因。④既有的文献研究中,很多学者只是从外交政策而非国际政治层面解释等级制问题。通常

---

① David C. Kang, *East Asia Before the West: Five Centuries of Trade and Tribute*, New York: Columbia University Press, 2010, p. 2.

② 阎学通有过类似阐述,不结盟有两种:一种是跟两个竞争的大国都不结成同盟;第二种是和两个大国都结成同盟。

③ 有学者已经对二者进行了区分。详见花勇:《国际等级体系的生成、功能和维持》,《国际政治科学》,2011年第3期,第127—154页;高婉妮:《国际政治中的等级状态? 评国际关系中的等级制》,《国际政治科学》,2010年第1期,第112—113页。除了莱克之外,还有一些学者研究过等级制的生成,如 Ian Clark, *The Hierarchy of States: Reform and Resistance in the International Order*, New York: Cambridge University Press, 1989; Evelyn Goh, "Great Powers and Hierarchical Order in Southeast Asia: Analyzing Regional Security Strategies," *International Security*, Vol. 32, No. 3, 2007/08, p. 149.

④ 肯尼斯·华尔兹(Kenneth N. Waltz)区分了国际政治与外交政策理论,国际政治理论解释的是国际关系领域内反复出现的重大事件,例如战争的不断发生。详见 Kenneth N. Waltz, *Theory of International Politics*, New York: McGraw Hill, 1979; Kenneth N. Waltz, "International Politics is Not Foreign Policy," *Security Studies*, Vol. 6, No. 1, 1996, pp. 54–57.

的做法是在不讨论体系层次因素的情况下,直接分析为什么中国与某一个国家建立藩属关系,或者为什么某一国家要向中国朝贡。事实上,如果没有体系层次上某个合适的"环境"或者"条件"的出现,讨论某一国家的外交政策是缺乏基础的,体系层次上的因素往往不是常量,而是变量,我们必须对其给以足够的重视。

最后,本章试图寻找一般意义上的国际关系等级制规律,而不仅仅适用于古代东亚的国际关系。等级制是一个普遍的现象,并不仅仅存在于中国和东亚,藩属关系是制度化程度较高的等级关系。通过研究中华帝国藩属关系,并将其与历史上其他帝国进行比较,我们可以对等级制有更广义的理解。

一、关系型权威如何生成？详细的文献回顾

中华帝国藩属关系的本质是中国对周边国家具有较高的关系型权威,形成较高的等级程度。其中,较高的权威应该以政治型权威作为核心指标,当中国对某一个国家仅仅有经济型权威时不能说拥有较高的权威,也不符合前面提到的藩属关系的定义。关于中国如何获得了较高的权威,历史学界、国际关系学界的既有解释,可以分为四类:功能路径、文化路径、制度路径和权力路径。这四种路径并不是截然分开的,它们互有批判,但也彼此互补。尽管四种路径各有贡献,但每一种又都存在某种缺陷。

(一)功能路径

功能路径是四种既有解释中最为传统的一种。这一路径认为,朝贡/藩属关系之所以能够生成,是因为它本身承担着某种功能性的作用。这种"功能"既可能是对中国,也可能是对周边某一国家,或者是对双方都有。例如,贸易(经济利益)、军事安全、政治权威及合法性,都有可能是维系朝贡关系/藩属关系存在的"功能"。不同的学者侧重于研究不同

的"功能"。①

1. 费正清学派（Fairbankian School）

费正清对朝贡体系的研究对中外学界具有开创性的影响。费正清认为，古代中国与外国交往时以"中国中心主义"（Sinocentrism）作为理念基础，将中国内部的等级秩序"自然地"延伸到中国以外，要求周边国家像中国内部的行政单位一样对中国最高统治者表示尊重。②在费正清看来，朝贡体系为中国和周边国家承担了不同的功能：对中国来说，接受周边国家的朝贡，可以提升中国皇帝的威望；对周边国家来说，可以通过朝贡体系获得贸易利益。③双方各取所需，使得朝贡体系得以生成与维持。当然，中国的文化吸引力、礼制也是维持朝贡体系存在的重要因素。④

不过，费正清的解释也被后来很多学者所批评。其中，最重要的一点就是，朝贡只是现象，而非本质，本质应该是等级制或者权威。中国有权威，周边国家才会朝贡。还有学者指出，"中国中心主义"或"华夏中心主义"只能适用于中国历史上的强盛时期，当中国弱小时，中国优越性的话语叙述就会失去意义。⑤即使在中国强大的时候，它也不是要求所有的周

---

① 除了这里的列举，还有一些解释也属于功能路径。如陈尚胜认为朝贡关系出现的原因是中国要保卫边疆的稳定与安全。陈尚胜：《试论清朝前期封贡体系的基本特征》，《清史研究》，2010年第2期，第86—94页。但这种解释明显有问题，因为清朝初年边界的安全已经有强大的军事实力作为保障，朝贡体系对这种安全性的获得并没有太多实质贡献，因此安全并非主要因素。

② John K. Fairbank (ed.), *The Chinese World Order*, pp. 1–9; John K. Fairbank and Ssu-yü Teng, "On the Ch'ing Tributary System," *Harvard Journal of Asiatic Studies*, Vol. 6, No. 2, 1941, p. 137. 这种观点得到了很多西方学者和中国学者的赞同。不过，质疑观点也有，如约瑟夫·弗莱彻（Joseph Fletcher）认为中国与很多周边国家的关系并非朝贡关系，中国皇帝并非总是以自我中心的态度看待周边。Joseph Fletcher, "China and Central Asia, 1368—1884," p. 213. 濮德培指出清朝皇帝经常是以共同享有的历史与佛教来维护与蒙古部落的关系，而非保持居高临下的态度。Peter C. Perdue, "The Tenacious Tributary System," p. 1007.

③ John K. Fairbank and Ssu-yü Teng, "On the Ch'ing Tributary System," pp. 140–141.

④ John K. Fairbank (ed.), *The Chinese World Order*, p. 10.

⑤ Wang Gungwu, "The Rhetoric of a Lesser Empire: Early Sung Relations with Its Neigh-bors," in Morris Rossabi (ed.), *China Among Equals: The Middle Kingdom and Its Neighbors, 10th-14th Centuries*, Berkeley: University of California Press, 1983, p. 62.

边国家必须向中国臣服,日本就是典型。①历史上很多时期中国不得不与强大的游牧帝国建立平等的关系,甚至不得不向其称臣。因此,"中国中心主义"更多的只是中国古代皇帝内心中的一种理想或宣传的话语(rhetoric),与事实往往并不一致。研究理想或者话语并非不重要,但首先应该对历史事实给予应有的重视。②费正清建立的朝贡关系模型,另一个重要的问题就是"中国中心主义"与"西方中心主义"的事实并存。在解释中国与周边国家的关系时,他基本上站在了中国官方的话语立场之上,不能从周边国家的视角来看待这个体系;而在运用"冲击—反应"模型(impact-response model)解释朝贡体系的解体时,他又成为一个"西方中心论者",没有从亚洲的视角看待问题,没有看到亚洲内部国际关系的发展动力。

2. 国际政治经济学的视角

费正清之后,很多学者在批评他的观点的基础上,试图建立一个完整的替代性的理论,滨下武志就是代表性学者之一。滨下武志认为费正清的理论属于"西方中心主义",他强调应该以亚洲视角来观察亚洲自身。③与费正清相似,滨下武志强调贸易对于朝贡关系生成的作用;不过他基本上不关注文化与政治因素的作用。滨下认为,贸易关系而非政治关系是

① Zhang Feng, "Rethinking the 'Tribute System': Broadening the Conceptual Horizon of Historical East Asian Politics," *The Chinese Journal of International Politics*, Vol. 2, No. 4, 2009, pp. 554-556.

② 除此以外,张锋还指出,费正清模型的逻辑存在缺陷,简单地研究清朝一个朝代无法解释朝贡体系在不同朝代的巨大差异。详见 Zhang Feng, "Rethinking the 'Tribute System'," pp. 558-560。对费正清模型提出批评的文献还有 John E. Wills, Jr., "Tribute, Defensiveness, and Dependency: Uses and Limits of Some Basic Ideas About Mid-Qing Dynasty Foreign Relations," *American Neptune*, Vol. 48, 1988, pp. 225-229。

③ 类似地,王正毅也曾经尝试以国际政治经济学的视角来解释朝贡体系的形成,详见王正毅:《世界体系论与中国》,北京:商务印书馆,2000年,第322-327页。此外,余英时曾研究过汉朝的中外贸易关系,见 Ying-shih Yü, *Trade and Expansion in Han China: A Study in the Structure of Sino-Barbarian Economic Relations*, Berkeley and Los Angeles: University of California Press, 1967。万明认为朝贡贸易是中国控制周边少数民族的一种机制,详见 Ming Wan, *The Political Economy of East Asia: Striving for Wealth and Power*, Washington, D.C.: CQ Press, 2007, pp. 65-70。

朝贡体系得以存在的关键。东亚存在着一个以中国为中心的朝贡贸易体系,在此基础之上形成了以中国为中心的亚洲贸易圈(Asian trade zone),其主要特征是"等价交换"。[①] 尤其重要的是,与费正清观点截然相反,滨下认为中国进入世界市场并不是一个被动的过程。西方国家在与亚洲市场打交道的过程中,要不断地与亚洲自身的特征与规则相调和,双方要长期不断地彼此适应与渗透(a long-term interpenetration and approaches)。[②]

滨下的亚洲贸易圈理论对于打破西方中心的视角有重要贡献。不过,这种解释路径存在固有缺陷。前面提到,就关系型权威而言,政治权威的重要性要大于经济权威,一国可能对另一国有经济依附关系,但双方的等级关系可能并不高。从逻辑上看,包括贸易在内的所有功能路径给出的解释都颠倒了因果关系。事实上,只有当朝贡关系或藩属关系形成之后,它才可能发挥某种功能。任何功能不可能在朝贡关系形成之前就已经出现,因此功能不能作为解释某个现象得以出现的原因。即使把贸易获利看作是一种促使朝贡关系生成的动机,贸易关系也不是朝贡关系得以生成的必要条件或物质基础。即使没有贸易获利这个动机,朝贡体系或藩属体系可能也会形成,滨下无法解释当存在贸易动机的时候朝贡关系可能没有形成,也无法解释当不存在贸易动机的时候朝贡/藩属关系仍然可以形成。[③]因此需要找出导致朝贡/藩属关系形成的充要条件。

滨下对贸易的研究,也有不符合史实之处。滨下的理论或许能适用于解释中日关系,但无法解释中朝关系。韩国学者的研究显示,朝鲜在与中国的朝贡贸易中,根本没有获利,反而背负巨大的财政负担。[④]朝鲜与中国的贸易并非符合滨下所说的"等价交换"原则,而且与日本发达的私

---

① Takeshi Hamashita, *China, East Asia and the Global Economy: Regional and Historical Perspectives*, London and New York: Routledge, 2008, p. 13.

② Ibid.

③ 有学者指出,古代中国与周边国家并没有建立过真正的贸易体系。见武心波:《日本与东亚"朝贡体系"》,《国际观察》,2003年第6期,第60—66页。当然,也有学者认为,朝贡体系与朝贡贸易其实是两回事,二者应该分开研究,见祁美琴:《对清代朝贡体制地位的再认识》,《中国边疆史地研究》,2006年第1期,第49—52页。

④ 相关研究可见祁美琴:《对清代朝贡体制地位的再认识》,第49—52页。

人贸易不同,明清时期的朝鲜政府一直对私人贸易进行严格控制。[①]因此,朝鲜这一中国最典型的藩属国,它与中国发展关系,并不是为了获得贸易利益,而是另有原因。除了朝鲜以外,越南与中国的朝贡关系也并非基于贸易因素,双方贸易非常之少。[②]此外,还有一点要澄清,历史上日本从来没有成为过中国的藩属国,中日之间关系最好时也只是朝贡关系,而非藩属关系,藩属关系主要是政治层面上的关系。

3. 功能路径中的"周边视角"

在费正清学派和滨下武志的研究之后,近些年来还有一些学者从周边国家的"需要"来理解朝贡关系或藩属关系的形成,笔者将其称为功能路径中的"周边视角"。之所以出现这一类解释,主要有两个原因:第一,很多学者特别是朝鲜、日本和越南学者,对于"中国中心主义"明显不满。他们认为朝贡关系或藩属关系的形成,并不是中国一厢情愿就能决定的,周边国家的政治或经济需要同样非常重要,不应该忽视。第二,这些学者不满意费正清那样的包罗万象的解释,而是希望针对具体国家进行分析。对于不同的国家,朝贡/藩属关系有不同的功能,每一个国家与中国建立朝贡/藩属关系的动机也不同,有的政治因素多一些,有的经济因素多一些。

例如,滨下武志的理论可以看作是"周边视角"中的一种。滨下的理论只适用于解释中日关系,但无法解释中国与朝鲜、越南的关系。韩国学者郑容和认为,朝鲜之所以积极地与中国保持藩属关系,并且忍受比较耻辱的地位,同时付出巨大的经济代价,主要是出于政治目的,而非文化或经济因素。具体而言,这种政治功能包括:维持自己在东亚"小中华"的地位,保证国家安全与政权的合法性。因此郑容和认为,朝鲜是主动利用而

---

① [韩]郑容和:《从周边视角来看朝贡关系:李氏朝鲜对朝贡体系的认识和利用》,《国际政治研究》,2006年第1期,第73—74页。

② 牛军凯:《朝贡与邦交:明末清初中越关系研究(1593—1702)》,中山大学历史学博士学位论文,2003年,第79—80页。汪晖也曾经对滨下的理论提出过简单批评,见汪晖:《现代中国思想的兴起》,北京:生活·读书·新知三联书店,2008年,第1580—1581页。

非被迫加入朝贡体系,从而实现国家利益的最大化。[1]

此外,张锋研究了明朝与蒙古部落的关系为何缺乏延续性,为何蒙古时而向中国臣服,时而又侵扰中国。他认为,蒙古各个部落看重的是朝贡体系的经济功能,它们利用朝贡体系来增强自己的经济实力,以争夺在草原上的霸主地位。如果某个部落被其他部落打败,那么它就会臣服于明朝,向明朝求助;然而一旦这个部落通过与明朝的贸易增强实力后,它就会侵扰、挑战明朝。[2]

功能路径中的"周边视角"或许有利于克服"中国中心主义",或许比单一的模型更接近于历史实际情况。朝贡体系并不是建立在中国单方面的自我优越性的想象之上,而是建立在周边国家各自不同的需要之上。我们需要对每一个国家的具体情况进行具体的微观研究。[3]不过,"周边视角"在尝试摆脱"中国中心主义"的同时,似乎又走向了另一个极端,就是过于强调周边国家在朝贡/藩属关系生成过程中的作用,忽视了中国这个最重要的行为体的作用。这一类解释给人的印象是,中国这个大国在朝贡/藩属体系中仅仅是被利用的,但是不研究中国这个强大的中心国家的作用,任何解释都只能是片面的。因为每一种"周边视角"只能解释某一个国家与中国的关系,但不能解释藩属关系反复生成的规律;只有关注中国这个最大国家,我们才能从体系层次上进行理解。

(二)文化路径——康灿雄的文化等级制理论

文化路径是功能路径的一种替代性解释,认为中国与周边国家之间的关系是和平与稳定的,并且这基于中国与周边国家对儒家文化的共同

---

[1] [韩]郑容和:《从周边视角来看朝贡关系》,第87页。

[2] Zhang Feng, "Rethinking the 'Tribute System'," p. 565.

[3] 还有一些研究,也可以算作"周边视角",如 Wang Yi-T'ung, *Official Relations Between China and Japan, 1368—1549*, Cambridge: Harvard University Press, 1953; James A. Millward, *Beyond the Pass: Economy, Ethnicity, and Empire in Qing Central Asia, 1759—1864*, Stanford: Stanford University Press, 1998; Song Nianshen, "'Tributary' from a Multilateral and Multilayered Perspective," pp. 155–182。

信仰,即文化是导致朝贡/藩属关系生成和维持的最主要的自变量。在文化路径中,最著名的学者是康灿雄。他用政治科学的方法对朝贡体系具有稳定性的原因给出了解释。我们在第一章已经介绍了相关观点。他认为古代东亚存在一个以中国为中心的持久而稳定的等级制体系,它比威斯特伐利亚体系更为稳定。①历史上中国的和平行为预示着未来的东亚秩序也是和平的,中国的崛起对于亚洲的稳定有利。②

不过,康灿雄对等级制的分析显得比较粗糙,没有像戴维·莱克(David A. Lake)那样对等级制的概念进行操作化。他主要关注的是等级制的维持,而非等级制的生成。他列出了一些导致等级制生成的自变量,认为等级能否生成取决于地理位置、技术、征服的难易程度以及收益、名誉、期望、国内政治过程,但没有对这些内容进行实证分析。③换句话说,他将等级制看作是自变量或背景因素,分析这种既定条件下的国际关系。对于等级制的维持来说,他认为观念因素比物质因素更加重要,认为东亚各国共同的经历与相互理解对于持久的和平非常重要。

(三)制度路径

制度路径是第三种对朝贡/藩属关系的解释。中国的大多数历史学家都非常关注朝贡制度,并做了细致入微的研究。有的海外中国学者创造性地用英国学派国际关系理论中的国际机制视角来理解朝贡体系的存在。制度路径与功能和文化路径并非没有关系,朝贡制度本身就是中国文化的载体。尽管制度路径的相关成果非常丰硕,但对朝贡/藩属关系生成原因给出的解释依然是极其有限的。制度并非本质,只是表现形式;等

---

① David C. Kang, "Getting Asia Wrong: The Need for New Analytical Frameworks," *International Security*, Vol. 27, No. 4, 2003, pp. 66-67; David C. Kang, *China Rising: Peace, Power, and Order in East Asia*, New York: Columbia University Press, 2007, pp. 43-44.

② David C. Kang, "Hierarchy and Legitimacy in International Systems: The Tribute System in Early Modern East Asia," *Security Studies*, Vol. 19, No. 4, 2010, p. 620.

③ 具体详见 David C. Kang, "The Theoretical Roots of Hierarchy in International Relations," *Australian Journal of International Affairs*, Vol. 58, No. 3, 2004, p. 347-348。

级或者关系型权威,尤其是政治权威,才是本质。

中国史学界对朝贡制度及其发展演变过程的研究已经非常透彻,相关文献汗牛充栋。朝贡制度包含很多内容,如朝贡的礼仪以及中国官僚体制内部的分工,还包括中国规定周边国家在什么时间朝贡,以及周边国家如何朝贡、朝贡什么礼品,等等。李云泉、黄枝连、付百臣、黎虎都是这一领域著名的历史学家。[①]当然部分西方学者,如马克·曼考尔(Mark Mancall)和何伟亚(James Hevia),也曾经研究过清朝的朝贡制度以及西方与中国的交往。[②]不过,中国史学家仅仅是研究了朝贡制度的具体内容,很少对朝贡制度的生成给出解释,制度是在朝贡关系形成之后才发挥作用的。制度不可能凭空出现,那么是谁创造了朝贡制度? 它为何而出现? 需要给出解释。

张勇进和巴里·布赞(Barry Buzan)创造性地借鉴了英国学派国际关系理论,将朝贡体系看作是一个有自身社会结构的国际社会,是东亚地区一种历史和文化偶然产生的社会秩序,这种制度创新为国家间合作问题提供了制度性的解决方案。他们认为,中国的霸权并不存在于其他国家的社会承认之外,并且霸权并非管理朝贡体系的不可或缺的制度。[③]

张勇进和布赞的研究拓展了英国学派的生命力。之前英国学派主要是关注无政府状态下的国际社会,而通过古代中国可以分析霸权与国际社会是如何得以共存的。[④]不过,张勇进的解释的问题在于,尽管他试图解释朝贡制度出现的原因,但逻辑依然比较模糊。他认为霸权并非不可或缺,强调国际社会对各个国家行为的改造,但历史告诉我们,霸权存在

---

① 参见李云泉:《朝贡制度史论:中国古代对外关系体制研究》,北京:新华出版社,2004年;黄枝连:《天朝礼治体系研究》(上、中、下卷),北京:中国人民大学出版社,1995年;付百臣主编:《中朝历代朝贡制度研究》,长春:吉林人民出版社,2008年;黎虎:《汉唐外交制度史》,兰州:兰州大学出版社,1998年。

② Mark Mancall, *China at the Center : 300 Years of Foreign Policy*, New York: The Free Press, 1984; James L. Hevia, *Cherishing Men from Afar: Qing Guest Ritual and the McCartney Embassy of 1793*, Durham and London: Duke University Press, 1995.

③ Zhang Yongjin, "The Tributary System as International Society in Theory and Practice," p. 8.

④ Ibid, pp. 33–36.

时和不存在时,中国与周边国家的关系形态还是有很大差别的,这个自变量的作用极其重要。他还默认了文化的重要作用,前面所提到的文化路径的大多数缺陷在这里也可以反映出来。张锋也对英国学派的理解方式提出了质疑:如果我们想要理解中国建立朝贡体系及其他国家参与朝贡体系背后的动机、利益与战略,我们就需要首先解构并且解释朝贡体系本身;而张勇进的研究使得人们以为朝贡制度是一种一成不变的系统,但实际上,不同历史时期的朝贡体系差别巨大。① 此外,朝贡作为一种制度是有前提条件的,当两个国家之间发生战争或者互不往来的时候,就不可能出现朝贡制度。因此应该首先研究的是朝贡制度出现的原因或条件,而不是仅仅关注制度本身。

(四)权力路径

通过权力路径来解释朝贡/藩属关系的生成是近几年刚刚兴起的。权力路径给出的解释有两种特征:文化的作用被抽象掉了,即文化基本上不被当作自变量;中国与历史上的其他帝国并没有太多不同之处,帝国的等级制度并非中国所独有。在给出新解释的同时,权力路径似乎走到了另一个极端。因为权力并不能解释一切,国家之间的权力不平等是一种普遍现象,但权力不平等不一定导致等级制。

1.王元纲的进攻性现实主义解释

王元纲的等级制理论以批判文化路径而著称。他认为朝贡等级制在根本上是由权力来支撑其运行的,儒家规则需要由霸权国的权力来支撑,中国的战略行为、崛起过程与其他国家没有什么太大区别。②

---

① Zhang Feng, "Rethinking the 'Tribute System'," p. 552.

② Wang Yuan-kang, "Managing Regional Hegemony in Historical Asia: The Case of Early Ming China," *The Chinese Journal of International Politics*, Vol. 5, No. 2, 2012, pp. 129–153. 另见 Wang Yuan-kang, *Harmony and War: Confucian Culture and Chinese Power Politics*, New York: Columbia University Press, 2011; Wang Yuan-kang, "Explaining the Tribute System: Power, Con-fucianism, and War in Medieval East Asia," *Journal of East Asian Studies*, No. 13, No. 2, 2013, pp. 207–232.

王元纲深受进攻性现实主义理论的影响,他的贡献之处在于打破了中国文化特殊主义的迷思,试图寻找导致朝贡/藩属关系形成的背后的本质因素,并且认为中国的主导权与世界历史上的其他霸权没有本质区别。权力路径毫无疑问是有很大贡献的,但仍然有很多遗憾。首先,其主张者将中国的崛起过程与中国的国家行为(state behavior)联系起来,将宋朝、明初的历史经验推广成为古代中国对外政策的普遍规律。这种方法至少在历史学界会引起很大争议。在朝贡/藩属关系的形成过程中,权力固然会起到支撑性作用,但不代表整个中国的对外政策都是以追求权力为基本目标的。另外,宋朝与北方游牧帝国的关系,以及明初与蒙古的关系,究竟算不算中国与"外国"的关系,这在史学界有很大争议,这种关系更应该被看作是分裂格局下各政权争夺"正统"、实现天下一统的战争,而非中国的对外扩张行为。即使不讨论游牧帝国是不是"中国"的问题,权力路径也不能单独对中国与周边国家的关系给出有效的解释,必须加以文化因素。

王元纲与康灿雄描绘了两种不同的等级制,尽管互有批评,但双方似乎"各说各话",讨论的并非同一问题。王元纲研究的并非藩属关系,他研究的中国与游牧帝国的关系,没有有力地将康灿雄的文化路径驳倒,反而恰恰证明了康灿雄所认为的"儒家文化促进了东亚秩序的稳定"的观点。当然,为了论证自己的观点,王元纲研究了明朝与朝鲜的藩属关系的形成,并坚持权力路径,认为文化只是为霸权提供服务。[1]但是,即使霸权与权力在中朝藩属关系形成过程中起到了最重要的作用,权力本身也并非万能。一方面,霸权形成后等级制不是自动生成的,两国之间权力的不平等只是等级制生成的必要条件而非充分条件。另一方面,文化因素依然会对周边国家(尤其是朝鲜)对中国的认同感起到重要影响,并成为一种惯性,使得即使在原来的霸权消失的情况下周边国家依然保持对其的认同感。这样的历史现象在元、明、清三个朝代的末年曾经多次上演。因此,即使说文化因素不如权力重要,也应该给文化因素以应有的地位,应

---

[1] Wang Yuan-kang, "Managing Regional Hegemony in Historical Asia," pp. 129–153.

将权力与文化两个因素置于一个统一的分析框架中,而不是完全否定任何一个;而且即使霸权国稳定地存在,也不一定意味着周边国家会自动成为中国的藩属,或者说有时藩属国还可能会退出以中国为中心的国际体系以追求更大限度的独立性。例如,高丽曾经短暂地成为辽朝的藩属国,但不久又退出;强大的金朝曾经是东亚实力最强的霸权国,但高丽却从来没有加入以金朝为中心的国际体系;而后来的明朝在确立主导地位后,朝鲜与明朝之间的藩属关系也不是马上就确立的,而是有复杂的过程。这说明,藩属关系建立的原因,并非完全来源于体系层次上的权力结构,我们还应该对中国与周边各国的国内政治进行考虑。

2. 周方银的博弈论解释

周方银老师曾经撰写过两篇关于朝贡/藩属关系生成的重要文章。在第一篇文章中,他通过博弈论解释了中国与周边小国之间的关系是如何达到均衡状态的。在这个博弈模型中,文化并不起作用,它既可解释受到儒家文化影响下的小国与中国的关系(如朝鲜),也可以解释非儒国家与中国的关系(如缅甸)。周方银认为,中国与周边国家关系的均衡状态并非自动实现。[1] 周边国家并非总是向中国表示臣服,一旦有机会,它们就会骚扰中国以获得更多的利益;与此同时,中国的怀柔政策也无法坚持太久,一旦周边国家骚扰中国,中国就必须进行惩罚,迫使周边国家再次臣服;但中国并不能保证周边国家不再进行骚扰,上述循环可能会不断出现,直到最终达到均衡。[2] 在另一篇文章中,周方银部分修正了上述观

---

[1] Zhou Fangyin, "Equilibrium Analysis of the Tributary System," *The Chinese Journal of International Politics*, Vol. 4, No. 2, 2011, p. 176.

[2] 布兰特利·沃马克(Brantly Womack)曾经回应了周方银的模型,并且提出了不对称结构模型,这是权力路径的另一个典型。他的一个核心观点是,中国在东亚始终占据中心地位,这是其对外关系的基础。Brantly Womack, "Asymmetry and China's Tributary System," *The Chinese Journal of International Politics*, Vol. 5, No. 1, 2012, p. 39, p. 45; Brantly Womack, *China Among Unequals: Asymmetric Foreign Relations in Asia*, Singapore: World Scientific Publishing Company, 2010, pp. 153–182. 他的理论的缺陷在于无法处理古代东亚不存在"中心"时的情况:中国内部可能处于分裂状态,或者中国外部存在一个势均力敌或更为强大的游牧帝国。历史上朝鲜面对的强国就可能有不止一个。中国的"中心"地位不是一个常量,而是可能会发生变化的。

点,对文化因素的作用予以重视。他研究了明末清初朝鲜对中国认同的演变。朝鲜认同明朝文化,因此愿意与明朝建立朝贡关系;但朝鲜认为清朝是蛮族而非"正统"王朝,因此不愿与清朝建立朝贡关系。[①]他认为,中国和朝鲜所具有的正统观念,对中朝关系的稳定性具有十分重要的影响,正统观念的强弱可以在很大程度上影响双边关系的稳定性,甚至正统观念可以在权力和利益之外独立发挥作用。[②]

周方银老师的贡献在于他实际上区分了朝贡/藩属关系的生成与维持是两个不同的概念,并且集中于研究这种关系的生成原因,而非仅仅描述朝贡制度的特征。他创造性地解释了藩属关系的生成是一个在相互博弈中不断达到均衡的过程,而不是自动生成的,并且注意到权力与文化两个因素在朝贡/藩属关系形成的过程中都能起到作用。遗憾的是,周方银的两个研究是彼此分开的。在后文中,笔者会尝试解决这个问题。

二、藩属关系的形成:探索其充要条件

本章的分析框架以国际关系理论中的等级制理论为基础,对藩属关系生成的原因和过程提供一个完整的解释。长期以来,很多学者这样区分古代东亚的国际体系与欧洲的威斯特伐利亚体系,认为前者是一个等级制体系,后者是一个无政府体系,甚至等级制已经成为人们对古代东亚国际体系的定型印象(stereotype)。[③]不过,这种区分过于绝对。莱克指出,国际体系的无政府状态并不意味着体系内各单元之间的关系都必然处于无政府状态。[④]一方面,等级制并非古代中国或古代东亚的独有特征,历史上东亚之外的国际关系体系也曾经存在过等级制体系,近代欧洲

---

① 周方银、李源晋:《实力、观念与不对称关系的稳定性:以明清时期的中朝关系为例》,《当代亚太》,2014年第4期,第29—54页。

② 同上,第36页。

③ 这样的文献非常多,例如 William A. Callahan, "Sino-Speak: Chinese Exceptionalism and the Politics of History," *Journal of Asian Studies*, Vol. 71, No. 1, 2012, pp. 33–55; David C. Kang, *China Rising*。

④ David A. Lake, *Hierarchy in International Relations*, p. 17.

的很多小国曾经成为不同大国的附属国。很多学者比较了明清帝国与俄罗斯帝国、莫卧儿帝国、奥斯曼帝国,认为它们在处理与周边小国的关系时有很多相似之处。[①]邝云峰曾经将朝贡概念运用于分析美国与其盟友的关系,指出美国要求其"朝贡国"承认其主导地位并且效仿其政治思想和形式,这与古代中国在实质上相同,因此等级制并非古代东亚独有的现象。[②]另一方面,古代东亚的等级制特征也并非总是那么明显,很多时候并没有一个统一的、实力超过其他所有国家的"中央帝国",例如当中国分裂的时候,或者当汉族王朝之外还存在一个强大帝国的时候,或者两个朝代更替之时的数十年间。如果将这样的时期全部加起来,要占整个历史的三分之一还多,我们必须将这些时期考虑进来。[③]总之,我们在强调古代东亚国际体系特殊性的同时不应忽视其也具有很多普遍性的特征,不必夸大它与历史上其他地区的差异。

关系型权威是衡量两国之间等级程度的关键指标。当中国(或中国的某一个政权)与另一个国家(也可能自称"中国")之间完全没有关系型权威时,是零等级制状态,也就是完全的无政府状态。当中国对某一个小国有非常高程度的关系型权威时。实际上就已经成为莱克所说的另一种权威,即正式—法律型权威,那么此时就是完全的等级制状态。事实上,在古代东亚的国际体系中,完全的无政府状态有时是存在的,即中国内部分裂时或者当中国周边出现一个实力与中国能抗衡的国家时,但是完全的等级制却是不存在的。完全的等级制就很类似于中国人常说的"天下体系",历史上从未成为现实,只存在于中国古代民众或官方的想象中或

---

① Jane Burbank and Frederick Cooper, *Empires in World History: Power and the Politics of Difference*, Princeton, NJ: Princeton University Press, 2010; Huri Islamoglu and Peter C. Perdue (eds.), *Shared Histories of Modernity in China, India and the Ottoman Empire*, Delhi: Routledge, 2008.

② Yuen Foong Khong, "The American Tributary System," *The Chinese Journal of International Politics*, Vol. 6, No. 1, 2003, p. 40.

③ 正如莱克所言,权威和等级制不是常量,而是变量,在不同的时间和地点程度或大或小。David A. Lake, *Hierarchy in International Relations*, p. 20.

话中。①因为在任何时候中国的物质能力都是有限的,"天下"之外总是会存在独立于中国的国家。藩属关系是等级程度较高的朝贡关系,本章就是要研究中国与某个周边国家从一般的朝贡关系转变成藩属关系的过程,实际上就是从较低等级制到较高等级制转变的过程。

笔者认为,权力因素和文化因素对于古代东亚较高水平的等级制(即藩属体系或关系)的形成,同时有不可或缺的作用。几乎没有疑问,儒家文化和礼制是促使等级制生成和维持其稳定的必要条件之一,其重要功能是限制主导国滥用权力,确保权威得到合理的使用,同时规范附属国的义务与责任。②不过,既有文献对于文化因素的重视较多,而对权力因素的重视比较少,大多是将权力因素看作一个常量而非自变量,研究既定权力分配格局下的藩属关系。③历史清楚地告诉我们,当失去权力支持时,藩属关系立即终结。④

以中朝关系为例,在藩属关系建立和生成的过程中,权力以及强制的作用是很重要的。文化因素不可或缺,但体系内的其他因素可能会制约朝鲜与中国发展关系。明朝使用武力阻止其他政权与朝鲜建立藩属关系,使其与自己建立藩属关系。藩属关系生成后,文化可以促进藩属关系的维持,并且会逐渐形成一种"惯性"。新的朝代或政权必须通过武力才能打破朝鲜与原来的政权或朝代之间的文化联系。例如,明朝使用威压

---

① 关于"天下体系",详见赵汀阳:《天下体系:世界制度哲学导论》,北京:中国人民大学出版社,2011年。

② 正如莱克所说,在等级关系中,关键问题是限制统治者对权威的滥用。若B将权威授予A,则相应地B必须要确信其所授权威会得到合理地使用,因此A必须承诺限制其权威,使B可接受并信赖之。David A. Lake, *Hierarchy in International Relations*, pp. 20–21. 如果一个国家与其他小国交往时只依靠强制而不是权威,那么它就成了帝国主义者。David A. Lake, *Hierarchy in International Relations*, pp. 22–23.

③ 莱克指出,统治者实施暴力的能力(无论是否实际实施暴力)对于支撑或维持权威非常必要。即使B承认自己有服从A的命令的义务,但B也有可能会违反某些规则。"一项义务仅仅制造了一种对服从的期望,但这并没有产生或要求绝对地服从。"例如政府要用强制手段惩罚逃税者。David A. Lake, *Hierarchy in International Relations*, pp. 22–23.

④ 例如,唐朝后期时新罗停止向中国朝贡,宋朝无力与高丽维持藩属关系,明朝建立初年经历了近30年才与朝鲜建立了稳定的藩属关系。

的方式切断了高丽与元朝的传统文化联系,清朝则通过两次战争切断了朝鲜与明朝的文化联系,只不过清朝在文化上对朝鲜缺乏吸引力,因此权力对权威生成的作用更加明显,它用了很长的时间才使得与朝鲜之间的关系变得稳定起来。

基于此,笔者提出如下假设:周边小国与中国确立稳固的藩属关系的充要条件是中国确立在东亚国际体系中的优势地位,并且获得小国在文化上的认同,二者缺一不可。具体可分为两个小假设(如图2所示)。

假设一:中国在东亚国际体系中的权力优势地位,是与小国确立稳定的藩属关系的必要而非充分条件;当中国没有优势地位时,藩属关系也可能出现,但极不稳定,容易受到其他大国的破坏。

假设二:对中国的文化认同与模仿有助于小国维护自己的国际地位、安全及国内统治的合法性,大国的文化吸引力有助于将权力转化为权威,小国对中国的文化认同是与中国确立稳固的藩属关系的不可缺少的条件。

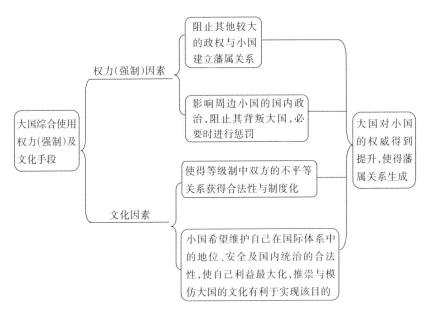

图2 中华藩属关系生成的原因

三、案例选择

本章的主要案例是明朝与朝鲜的关系,关于案例的选择,做以下三点说明:第一,选择研究朝鲜与明朝的关系,是因为要同时检验权力结构与儒家文化这两个因素对两国关系的影响。只有明朝与朝鲜的关系符合这个条件,明朝同时有强大的物质实力和文化吸引力,明朝与朝鲜的等级制程度是最高的。相比而言,宋朝只有文化实力而没有物质实力,元朝和清朝初年只有物质实力而没有文化实力,这三个朝代中国与朝鲜半岛的藩属关系都不如明朝时更加稳固,这说明权力与文化两个自变量同时对主导国权威与等级制的提升有不可或缺的作用。清朝入关之初,不具备明朝那样的文化吸引力,因此它不得不先用较强的强制手段来维护与朝鲜的藩属关系,之后再努力学习儒家文化,将与朝鲜的藩属关系制度化,获得朝鲜的认同,这个过程用了将近一个世纪的时间。此外,明朝虽然有强大的文化实力,但蒙古部落并没有主动模仿明朝的制度,因此明朝对蒙古部落不具有文化吸引力。尽管有的蒙古部落出于权宜之计臣服于明朝,但背叛是很常见的,双方不存在朝鲜那样的制度化较高的藩属关系。这些事实说明,文化吸引力对于藩属关系的制度化与稳定不可或缺。

第二,在检验文化因素的同时,我们也需要检验权力因素的不可或缺的作用。权力因素对于清朝与朝鲜藩属关系形成的作用是显而易见的,几乎是人尽皆知的事实,似乎不需要进行研究,但是即使是明朝这样具有文化吸引力的帝国,权力因素依然是不可或缺的。明朝实力远远超过朝鲜,但如果明朝不主动对朝鲜施加必要的压力,朝鲜也不会自动成为明朝的藩属。尤其是明朝需要阻止朝鲜与其他强大帝国发展关系,并且阻止朝鲜在领土问题上对明朝提出非分的要求。同时,朝鲜并不会因为羡慕明朝的文化就选择自动成为明朝的藩属国,它可能选择更加自由的外交政策,因为藩属国要承担很多义务,尤其是背负经济负担。朝鲜之所以选择成为明朝的藩属国,并且学习明朝的文化和效仿其政治制度,是因为这样做可以使自己的国家利益最大化,尽管会在经济上背负负担。

第三，为何不选择越南或者日本作为案例？本章想检验权力（即物质能力，尤其是军事能力）这个变量对藩属关系的生成的影响。在地理上，朝鲜半岛经常会位于两个强国之间：14世纪下半叶位于明朝与北元之间，17世纪上半叶位于明朝与后金之间。两个强国的权力对比，尤其是军事力量对比，对于朝鲜半岛的外交政策可能会有重要影响。越南的案例则不具备这种特点，因为越南在地理上不位于强国之间。日本就更不合适了，因为它从来没有成为中国的藩属国，中国对日本不存在政治权威。

综上所述，本章的目的是检验权力、文化两个因素对于藩属关系的形成都是不可或缺的，二者共同提升了中国对周边小国的关系型权威。比较而言，检验文化的作用比较容易，因为这是历史常识。当主导国不具备文化优势时，我们可以很清楚地看出权力（强制）因素的不可或缺作用，这一点也是历史常识；但当主导国具备文化优势时，我们就很难直接看出权力起到什么作用。根据本章如下研究会发现，明朝初年朝鲜对明、北元两大政权的政策，主要受到的是权力结构因素的影响，而非文化因素的影响。当主导国不具备权力优势时，藩属关系无法建立或者只能存在很短时间；当主导国不具备文化吸引力时，藩属关系可以建立，但很不稳定，只有当主导国具备一定文化实力时才会稳定。笔者拟对历史细节进行过程追踪（process trace），检验上述假设。①

不过，这并不意味着该理论只能适用于解释朝鲜与中国的关系。本章是为藩属关系及等级制的生成提供一个广义的解释，它可以解释中国之外的帝国的等级制的生成。笔者要研究的不是历史的微观细节，这是历史学家的任务，而是要寻找某一类相似的历史事件反复发生的规律。

---

① Derek Beach and Rasmus Brun Pedersen, *Process-Tracing Methods: Foundations and Guidelines*, Ann Arbor, MI: University of Michigan Press, 2013, p. 1.

四、实证研究：明朝初年与朝鲜半岛的关系

明朝初年与朝鲜半岛的关系，必须以当时东亚权力结构的变化作为分析的起点，也就是要先分析东亚的主导权（霸权）从元朝转移到明朝的过程。明朝刚刚建立时，朝鲜对明朝仅仅有朝贡行为，但双方的关系不符合本书对藩属关系的定义，直到15世纪初朝鲜才与中国确立了稳定的藩属关系，即较高程度的等级关系。

（一）明朝、元朝皇帝对正统地位的争夺

1351年，中国的南方爆发了反对元朝的起义。1368年，朱元璋在南京称帝，半年后派兵占领北京，元顺帝逃往蒙古草原，他北逃后的政权史称"北元"。北元皇帝拒绝承认明朝的正统地位，依然认为自己是合法的"天子"。这样，中国历史就进入了明朝与北元对峙、争夺正统的特殊时期。明与北元是当时东亚最大的两个行为体，它们的实力对比即权力结构决定着东亚国际关系的基本发展脉络。当时北元仍然非常强大，谷应泰在《明史纪事本末》中曾说："又况顺帝北出渔阳，旋舆大漠，整复故都，不失旧物，元亡而实未始亡耳……引弓之士，不下百万众也，归附之部落，不下数千里也，资装铠仗，尚赖而用也，驼马牛羊，尚全而有也。"[①]北元皇帝、西北的扩廓帖木儿、东北的纳哈出是北元三大军事集团，北元梁王依然控制着四川、云南，这样从四个方向对明朝形成包围。明朝皇帝与北元皇帝都认为自己是"正统"，而"正统"观念本身具有唯一性和排他性。这决定了两个政权之间的关系是霍布斯性质的，双方的战争是不可避免的。

为了消灭北元，朱元璋及明朝第三任皇帝明成祖朱棣曾经发动数十次战争，双方互有胜负。1370年，元昭宗继位，北元实力很强大，一度出现

---

① ［清］谷应泰等撰：《明史纪事本末》卷10，《故元遗兵》，河北师范学院历史系点校，北京：中华书局，2015年，第149页。

"中兴"局面,朱元璋致信时曾说"君主沙漠,朕主中国"①。1372年,在岭北战役中明军遭遇惨败,明朝甚至一度打算放弃甘肃、宁夏等地。②之后十几年明朝用兵非常谨慎,但是朱元璋在进行了充足的准备之后,于1381年派蓝玉占领云南,于1387年派冯胜、傅友德打败并招降纳哈出,最终明军于1388年在捕鱼儿海③之战中消灭了元军的主力。1402年,北元发生了叛乱,元后主(天元帝)被元世祖忽必烈之弟阿里不哥的后裔也速迭儿所杀。之后,蒙古统治者不再称自己为"皇帝",而改称为可汗。

综上,从1367年朱元璋统一淮河以南,到1388年明军在捕鱼儿海之战中取得胜利,东亚的主导权从元朝完全转移到明朝用了21年。在这个过程中,1368年朱元璋占领北京,但1372年明军在岭北战役中遭遇惨败,元朝有复兴的势头。1388年,明军消灭了元军的主力,明朝才完全成为东亚体系中的主导国,权力转移完全结束。因此,本章将分阶段研究明、元之间的权力结构及其对明朝与朝鲜半岛关系的影响。

(二)朝鲜半岛对中国两个朝代政权的外交政策及其演变

在这一部分,笔者将细致分析朝鲜半岛对中国两个朝代政权的外交政策的变化过程,寻找哪些因素是导致藩属关系生成的必不可少的因素。

1.1368—1372年明、元、高丽三方关系

13世纪70年代,忽必烈通过武力威胁使高丽成为元朝的藩属国。高丽人穿戴蒙古人的服饰,效仿蒙古人的生活习惯。两国之间的通婚与"贡女"制度使得两国统治阶层之间成为亲戚。高丽上层中有很多人与蒙古贵族有亲戚关系,成为这种制度的受益者,他们坚决支持元朝。高丽的统治阶层中出现了四种势力:王室、亲元的旧贵族、儒士(新贵族)和武将。其中,王室和旧贵族支持元朝,儒士和武将支持明朝。历任高丽国王一般

---

① [明]朱元璋撰:《明太祖集》卷17,《祭文·祭元幼主文》,胡士萼点校,合肥:黄山书社,1991年,第409页。

② 赵现海:《洪武初年明、北元、高丽的地缘政治格局》,《古代文明》,2010年第1期,第91页。

③ 即位于今天内蒙古自治区的贝尔湖。

从小前往元朝,接受蒙古人的教育,然后再回国担任国王,因此对元朝文化比较熟悉。亲元的旧贵族大多是既得利益者,不少是宦官出身,长期掌控高丽各级权力。①儒士、武将的地位比较低,前者主要通过学习儒学来获得晋升的机会,后者是通过军功来获得荣誉与权力。②他们都受到旧贵族势力的排斥。通婚制度的另一个结果是双方的文化相互影响:高丽百姓大多自愿学习蒙古语,而高丽的"贡女"在元朝促进了佛教的传播。③

　　元朝强大时期通过强制手段维护与高丽的藩属关系,但由于元朝本身没有汉族王朝那样的文化实力,所以不得不依赖于高压手段。到了14世纪中叶,元朝国内出现严重危机,南方起义爆发后,元朝对高丽的控制力明显减弱。④这使得高丽国内各派政治力量矛盾公开化。1351年开始,高丽恭愍王开始进行改革。恭愍王是高丽历史上一位特殊的国王。1348年,高丽忠穆王病逝。由于恭愍王的母亲是高丽一位著名的反元人士的女儿,而且恭愍王从小并不是被宦官抚养长大的(高丽宦官一般是亲元力量的核心),因此恭愍王从小对元朝的感情并不深厚,元朝本来也不愿意让他继位。恭愍王继位后,试图通过改革强化自己在高丽内部的统治权力,同时解决种种社会危机。⑤不过,他的改革不可避免地要导致与元朝的矛盾,但此时元朝忙于镇压起义,无暇顾及高丽。1356年,恭愍王开始清洗高丽内部的亲元集团,并且停止使用元朝的年号。⑥此外,恭愍王认为,元朝有可能很快就会被汉族人推翻,因此他开始暗中分别联系长江以南的朱元璋、陈友谅、张士诚、方国珍四大集

---

① 张献忠:《试论高丽辛禑王朝对明朝和北元的"骑墙"外交》,《南开学报》(哲学社会科学版),2012年第3期,第90—91页。

② 参见舒健:《高丽与北元、明关系中的几点问题考述》,《华人时刊旬刊》,2014年第6期,第275页。

③ 喜蕾:《元代高丽贡女制度研究》,北京:民族出版社,2003年,第185—281页。

④ 赵现海:《洪武初年明、北元、高丽的地缘政治格局》,第94页。

⑤ 于晓光:《元末明初高丽"两端"外交原因初探》,《东岳论丛》,2006年第1期,第140—143页。

⑥ [朝]郑麟趾:《高丽史》卷39,《恭愍王世家二》,载《四库全书存目丛书》史部第160册,济南:齐鲁书社,1996年,第18页。

团。①在元朝的统治地位已经严重受到动摇的情况下,恭愍王的这种选择显然是理性决策。

1368年,朱元璋称帝后不久,就遣使高丽,并致函:"自有宋失御,天绝其祀。元非我类,入主中国百有余年,天厌其昏淫,亦用殒绝其命……戡定八方,北逐胡君,肃清华夏,复我中国之旧疆……惟四夷未报,故遣使报王知之。"②朱元璋的这次"问候"是恩威并重,试图通过文化、历史与亲情来拉近与高丽的关系;同时对高丽进行警告,自己即将消灭元朝的残余力量,高丽与元朝继续保持关系不会有任何好处,只有臣服于明朝才是光明正路。朱元璋的目的很明确,利用高丽的臣服来显示自己的正统地位,争取其他周边国家的支持,提高打击北元的士气。很快,高丽恭愍王下令向明朝派出使节,建立初步的外交关系。③同时,高丽向明朝进贡,"事大以诚"。④不过,此时的北元皇帝依然可以统治长城以北的广大地区,其领土大约为明朝的三分之一,拥有数百万军队,北元是当时东亚的第二大帝国。高丽显然不敢太得罪北元。

此时,高丽与明朝并未建立藩属关系,双方外交关系非常不稳定。一方面,北元依然非常强大,它有能力不断地用软硬兼施的方式,诱使高丽放弃对明朝的朝贡,迫使其恢复对元朝的朝贡。另一方面,此时高丽内部还有强大的亲元势力,它们是一个既得利益群体,会竭力阻止高丽国王与明朝发展关系。此外,这时明朝与高丽之间并非没有矛盾。元朝末年时,恭愍王趁元朝内部发生动乱,于1365年以武力占领了辽东半岛大片土地。1368年明朝取代元朝之后,自然要求收回这些土地,这是高丽非常不愿意的。高丽要求明朝承认这些土地属于自己的"既成事实"。⑤领土因

---

① 详见伍跃:《外交的理念与外交的现实》,载陈尚胜主编:《儒家文明与中韩传统关系》,济南:山东大学出版社,2008年,第143—144页。

② [明]严从简:《殊域周咨录》卷1,东夷·朝鲜,余思黎点校,北京:中华书局,1993年,第8页。

③ [朝]郑麟趾:《高丽史》卷41,《恭愍王世家四》,载《四库全书存目丛书》史部第160册,第68页。

④ 同上,第70页。

⑤ 张辉:《"铁岭立卫"与辛禑朝出师攻辽》,《中国边疆史地研究》,2003年第1期,第20页。

素制约着高丽与明朝继续发展关系。

有趣的是,1368年,恭愍王事实上并没有真正地对明朝"事大以诚"。恭愍王暗中与北元的丞相是有一些往来的,而且他没有立即将元朝颁授给高丽国王的金印上缴给明朝。金印象征着元朝对高丽的支配权,如果高丽不把它交给明朝,说明高丽依然在名义上接受北元的支配,显然高丽国王当时对此是犹豫不决的,不愿意得罪北元。然而,1370年,徐达、李文忠率领明朝军队大败元军,使得高丽国王认为元朝已经无法保护自己,因此放弃了幻想。两个月后,他将金印交给明朝,象征着断绝与元朝的政治关系。我们可以看出,明朝与元朝两个大国的关系,对明朝与高丽的关系有着非常重要的影响,明军在战场上的战绩直接影响着高丽对明朝的态度。

2. 1372—1374年明、元、高丽三方关系

1368年—1372年,明朝的力量是强于北元的,这期间高丽与明朝的关系更为亲近。然而,在1372年的岭北之役中,明朝遭遇了惨败,在这样的背景下,北元皇帝提出"中兴"的口号,并且要求高丽恢复与北元之间的藩属关系。①对于高丽这样一个小国来说,它与北元土地接近,因此不得不担心受到威胁。这种情况下,恭愍王不得不与北元丞相纳哈出暗中往来。②明朝当时无法有效控制东北地区,纳哈出在地缘上占据优势,可以对高丽进行威逼利诱。

高丽对明朝政策的变化,比较明显地体现在两国之间的战略协作上。元朝灭亡后,生活在耽罗岛上的蒙古人并没有撤离。在恭愍王看来,将岛上的蒙古人赶走,可以削弱高丽亲元力量,有利于自己巩固王权,并且有利于向明朝表示忠诚。因此,1370年开始,恭愍王三次向明朝征求意见,准备占领该岛。③不过,此时朱元璋对这件事并不感兴趣,

---

① 舒健:《高丽与北元、明关系中的几点问题考述》,第276页。
② 张帆:《明朝与朝鲜的关系》,载蒋非非、王小甫等著:《中韩关系史》(古代史),北京:社会科学文献出版社,1998年,第268—274页。
③ 吴晗辑:《朝鲜李朝实录中的中国史料》前编卷上,《高丽史·恭愍王世家》,北京:中华书局,1980年,第19—24页。

认为高丽没有必要这样做。他想对蒙古人恩威并施,希望高丽尽量不要激化矛盾。①

然而,就在恭愍王显得比较犹豫之时,1372年明军在岭北战役中遭遇惨败。此时,朱元璋认为,可以借助高丽来打击蒙古人,因此他催促恭愍王配合明朝的军事行动,尽快进攻耽罗岛上的蒙古人。②然而,有趣的是,此时恭愍王却故意敷衍明朝,不再积极准备进攻耽罗岛了。③显然,这是因为恭愍王看到了明朝的军事失利,以及北元实现"中兴"的可能,因此他不愿意过于得罪蒙古人。在这种情况下,恭愍王开始暗中缓和与北元的关系,这导致高丽国内的亲元派认为有机可乘,在政治上开始积极谋划政变,加剧了高丽国内各派之间的矛盾。

当然,朱元璋对恭愍王非常不满,严厉批评其不忠,甚至威胁要进攻高丽。恭愍王被迫在明、元之间选边站。最后他还是不得不选择站在了明朝一边,决定进攻耽罗岛上的蒙古人。④然而,新旧贵族之间的矛盾更加激化,亲元派寻找各种机会阻止恭愍王的行动。他们迫使国王杀掉了改革派的丞相,削弱儒士的力量,试图阻止国王对蒙古人的进攻。⑤

3. 1374—1388年明、元、高丽三方关系

1374年,高丽的亲元派旧贵族暗杀了恭愍王,高丽国内各派力量争夺权力,年仅十岁的恭愍王义子辛禑被立为新国王。⑥亲元派的旧贵族大肆迫害儒士,将其流放或者杀害。年幼的辛禑王试图延续在元、明之间的骑墙政策,不敢得罪任何一方。北元的军事力量扩展到高丽土地附近,切断了高丽与明朝的联系。在亲元派的要求下,辛禑王决定不再向明朝朝贡,

---

① 赵现海:《洪武初年明、北元、高丽的地缘政治格局》,第96页。
② 吴晗辑:《朝鲜李朝实录中的中国史料》前编卷上,《高丽史·恭愍王世家》,第24页。
③ 赵现海:《洪武初年明、北元、高丽的地缘政治格局》,第96页。
④ 吴晗辑:《朝鲜李朝实录中的中国史料》前编卷上,《高丽史·恭愍王世家》,第28—40页。
⑤ [朝]郑麟趾:《高丽史》卷43,《恭愍王世家六》,载《四库全书存目丛书》史部第160册,第86—87页。
⑥ [朝]郑麟趾:《高丽史》卷133,《辛禑王列传一》,载《四库全书存目丛书》史部第162册,第396页。

转而恢复与元朝的关系。①高丽恢复使用元朝的年号，1377年北元正式册封辛禑为高丽国王。朱元璋得知此事后非常恼怒，责骂高丽国王和使者为"乱臣贼子""禽兽"。

当然，辛禑王并不敢得罪明朝，并没有断绝与明朝的往来，而且不断向朱元璋道歉。高丽国王尽管不再向明朝朝贡，但并没有放弃明朝的封号。1378年，高丽政府甚至一度停止使用元朝的年号，决定再次使用明朝的年号。不过，与恭愍王时期相比，此时高丽与明朝的关系不是很密切，双方经常发生外交摩擦，甚至高丽有时曾扣留明使。在高丽国王的反复恳求下，朱元璋勉强同意暂时原谅对方。

不过，这种友好关系持续时间不长，恭愍王时期遗留下来的领土问题到了辛禑王时期更加激化。从1379年开始，双方因为领土和边界问题，矛盾逐渐公开化。双方派遣了大量的间谍，高丽积极备战。不过，1383—1384年，双方关系有所缓和。这是因为，1382年，明军占领云南，并在与漠北蒙古主力军队的作战中取得了一些胜利，元朝再次被削弱。高丽统治集团看到明朝在不断壮大，因此对明朝恐惧，不得不缓和与明朝的关系，向明朝进贡了大量的金银。然而，1387年，双方的冲突再次激化，演变成为战争。1387年，朱元璋对大臣说："以铁岭北东西之地旧属开元者，辽东统之，铁岭之南旧属高丽者，其国统之，宜各正疆域，毋侵踰。"②高丽国内对此非常不满意，要求明朝放弃辽东部分土地。朱元璋拒绝答应，并对大臣们说："高丽旧以鸭绿江为界，今饰词铁岭，是诈也。"③同时，明朝开始在辽东铁岭修筑防御工事。辛禑王看到朱元璋不肯让步，感到吃亏甚大，非常失望，他穿着元朝的官服对明使进行责骂，故意进行挑衅。很快，高丽国王与宰相宣布调集十万士兵，公开对明朝宣战，并且再次宣布停止使

---

① [朝]郑麟趾：《高丽史》卷133，《辛禑王列传一》，载《四库全书存目丛书》史部第162册，第397—406页。
② [清]夏燮撰：《明通鉴》卷9，纪九，沈仲九点校，北京：中华书局，2009年，第424页。
③ 同上。

用明朝年号,要求其臣民停止穿汉人的服饰,必须穿蒙古人的服饰。①很快,高丽军队渡过鸭绿江,攻占了明朝在辽东的领土,赶走了明朝在那里的地方官员。

为应对高丽的挑衅,明朝采取经济制裁与武力威压相结合的手段。明朝找借口故意设法增加高丽的经济负担,不断施加压力要求高丽向明朝进贡战马,当高丽拒绝这样做的时候,就以此为借口,威胁进攻高丽;当高丽同意这样做的时候,明朝又会找借口,说战马的数量不够,或者战马的质量不高,继续对高丽施加压力。②此外,明朝还要求高丽进贡金银,但事实上高丽国内本身金银匮乏,根本无力满足明朝的要求,这就加剧了高丽国内各派力量之间的分歧。同时,明朝对高丽进行武力威压,朱元璋宣称在必要情况下将派遣精兵讨伐高丽。

4.1388年明朝最终确立在东亚的主导地位

1387—1388年,发生了两个非常重要的历史事件,彻底改变了明朝与北元的关系,也彻底改变了明朝与高丽的关系。1387年,朱元璋派20万大军进攻北元丞相兼太尉纳哈出,纳哈出被迫投降,明朝获得了大量的人口并且完全控制了辽东半岛。1388年4月,蓝玉在捕鱼儿海之战大败北元军队,尽管北元皇帝侥幸逃脱,但其很多大臣、贵族都成了俘虏。从此北元再也无法与明朝抗衡,捕鱼儿海之战标志着明朝在东亚的主导地位已经完全得到了巩固。

捕鱼儿海之战不仅改变了东亚权力结构,也根本性地改变了明朝与高丽的关系。这场战争的结果就是,高丽国内的亲明势力大大增强。在北元强大的时候,高丽的武将不可能有机会展现自己的能力,他们地位很低;而现在北元被削弱,高丽失去了北元的保护伞,因此高丽就必须依靠武将来保护自身安全。③这样武将的地位大大提高,逐渐掌握了军

---

① [朝]郑麟趾:《高丽史》卷137,《辛禑王列传五》,载《四库全书存目丛书》史部第162册,第482页。

② 同上,第466—478页。

③ 舒健:《高丽与北元、明关系中的几点问题考述》,第278页。

权。捕鱼儿海之战结束之后的不到两个月,高丽国内就发生了政变。大将李成桂拒绝执行国王的命令进攻明朝,而是突然掉转矛头,向国王反戈一击,史称"威化岛回军",新贵族与武将联合起来夺取了权力。不久,李成桂宣布废黜高丽国王,杀掉宰相,自立为国王,宣布建立朝鲜王朝(史称李氏朝鲜),这就是"丽鲜革命"。很快,李成桂宣布断绝与北元的外交关系,向明朝称臣,并且得到了明朝的支持。两国开始了将近300年的和平友好关系。

从上述分析中可以清楚地看出,影响朝鲜半岛与明朝关系最主要的自变量,其实是东亚权力结构。权力结构就是大国之间的权力对比,也就是明朝与北元之间的权力对比,明朝皇帝不断通过战争手段来实现在东亚体系的主导地位。明朝与北元之间的权力对比,直接影响了高丽及朝鲜国内的政治,也影响了它对明朝的政策。尽管体系层次的因素不能解释一个国家在某一个具体的时间执行什么政策,但当体系层次的因素出现剧烈变化时,小国的外交政策一定不可避免地会受到体系层次因素的影响。14世纪中叶,由于元朝本身衰落,高丽与元朝的关系相应变得不稳定,并且元朝对旧贵族的庇护能力也有所减弱。此时,恭愍王想扩大自己的权力,必然要削弱旧贵族的势力,而恭愍王的手段显然就是依靠新贵族来反对旧贵族。随着新贵族力量的壮大,高丽国内亲明的势力也就增强了,有利于推行亲明的外交路线。事实上,当时高丽的统治者对于发展与明朝的关系,曾经是非常犹豫的,高丽对明朝并未完全"事大以诚"。[1]高丽国王并不知道明朝与元朝最终较量的结果,而且还要受制于国内强大的反对派。1372年之后,北元打退了明朝的进攻,并且有实现"中兴"的可能,因此高丽国内的旧贵族开始有发动政变的动机,他们成功暗杀了恭愍王,夺取了权力。1388年,元朝彻底被打败,旧贵族也就最终失去了权力,在李成桂的政变中被消灭。无论是在任何时期,高丽的国内政治总是受

---

[1] 栾凡:《北元与高丽的外交关系及其文化情结》,《社会科学战线》,2014年第3期,第9页。

到国际权力结构的直接影响,而国际权力结构与国内政治的变化也直接影响了高丽的对外政策。表一清晰地展示出国际权力结构对朝鲜与明朝关系的影响。

表 1　国际权力结构对朝鲜与明朝关系的影响

时间分期	1363—1368 年(1363年朱元璋统一淮河以南)	1368—1372年	1372—1388 年(1372年岭北之役,明军失利)	1388年以后(明军在捕鱼儿海之战中消灭元军主力)
明、元力量对比	明弱元强	明强元弱	明强元弱(明朝军事不占优势)	明强元弱(明朝军事占优势)
高丽(朝鲜)的对外政策	静观其变	1369 年宣布断绝与元的关系	骑墙政策(1374年以前偏向明朝,1374年恭愍王被杀后偏向北元)	1388年李成桂发动政变以后完全倒向明朝,彻底断绝与北元的关系

5. 朝鲜为何要效仿和学习明朝的文化?

1388年,明朝消灭了北元军队主力并确立了在东亚的主导地位,但朝鲜与明朝的藩属关系并不是立即就确立的,双方关系的发展也不是一帆风顺的。朝鲜一直在主动学习明朝的文化,但学习的目的有明显的实用主义色彩,同时我们也应该注意到双方建立藩属关系的复杂和曲折过程。新古典现实主义认为,长期而言,国际政治的结果大体反映的是国家之间的权力分配;但就短期而言,我们很难根据纯粹的体系层次因素来预测一个国家的外交政策。[1]1388年以后,东亚国际关系权力结构大体确定,我们对朝鲜与明朝关系的结果可以作出预测;但究竟双方何时能够确立藩属关系,则取决于体系和单元层次的多种因素的组合。

藩属关系的确立有两个重要标志:某个周边国家向中国朝贡并表示臣服与忠诚,而中国则要对该国国王进行册封。当李成桂宣布朝鲜对明朝"事大以诚"之后,明朝皇帝却并没有立即对李成桂进行册封,而是态度

---

① Jeffrey W. Taliaferro, Steven E. Lobell, and Norrin M. Ripsman, "Introduction: Neoclassical Realism, the State, and Foreign policy", in Steven E. Lobell, Norrin M. Ripsman and Jeffrey W. Taliaferro (eds.), *Neoclassical Realism, the State, and Foreign Policy*, Cambridge, UK: Cambridge University Press, 2009, p. 4.

消极。这是因为,当时双方之间存在领土争议,双方都宣称辽东半岛是自己的领土。明朝要求朝鲜先放弃辽东半岛,之后才会对其册封。这样,朝鲜面临着两个选择:是保全领土,还是接受明朝的要求?此时朝鲜国内有很多人反对在领土问题上对明朝让步,宰相郑道传就是代表人物,他甚至还瞒着明朝招抚女真人以壮大朝鲜力量。直到1398年郑道传被杀,以及1401年朝鲜太宗李芳远在两次"王子之乱"中取得胜利并且继承王位之后,朝鲜才正式承认辽东半岛属于明朝所有,最终确立了与明朝的藩属关系。当然更重要的是明朝施压的结果。

那么,朝鲜为何宁愿放弃大片领土,而希望接受明朝的册封呢?笔者认为,这主要是由两个层次的因素导致的:体系层次上,行为体希望维护自己在国际体系中的地位;单元层次上,统治者希望维护其国内政治的稳定以及统治的合法性。对于朝鲜来说,这些可能比领土更加重要。

(1)体系层次

明朝与朝鲜外交政策的最重要的目标,都是要维护自己在国际体系中的地位以及保障自身的安全,这与防御性现实主义者的理论观点是一致的。朝鲜模仿中国的文化,同时选择放弃领土,换取与明朝的友好关系,其最重要的动机就是要维护和提升自己在东北亚国际体系中的地位。更具体地说,朝鲜追求建立一个"小中华"。①1388年之后,北元政权被排斥于明朝主导的国际体系之外。如果朝鲜能在文化上模仿明朝,那么毫无疑问明朝就会给它以坚定的支持,这样它就成了东北亚地位仅次于明朝的国家。具体而言,"小中华"地位还意味着,朝鲜可以名正言顺地要求它周边更小的政权或部落(如日本的一些藩、女真部落、琉球)向它朝贡,以享受到更多的荣誉与声望。同时,朝鲜承担了将中华文化传播到其他地区的使命,成了明朝与其他东北亚小国之间往来的掮客,不仅可以从中获得经济利益,还可以阻止其他国家与明朝直接发展关系,防止自己的地

---

① [韩]郑容和:《从周边视角来看朝贡关系》,第74页。

位被稀释和削弱。①对于朝鲜来说,"小中华"不仅是一个文化概念,也是提升自己在国际体系中地位的工具,同时有利于维护自身的安全,这就是朝鲜放弃大片土地选择忠诚臣服于明朝的原因。另外,必须强调的一点是,朝鲜作出这个选择,并不是没有前提的。只有当东亚国际关系结构已经稳定的情况下,朝鲜才有可能做出上述决定,否则它没有作出选择的机会。试想假如当时北元依然有"中兴"的可能,假如明朝的主导权地位不稳,那么朝鲜就不可能坚定地站在明朝一边。

(2)单元层次

明朝与朝鲜各自对维护合法性的需要,即双方的国内政治因素,是导致双方建立藩属关系的单元层次上的原因。当时明朝与朝鲜都面临着合法性的问题。明朝的合法性问题主要有两个:第一,明朝皇帝要和元朝皇帝争夺合法性,这是体系层次上的合法性,这个问题在1388年已经基本解决;第二,明朝内部也存在合法性问题,即明成祖朱棣"靖难之役"夺权即位的合法性问题,这是单元层次的合法性,属于国内政治因素。而朝鲜也面临着两个合法性问题,都属于国内政治中的问题:一个是朝鲜王朝本身的合法性问题,即李成桂取代王氏高丽是否具有合法性;二是朝鲜内部的王位继承问题。关于合法性问题对朝鲜—明朝双边关系的影响,可以分为三个发展阶段。

明朝建立初期,北元军队还非常强大,随时可能复辟。因此,为了证明自己更加具有合法性,明朝需要拉拢高丽,高丽对明朝的臣服与忠诚有利于明朝彰显自己的合法性。因此在1388年之前,在合法性这个问题上,明朝是有求于高丽的。不过,此时明朝对合法性的追求,并非决定双方关系的主要自变量。真正起决定因素的是明朝与北元之间的权力对比,尤其是军事实力对比。

1388年,明军决定性地打败了北元,巩固了其在东亚体系中的主导地

---

① 明朝初年,朝鲜曾阻止日本室町幕府与中国建立直接的关系,后来朝鲜又成功阻止明朝册封丰臣秀吉为日本国王,朝鲜的理由是日本是"悖伦国"。参见[韩]郑容和:《从周边视角来看朝贡关系》,第75页。

位。此时，明朝与北元之间对合法性的争夺已经基本结束，因此明朝暂时不会面临合法性问题；而朝鲜则开始面临合法性问题，开始对明朝有所求，李成桂非常急迫地要得到明朝的正式册封，从而证明取代王氏高丽的合法性。1388年，李成桂政变之后，明朝立即给予承认，但并没有立即对其进行正式册封。有学者研究了原因，认为明朝是在故意拖延对李成桂的册封。[1]这是因为朝鲜与明朝存在领土争端，而此时朝鲜又对明朝有所求，因此朱元璋想利用这个机会，迫使李成桂在领土问题上作出让步。甚至直到朱元璋逝世之时，依然没有正式册封李成桂，李成桂也没有成为"朝鲜王朝"的首任国王。

然而，朱元璋死后，形势发生了变化。明朝皇帝又一次面临合法性的问题，转而有求于朝鲜。这是因为燕王朱棣发动了"靖难之役"，建文帝朱允文在这场战争中屡屡战败，并且缺少战马，因此他向朝鲜请求帮助，希望朝鲜提供战马。[2]这样，朝鲜太宗李芳远（李成桂已经退位）以此为契机，要求建文帝朱允文正式册封自己，因此朱允文不得不对李芳远进行正式的册封，李芳远成为朝鲜王朝的首任国王。

燕王朱棣夺取权力后，李芳远认为朱允文对自己的册封已经没有任何价值，因此他要求得到明成祖朱棣的册封。朱棣认为，这是一个能够证明自己有合法性的好机会，因此立即答应了李芳远的请求，这样两国的藩属关系才正式确立。从这里可以清楚地看出，在明朝的主导地位不稳固的时候，明、元双方的权力对比对于朝鲜半岛与明朝的关系至关重要；当明朝已经确立其主导地位时，朝鲜对国际地位的追求，以及明朝皇帝与朝鲜国王各自对于合法性的需求，是导致两国藩属关系形成的重要原因之一。

五、理论意义与政策意义

本书并非纯历史研究，而是从国际政治理论的视角来探寻历史规律，

---

① [韩]郑容和：《从周边视角来看朝贡关系》，第84页。
② 同上。

不仅具有国际政治理论的意义,而且也有现实政策的意义。

(一)国际政治理论意义

本章提出的是一个国际政治理论,解释的是藩属关系,即较高程度的等级关系生成的规律。本章不仅可以解释明朝与朝鲜之间藩属关系的生成,也可以解释其他中国朝代与朝鲜之间藩属关系的生成,还可以解释中国与越南等其他典型藩属国之间的关系。唐、辽、元、清这四个朝代都曾经对朝鲜半岛国家使用武力,并在此基础上恩威并施,使得朝鲜半岛国家与自己建立藩属关系。其中,辽、元、清都是非汉族建立的政权,它们建立之初都缺乏文化吸引力,无法有效通过文化手段来实现藩属关系的制度化,因此不得不较多地依赖强制手段。辽在11世纪初曾通过军事压力迫使高丽臣服,但很快随着辽对高丽控制的减弱,两国之间的藩属关系就悄无声息地结束了。金由于一直忙于发动对南宋的进攻,并没有主动地通过武力来迫使高丽向自己臣服,因此高丽一直没有与金建立藩属关系,《金史》中几乎没有双方往来的记载。比较而言,唐、宋、明三个朝代有较强的文化实力,因此相对容易地得到朝鲜半岛国家的认同,但朝鲜半岛每次与中国建立藩属关系都不是自动的,中国不能避免地要使用强制手段。唐朝时期,朝鲜半岛三国都以各自的利益算计为基础发展与唐朝的关系,高句丽拒绝臣服于唐朝;百济先利用再背叛唐朝;新罗是唐朝的盟国,但在领土问题上与唐朝龃龉不断甚至一度兵戎相见。北宋刚建立后,高丽就遣使祝贺并使用北宋年号,接受北宋的册封,但由于北宋实力弱小而且与高丽距离遥远,无法像唐朝、明朝那样对朝鲜半岛提供军事保护,因此这种关系非常短暂即消失了。明朝与朝鲜半岛的关系则如本章呈现,更为复杂曲折。就朝鲜一方而言,它主动学习中国文化是为了得到中国的支持,提升自己在国际体系中的地位,维护国内统治的稳定与合法性,这是理性选择。

本书的研究与之前的很多研究不同,就是因为本书是从国际政治学理论的角度来观察古代东亚国际体系的变化的。本章对藩属关系生成的过程进行了一个跨层次分析。之前的所有相关解释都假定了某个国际结构已经既定并且不会发生变化,然后在此基础上直接研究中国和周边国家各自的外交政策,但东亚国际结构并非常量,而是经常发生剧烈的变化,大国权力此消彼长,汉族统治的中国政权并非永远占据沃马克所说的"中心"地位,任何一个政权都必须通过战争或强制手段来获得和维持中心地位。当东亚国际结构不稳定时,大国之间的权力对比会直接影响到朝鲜半岛国家的内政,进而影响其外交政策。此时朝鲜一般在两个大国之间采取"骑墙战略",两个大国在战场上的表现会直接影响到朝鲜国内各派的力量对比及其外交政策。[①]藩属关系出现的重要前提,是东亚出现一个稳定的并且实力明显超过其他任何国家的霸权国。而当霸权国不存在的时候,稳定的藩属关系也无法维持,例如从唐朝晚期到13世纪中叶元朝统一北方之前都是如此,明朝最初的20年也是如此。

当东亚主导权结构稳定后,朝鲜与中国的藩属关系也不是自动生成的,周边国家有多种外交政策选择,不一定选择成为中国的藩属。前面提到过,即使是唐、明这样文化吸引力很强的朝代,也没有少用强制手段,唐朝曾数次直接出兵朝鲜半岛并灭掉其政权,明朝曾对朝鲜半岛政权进行武力威压迫使其放弃领土要求。除了强制手段,文化手段对于中国历代王朝也必不可少。其中清朝是非汉族朝代学习汉族传统文化最成功的一个朝代,朝鲜对清朝的态度先后发生了巨大的转变就说明了文化对于藩属关系生成的重要作用。不过,当主导国衰落时,即使它有很强的文化实力也无法维持藩属关系;或者当主导国没有意愿去积极地维持藩属关系时,藩属国也会脱离主导国的束缚。唐朝末年,新罗悄无声息地脱离了唐朝主导的东亚秩序;宋朝实力弱小,因此无法与朝鲜建立实质性的藩属关系;曾经一度强大的金朝始终没有意愿将高丽纳入自己主导的国际秩序中。与之相反,16世纪末的明朝则积极保护朝鲜免遭日本丰臣秀吉政权

[①] 华尔兹在其经典著作中说,国际体系将会使国家社会化,以使自己应对来自体系的压力。Waltz, *Theory of International Politics*, pp. 118–128.

的侵略,因此朝鲜对明朝的向心力大大增强。这样,藩属关系的本质是一种政治关系,尤其类似于联盟关系,主导国要主动推动建立并努力维持。①

对于朝鲜而言,成为中国的藩属的最大好处,就是可以维护和提升自己在东北亚国际体系中的地位。朝鲜与明朝有领土争端,因此朝鲜在保障领土与提高国际地位二者之间面临选择。如果朝鲜选择拒绝放弃领土,就意味着可能要遭受明朝的进攻,导致其在东北亚的地位的下降,同时国家安全受到威胁;如果选择提高自己的地位,那么它就必须要放弃部分领土。最后朝鲜选择了放弃领土。除此之外,朝鲜国王之所以要与霸权国建立藩属关系,也是为了维护其国内合法性,包括政权合法性和统治者个人合法性;而对于明朝来说,同意与朝鲜确立藩属关系,也关乎其政权合法性和统治者个人合法性,而后者更为重要。

藩属关系只是等级制的一种形式。比较而言,古代中华藩属关系与历史上其他地区的帝国所主导的等级制之间,既有共性也有特性。共性在于任何等级制都离不开主导国的强制手段;特性在于中国(尤其以唐朝、明朝、清朝为典型)能够聪明地软硬兼施,在藩属关系建立后以儒家文化为基础建立一套话语体系和制度,以维持其稳定存在,这样就减少了强制手段需要支付的巨大成本,但在任何时候,东亚的权力结构本身的稳定以及必要时中国对朝鲜的约束和武力保护,依然是这种关系能够维持的重要原因。本章弥补了康灿雄等级制理论的缺陷,详细论述了中国是如何综合运用两种手段的。

当然,从历史学的角度看,本章所研究的事实也是之前一些中国历史学家所忽视的。历史学家主要关注的是朝贡制度的特征与形式,而忽视了是什么力量提供了这种制度,或许他们可能认为这一点并不需要研究。但事实上,这并非一个自动的过程,朝鲜这样的周边国家希望获得更大的独立性,同时获得领土等更多的利益,它不一定要严格地臣服于中国。即

---

① 类似观点见 Song Nianshen, "'Tributary' from a Multilateral and Multilayered Perspective," p. 174。

使是明朝这样的典型中华帝国,权威也不是自动获得的,必须同时使用强制与文化手段才能获得权威。

(二)现实政策意义

尽管本章研究的是古代东亚的国际关系,但是对当今中国的外交政策也有重要启示,当代中国可以学习自己在古代成功崛起的经验。中国崛起包含多重含义,目前中国正在实现经济实力的崛起,但中国更重要的使命应该是提升自己的国际领导力,打破美国的霸权秩序和不合理的旧秩序,重建国际政治新秩序。从学术意义上讲,中国的崛起就意味着中国对周边国家的等级制的提升,或者说中国提升在东亚地区的合法性,获得周边国家对自己的权威的承认,打消周边国家对中国意图与实力的顾虑。仅仅提升权力,不意味着崛起;提升权威才是崛起。中国实现民族复兴的必要条件之一就是拥有世界范围的广泛国际政治支持。[1]目前,中国面临与明朝初年非常相似的国际环境:一方面,中国正在崛起;另一方面,中国面临着一个非常强大的对手——美国,并且中美两国之间的结构性矛盾正在日益明显,以后很可能会更加激化。现在中国崛起的最大障碍,就是美国的同盟体系对中国从东、南、西三个方向的包围,美国利用自己的忠实"藩属"使得它对付中国游刃有余,因此中国必须要打破美国盟友对美国霸权的依赖。

本章研究的启示是,对小国的经济援助不是导致古代东亚藩属关系生成的因素,单纯的文化因素也无法实现权威和等级制的提升,而权力因素(强制手段)和文化手段的同时运用才是等级关系生成的充要条件。如果中国仅仅为周边国家提供经济援助和文化支持,那么就无法提升这些国家对中国合法性的认可程度。就目前而言,中国的周边国家只能从美国那里获得安全保障,中国显然没有处于主动地位。中国的安全环境不

---

[1] 阎学通:《道义现实主义的国际关系理论》,《国际问题研究》,2014年第5期,第128页。

容易获得改善,结构性矛盾和"安全困境"继续加剧。①而要想改变这一局面,中国就应该"德威并重",主动地塑造地区和国际环境,积极阻止周边国家成为美国应对中国的棋子,迫使其重新理性地权衡国家利益,在一定程度上摆脱对美国的依赖,至少可以提升与中国的战略伙伴关系层次。之后,中国再使用经济、文化手段才能有效地巩固与周边国家的关系。2016年7月发生的萨德事件是一个典型的案例。后来在中国的反复耐心劝说之下,韩国一直没有再追加部署,而是在一定程度上照顾到了中国的安全利益。

建立秩序不能缺少权力手段,而维持秩序可以重点使用经济、文化或意识形态手段。中国正在努力建立国际政治新秩序,而美国正在维持以联盟体系为基础的旧秩序,这是两种不同的任务。美国主要是使用经济援助手段并强化意识形态输出,而中国的重点应是权力和文化手段并用,权力手段不能缺失。当下,中国的任务不应只是一味地搞经济援助、大力推动公共外交、建立孔子学院、强调文化软实力,这样只会事倍功半、成效不佳,无法自动提升周边国家对中国权威的承认,不足以从量和质上改变东亚地区的国际格局,更难以实现国际秩序的合理化。

---

① 杨原以苏联在其盟友中影响力的衰落为案例,论证只一味地积累实力而不积极运用实力为他国提供安全保障,那么大国的实力积累得越强大,它所面临的国际环境就会越恶劣,反对它的国家就会越多。杨原:《武力胁迫还是利益交换?——大国无战争时代大国提高国际影响力的核心路径》,《外交评论》,2011年第4期,第116页。

第三章

从分裂到统一:西方难以理解的中国世俗权威战争[①]

接下来的三个章节,是本书的第二部分,将会相继讨论古代中国从分裂到统一的战略选择、统一之后从弱小走向强大的战略选择,以及中国实力处于鼎盛时期的战略选择。最近美国部分研究中国古代历史的学者认为,古代中国不存在宗教战争,他们觉得这是一个新的发现。[②]但我们中国人并不觉得这有多么新鲜,因为中国的宗教从来不能影响政治,对社会的动员能力也远远比不上政府,因此不可能出现欧洲历史上的那种宗教战争。不过,世俗政治力量之间的分歧同样会引发大规模的战争和动荡,几乎贯穿于中国的历史。这不仅会影响中国的内部政治,也会深刻地影响今天中国的对外关系,但国外的国际关系学者几乎从未从理论化的角度进行研究。

一、统一和分裂:国际关系理论的意义

统一与分裂当然不是中国特有的现象,历史上很多地区的国家和民族都曾经追求统一,并且为保持统一付出代价。纵观世界历史,大国的统一与分裂,是导致国际体系、国际格局发生改变的重要原因。如果几个行

---

① 本章部分内容曾经发表于《当代亚太》2012年第4期,本书在其基础上做了较大修改和调整。

② David C. Kang, "Why was There No Religious War in Premodern East Asia?" *European Journal of International Relations*, Vol. 20, No. 4, 2014, pp. 965–986.

为体能结束割据,进行整合,实现统一,它就会成为大国,进而崛起成为在国际体系中举足轻重的强国,改变国际体系的面貌。欧洲历史上很多国家的近代化或现代化,其实是以民族国家内部的统一为前提的,但是较大的行为体又是不易维持其统一的,统一往往是不稳定的。历史上的很多体量庞大的国家往往很快走向分裂,霸权昙花一现,一旦分裂或崩溃之后就再也难以重新整合。

(一)中国特殊在何处?

我们可以简单粗略地把国家分为两类:一类是同质性较高的国家,以欧洲的民族国家为典型;另一类是异质性较高的国家,以历史上的大英帝国、苏联和今天的中国、印度、印度尼西亚这样的规模较大的国家为典型。历史上的超大型帝国都不能完全避免走向分裂的可能。①就这一点而言,中国没有特殊性。历史上的中国经常陷入分裂,而且今天依然有分裂的危险。超大型多民族国家的维持,需要统治精英阶层维护统一的坚定信仰,以及人民为了实现统一不惜牺牲的精神。当一个大型帝国崩溃后,新的帝国能否在碎片的基础上再建,取决于这个国家和民族的人民是否有重新实现统一的坚定意志。就这一点而言,中国是特殊的,因为中国是世界历史上为数不多可以不断从分裂走向再次统一的国家。

和欧美国家不同,中国之所以在多数时期能长期维持超大体量,并且保持其在东亚的主导地位,主要在于文化理论的论述。在世界上的所有国家中,中国是最注重对"统"进行合法性论述的国家。无论是统一王朝,还是分裂时代的王朝,其首要政治任务都是论述自己的"统系"继而为维护或实现统一而努力。在时间上,任何一个政权必须论证从古至今的中国是一个统一的体系,否则不具备继承中华文明承载体的合法性。在空间上,必须论证"天下"在政治上是完整统一的,不以统一天下为使命的政权不具备合法性。无论是时间之"统",还是空间之"统",德行与文化都是

---

① 例如,罗马帝国、神圣罗马帝国、伊斯兰诸帝国。

必不可少的条件,任何一个政权不可能仅仅靠武力征服就可以获得"正统"地位。仅靠武力平定天下的王朝只能被划入"闰统"或被写入"霸史",它的正统地位不会被后人承认。

中国的政治权力继承,非常强调时间上的"统",表现为后人不否认前人,新朝不否定旧朝。统治者的政策会不断调整,但前后形成一个连贯的"统系",不会出现西方国家那样的以党派争斗为特色的"否决政治"。新朝即使推翻旧朝,也必须承认旧朝的"正统",承担起存续"统"的历史责任,否则新朝不具合法性。时间之"统"是空间之"统"的前提,如果后朝否定前朝,就会导致无理由继承前朝全部疆土,进而导致国家分裂的危机。①宋、元、明、清事实上都继承了这种合法性论述的方式,这是现代中国依然保持为世界大国之一的根本条件。

(二)单元和体系层次的互换

从国际关系理论的角度来看,统一和分裂问题涉及的是单元和体系两个层次的相互转换。由于西方主流国际关系理论是20世纪初才产生的,它们是从1648年之后威斯特伐利亚民族国家体系的历史经验中获得的总结,但是在亚洲历史和中世纪及其之前的欧洲历史上,国际关系呈现出更为复杂的面貌。体系和单元两个层次并不总是截然分离的,国家不是国际体系中不可分割的原子,局部体系和单一行为体可以相互转换。实际上,威斯特伐利亚体系中的行为体,也可能会存在结构上的重组。我们既可以从古代的历史看到对今天的启示意义,也可以从东亚经验的特殊性拓展到世界政治的普遍性。

近几年有的亚洲学者对此进行了更为充分的关注。国家可以被分成多个新的行为体,多个行为体也可以结合为新的国家。日本早稻田大学河野胜(Masaru Kohno)教授指出,体系和单元可能并不是在本体论上截然

---

① 可参见章永乐:《多民族国家传统的接续与共和宪政的困境:重审清帝逊位系列诏书》,《清史研究》,2012年第2期,第1—7页。

分离的,这是分析东亚国际关系必须要解决的关键问题。[①] 这是一种本体论上的批评,而不是经验上的批评,对国际关系本体论维度缺乏敏感性将会导致错误的推论和结论。[②] 这个问题,西方国际关系理论中几乎从来没有涉及过,甚至连西方国际关系学界中关注东亚历史经验的学者们也没有注意到。

河野胜认为,历史上日本和中国都存在这种现象。日本有两个典型的时期。第一个是13世纪后半叶,在忽必烈进攻日本之前,日本并不是一个统一的国家,而是至少有两个政府,一个在京都,另一个在镰仓。蒙古人的入侵,使得两个政权联合起来,暂时成为一个行为体。而蒙古入侵失败后,日本进一步分裂,各地发生内战。第二个是14世纪后期,当时日本依然没有统一。九州的一个地方政权和京都的室町幕府争相与明朝建立朝贡关系。[③]这两个案例表明,历史上的日本,既可以作为一个单元,也可以作为一个体系而存在。在与蒙古帝国发生冲突时,以及与明朝建立朝贡关系时,日本表现为同一个行为体。日本面对的外部压力越大,它就越表现为一个整体。[④]同样,古代中国很多时候也表现为一个体系,分裂时期的政权可能会相互争夺领土、资源、权威和合法性。河野胜不同意康灿雄的观点,因为康灿雄仅仅关注中国与韩国、日本、越南的冲突,而排除了大量的中国"内部冲突"。[⑤]

约翰·鲁杰(John Ruggie)曾经说,在欧洲,标志着单元分化发生真正变化的历史案例只有一个,即从中世纪或封建体系向现代主权体系的过渡。[⑥]河野胜认为,东亚的这种大体系套小体系的复杂动态的模式,是东亚国际关系的独特特征,明显不同于欧洲的国际关系,是东亚的特殊

---

① Masaru Kohno, "East Asia and International Relations Theory," *International Relations of the Asia-Pacific*, Vol. 14, No. 1, 2014, p. 186.

② Ibid., p. 187.

③ Ibid., p. 186.

④ Ibid., p. 187.

⑤ Ibid, pp. 188–189.

⑥ John G. Ruggie, "Continuity and Transformation in the World Polity: Toward a Neorealist Synthesis," *World Politics*, Vol. 35, No. 2, 1983, pp. 261–285.

性。[1]然而,他们二人都只关注到了一部分事实。局部体系与单一行为体之间的转换,并不局限于中世纪,也并不局限于东亚,没有时空的限制。我们既可以从古代的历史看到对今天的启示意义,也可以从东亚经验的特殊性拓展到世界政治的普遍性。在近代、现代和今天的欧美国家和欧亚大陆,单元与体系之间的双向转换经常在很多国家上演。在欧洲,这并非仅仅发生过一次,最近三百多年这种局部体系与单一行为体转换的现象,对地区和全球国际关系产生过重大的影响。其中最具典型意义的就是美国内战、大英帝国的瓦解以及德国的两次统一。

(三)国际规范和社会学视角的重要性

国际规范的视角有助于理解行为体从分裂到统一的战略行为。很多外国学者在研究中国时,可能陷入了以下误区,具体表现为:其一,有的学者没有注意到,中国古代在不同时期行为体间规范结构的变化会影响行为体间关系样式的变化;[2]其二,有的学者以对分裂格局中的行为体的研究代替对中国整体的研究,例如王元纲;其三,有的学者以对战略文化的研究代替对统一性规范的研究,例如江忆恩。笔者旨在对以上问题予以澄清。很多情况下,古代中国的对外行为存在着看似反常的案例,而非仅仅是权力逻辑和理性主义能够解释的。研究历史问题时要充分考虑历史事件发生时的情境,以免机械地从历史迁移到当代国际关系。

古代与现代的国家性质、国家间关系都有很大差别,古代中国与古代欧洲的国家间关系也有很大差别,很多中国学者早已意识到了将现代西方理论进行简单移植所产生的弊端,但我们在国际关系理论上缺乏与西方较为对等的话语体系,且我们尚未有自己的系统理论,因而无法以使西方学者能够理解和接受的方式进行反驳,或者只能在西方学者的理论框

---

[1] Masaru Kohno, "East Asia and International Relations Theory," p. 189.

[2] 以费正清为代表。参见 John K. Fairbank, *Trade and Diplomacy on the China Coast: The Opening of the Treaty Ports, 1842—1854*, Cambridge, MA: Harvard University Press, 1953; John K. Fairbank (ed.), *The Chinese World Order*。"朝贡范式"因具有明显的单一性和模糊性,一直受到中外学者的批评。

架内反驳而难以质疑其理论框架。①本章试图借鉴国际关系研究的社会学转向中对规范和规范结构的关注,来纠正以往的误区。

研究中国古代的国家间关系,不能忽视对国家间规范的研究。我们不是要将国际关系中的规范研究简单地套用到中国古代,贴上西方的"标签",而是要尽可能地弥补现有研究的不足。不同时期行为体间规范的属性的不同,导致了行为体间关系样式的不同。国家间的各种规范可以出现、消亡,也可以再现,并不断发生变化。当国家间规范发生变化时,不能以对行为体此时行为的研究代替对彼时行为的研究。

本章对于解释当代中国的战略逻辑有一定意义。西方部分学者对中国古代国家间关系进行了研究,认为中国奉行所谓"强现实主义"逻辑,其中以江忆恩最具代表性。在外交政策上,这样的理论只能强化"中国威胁论",只能教导美国如何遏制中国的发展。②他的错误在于他仅仅把战略文化看作是一个行为体中的内生因素,而没有从社会学角度和体系层次来理解国家的文化与行为。还有一部分学者,尽管其研究的是当代中国外交行为,但由于对中国历史和现实情况认识不足,结果得出了中国是一个"现状修正国"的结论,也陷入了误区,如约翰·米尔斯海默(John Mearsheimer)。③中国国际关系理论发展的重要议题,是为中国的战略取向特征寻找历史逻辑的支持。④本章的目的是减少西方部分现有理论对

① 此前国内学者只是指出了江忆恩在选择案例上的偏颇,但并未指出其理论框架的根本缺陷。参见李晓燕:《中国明代战略文化与儒家文化的一致性研究:与江忆恩商榷》,《世界经济与政治》,2008年第10期,第66—76页;朱中博、周云亨:《中国战略文化的和平性:〈文化现实主义〉再反思》,《当代亚太》,2011年第1期,第36—51页。

② 江忆恩的观点可能影响了部分美国学者,使得"中国和平国家"的形象遭到致命打击,且亨廷顿认为江忆恩为其观点提供了佐证。参见赵景芳:《美国战略文化研究》,北京:时事出版社,2009年,第8页。

③ 米尔斯海默以中国在台湾问题上的态度和行为来证明其进攻性现实主义逻辑,即认为中国是一个现状修正国。参见[美]约翰·米尔斯海默:《大国政治的悲剧》,王义桅、唐小松译,上海:上海人民出版社,2008年,第400—403页。

④ 朱中博和周云亨统计了九个汉族王朝的主动进攻战争与全部对外战争之间的比值:秦朝为1,西汉为0.37,东汉为0.27,西晋为0.32,隋朝为0.57,唐朝为0.42,北宋为0.23,南宋为0.14,明朝为0.06。由此可以证明作为统一国家的中国的对外战略的和平性。参见朱中博、周云亨:《中国战略文化的和平性》,第48—50页。

西方国家对华政策制定的误导，尽管这非常具有挑战性。

二、分裂格局中的"统一性规范"

本章将主要借用建构主义者提出的规范、身份等概念，构建本章的论述框架，即分析统一性规范与国家身份、对外行为之间的循环建构关系。之后，将分析统一性规范对国家对外行为的两种效用。

（一）概念引入与论述框架

导致中国古代国家间关系样式不同的重要原因，在于国家间规范的不同变化，因此本章试图借助于对规范结构的研究来纠正以往的误区。建构主义主要研究身份变化、规范的产生与传播，以及国家间规范结构，认为规范和身份的出现都源于社会性互动。本章试图借鉴基于实证主义的自然建构主义的主要观点[①]，以及对国家间规范结构的整体主义研究方法[②]，将其引入到对中国古代国家间关系的分析中。下文将论述，古代中国的分裂格局中的行为体间关系规范，不同于作为整体的古代中国与周边政权间的规范。笔者称前者为"统一性规范"，表现在分裂格局中的华夏汉族政权之间的关系，以及汉族政权与占据原属汉族政权领土的少数民族政权间的关系。[③]这与朝贡规范或儒家礼治规范[④]大不相同。要研

---

① 约翰·鲁杰将建构主义分为新古典、后现代和自然建构主义。参见［美］约翰·鲁杰：《什么因素将世界维系在一起？新功利主义与社会建构主义的挑战》，载［美］彼得·卡赞斯坦、罗伯特·基欧汉、斯蒂芬·克拉斯纳编：《世界政治理论的探索与争鸣》，秦亚青、苏长和、门洪华、魏玲译，上海：上海人民出版社，2006年，第255—260页。

② 温特总结的建构主义的两条基本原则为"理念主义"与"整体主义"。后者强调，有目的的行为体的身份和利益是由共有观念建构而成的，而非天然固有。参见［美］亚历山大·温特：《国际政治的社会理论》，秦亚青译，上海：上海人民出版社，2008年，第1页。

③ 在所有的分裂格局中，各政权都认为自己是合法或正统的政权，不承认其他并存政权的合法权利，表现为严重的敌对、冲突与统一性战争。江忆恩强调中国备战式的（para-bellum）战略文化在古代中国不同时期的一贯性。参见［加拿大］江忆恩：《文化现实主义和毛泽东时代的中国战略》，载［美］彼得·卡赞斯坦主编：《国家安全的文化：世界政治中的规范与认同》，宋伟、刘铁娃译，北京：北京大学出版社，2009年，第241—252页。事实上，这种备战式的战略文化仅仅在分裂格局中才具有一贯性，而在中国与大多数周边政权的关系中则不存在。

④ 这存在于古代中国与绝大多数周边政权的关系中。

究分裂格局中的国家间关系,我们需要对统一性规范进行研究。

彼得·卡赞斯坦(Peter Katzenstein)和亚历山大·温特(Alexander Wendt)对规范的定义为学界较为普遍接受,即规范是对某个给定的身份(认同)所应采取的适当行为的集体期望。[①]当然,这个基本定义未必完全适合于本章的研究,分裂格局中的统一性规范与上述基本定义还存在一些差异。其一,统一性规范不是一种集体期望,而只不过是一种相同期望。根据历史经验,分裂格局中的绝大多数行为体都有消灭他国、统一中国的意愿。其二,统一性规范是一种导致冲突与战争的规范,不是西方学者长期研究的导致国际合作的"好规范"[②]。因此,本章所提到的规范,仅被视为影响行为的相同期望或信念。

如果说规范是一个结构主义概念,那么身份则是一个还原主义概念。[③]分裂格局中的各行为体彼此具有相同身份,即都认为自己是"正统政权"或"合法政权",都认为自己有消灭其他政权以统一天下的使命。因此这些具有类似身份的国家之间形成了互动[④],这种互动造就了统一性规范。

将上面所说的规范与身份二者结合起来,就形成了本章论述的框架。本框架主要围绕建构主义对规范和身份论述的几个方面,借助这几个方面的已有成果。国际关系社会学的研究可简要归纳为:国际规范和国家身份(认同)将会影响到国家的利益和行为;国际规范建构国家身份,而国

---

① [美]彼得·卡赞斯坦主编:《国家安全的文化》,译者前言,第11页。此外,罗伯特·阿克塞尔罗德(Robert Axelrod)将规范看作是一种行为惯例,参见 Robert Axelrod, "An Evolutionary Approach to Norms," *American Political Science Review*, Vol. 80, No. 4, 1986, pp. 1096–1097.

② 莱德·麦基翁(Ryder Mckeown)指出了规范研究中的"好规范偏好"(nice norm bias)。参见 Ryder Mckeown, "Norm Regress: Revisionism and the Slow Death of the Torture Norm," *International Relations*, Vol. 23, No. 1, 2009, p. 17. 但笔者并不是说统一性规范是"坏的规范",我们应该坚持规范中性论的原则,不对统一性规范做任何价值判断。

③ 但这也并不绝对。温特强调,身份是由内在和外在结构建构而成的。参见[美]亚历山大·温特:《国际政治的社会理论》,第220页。

④ 关于国家身份的互动对国际规范的建构作用的研究,参见[德]托马斯·里斯:《民主共同体的集体认同:以北约为例》,载[美]彼得·卡赞斯坦主编:《国家安全的文化》,第336—377页。

家身份也建构国际规范。[1]应用到这里，就是统一性规范导致了分裂格局中割据政权"正统性"的身份建构，进而导致了政权的进攻性战略行为；而割据政权的进攻性行为又可以重新加剧统一性规范。规范对身份与行为的影响是体系理论，身份影响行为进而影响规范是还原理论。[2]图3展示了本章的论述框架。

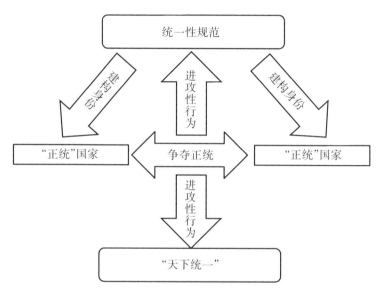

图3　"统一性规范"、"正统"国家与进攻性行为的相互建构

在进一步论述之前，还要做三点说明：第一，笔者并非建构主义者，本研究也并非仅仅是为建构主义的解释力辩护，只是强调分裂格局中社会互动的重要性，以对规范的研究弥补此前研究的重要缺陷，但并非要用社会互动来否定物质因素的基础作用。[3]因为，相对于观念力量而言，物

---

① 详见宋伟的总结。参见［美］彼得·卡赞斯坦主编：《国家安全的文化》，译者前言，第11页。

② 作为一个完整的研究议程，还应该包括对如下问题的研究：分裂格局中政权内部的因素如何影响国家身份，如何使国家间发生互动，以及如何维持或改变国际规范。本书暂不对这一部分进行研究。

③ 宋伟认为，温特试图通过强调互动来否定物质基础的作用，但他也关注到了实力关系对互动的预设意义。参见宋伟：《规范与认同的相互建构：社会建构主义的进展与难题》，《世界经济与政治》，2008年第3期，第42、48页。

质力量具有在本体论上的优先性,而只要一个学派忽略了那些拥有本体论优先性的基石性范式,那它就注定是有严重缺陷的。[1]笔者倡导在对中国古代国家间关系的研究中将物质主义、理念主义以及社会化这三大基础范式结合起来,甚至并不否定,在影响分裂格局中的各个政权对外行为的因素中,物质权力结构有可能是先于观念结构的最重要因素。[2]第二,笔者并不是说统一性规范决定了分裂格局中政权的行为,而是说影响了其行为,二者的确存在因果关系。分裂格局中政权的权力对比也会影响政权的对外行为,只是我们必须对行为体所处的国际社会结构给予足够重视,而不能忽视之。[3]而后文之所以选择宋朝和明朝这两个时期的国家间关系作为案例,就是为了对国家实力这个干扰因素进行反向控制,以证明统一性规范与进攻性行为之间存在因果关系。第三,本研究依然假定分裂格局中的政权为"黑箱",或者仅考虑一国最高决策者的决策,但这只是为研究方便而设计的。行为体内部的群体观念和身份认知并非铁板一块,这可以留待以后研究。尽管单元内部的因素对外交政策的影响不能忽视,但如果从国际政治学的角度分析国家的行为,必须更关注结构对单元的影响,无论是物质结构(该割据政权的权力分配)还是国家间社会结构(主要是统一性规范的影响),这是既有研究的薄弱环节。

---

[1] Shiping Tang, "Foundational Paradigms of Social Sciences," *Philosophy of the Social Sciences*, Vol. 41, No. 2, 2011, pp. 219—220, p. 237. 唐世平认为,几乎所有学派都建立在11个基础范式的不完全组合的基础之上。

[2] 即使是在分裂格局中,物质能力分配还是能起到首要作用,我们无法否定国家实力的作用。南北朝时期,战略主动权逐渐由南方转移到北方。宋辽对等关系的确立,以及夏向北宋称臣、南宋向金称臣,都取决于权力对比。温特明确指出,权力关系在决定进化发展方向方面起着至关重要的作用,如果存在相关物质权力的不平衡状态,社会行动会趋于朝着有利于权力较大一方的方向发展。参见温特:《国际政治的社会理论》,第323页。

[3] 江忆恩的建构主义是一种单位建构主义。参见秦亚青:《国际关系理论的争鸣、融合与创新》,载[美]彼得·卡赞斯坦等编:《世界政治理论的探索与争鸣》,第13—14页。江忆恩没有从更重要的结构层次考察国家间规范结构对单位的制约作用,而且实际上他根本没有将社会化范式引入对战略文化的分析中。

(二)统一性规范的产生与消亡

统一性规范缘何产生？这是一个历史学的问题。本章仅考察统一性规范对国家行为的影响。统一性规范是各个割据政权与生俱来的，在分裂格局形成时即出现，无须各个政权内化。甚至可以说，在历次分裂格局中，难以找到两个及其以上的政权之间彼此真正承认生存权利的例子。即使两个割据政权之间相互承认生存权，也要么是势均力敌的结果[①]，要么是需要联合起来对付更强大的威胁者[②]。从根本上说，各个割据政权之间不可能形成真正的洛克文化式的主权规范。此外，即使是汉化的少数民族政权，一旦他们具有了华夏认同，大多也会内化统一性规范并执行其要求，以实现华夏统一为目的。王庚武先生特别指出了中华中央帝国的独特属性，认为中央帝国以"历史的统一"为特征，这在其他国家是不适用的。尽管中国曾分裂，但所有政府背后的驱动力一直是使帝国重新统一。[③]

统一性规范消亡的条件非常简单，只要分裂格局结束，天下重归一统，其自然就消亡了。规范涉及的对象消失，将导致一个规范失去作用和继续存在的理由。[④]规范存在的首要条件是主体间性，即至少是两个行为体间的行为准则。而国家归于一统，本身就是对下一轮分裂格局中的统一性规范的巩固，使得下一轮的分裂格局中的统一性战争烈度更强。由分裂到统一，体现了国家间规范与国家身份、行为之间的循环建构。其主要路径：统一性规范塑造了分裂格局中的行为体的身份，即"正统政权"或

---

① 例如，宋辽"澶渊之盟"实现了两国间110年的和平。但1114年前后，宋还是作出联金攻辽的决策。宋金"绍兴和议"后，双方依然互有攻守、战争不断。

② 如果一个分裂格局中存在三个及其以上的政权，那么关系将会更加复杂，这时会出现某两个行为体之间权宜式地相互承认的情况。例如，三国时期，蜀国、吴国在彝陵之战后达成和解，以共同对付强大的魏国。明朝、瓦剌与东蒙古的三边关系也是如此。

③ Wang Gungwu, *The Chinese Way: China's Position in International Relations*, Oslo, Norway: Scandinavian University Press, 1995, pp. 52–53.

④ 周方银：《国际规范的演化》，清华大学博士学位论文，2006年4月，第48—50页。

"合法政权"①,进而行为体会表现出与这种身份相一致的行为,即采取进攻性政策发动统一战争,其结果是分裂格局内部的行为体数量逐渐减少,最后重新统一为一个行为体,而这又进一步巩固了统一性规范,使得大一统的持续时间更长,并且下一次分裂格局不易出现,或者下一次分裂格局中的统一性规范更为强烈。

(三)统一性规范的管制性效用与建构性效用

和西方学者所界定的国际规范一样,统一性规范也同时具有管制性效用(regulatory effect)和建构性效用(constitutive effect)。②建构主义者一般更多研究的是后者。管制性效用阐明的是正当行为的标准,建构性效用指的是界定行为体的认同。③统一性规范可以以管制性效用作用于国家行为,这种作用会受到以物质因素为基础的国家利益的制约。④而建构性效用作用于国家行为时则与物质因素无关,这又可分为规范对理性

---

① 统一性规范既可以影响政权的身份,也可以影响政权的属性;而属性的变化同样可以对行为造成影响,也可以重新塑造规范。古代中国与周边的朝贡国,如朝鲜、越南,是相互尊重生存权的国家间关系。而分裂格局内的行为体是什么属性,却鲜有学者研究过,但无论如何,这与古代中国与朝鲜、越南的关系显然是不同的。在温特的建构主义中,每一种文化(规范)基本上都与一种国家属性相对应,霍布斯文化、洛克文化和康德文化分别对应前现代国家、现代主权国家和自由民主国家。徐进指出,大多数建构主义者没有讨论规范的产生与维持和国家类型的演化有何关系。参见徐进:《国家何以建构国际规范:一项研究议程》,《国际论坛》,2007年9月,第7—8页。

② 另见[美]约翰·鲁杰:《什么因素将世界维系在一起》,第283—284页。此外,马莎·芬尼莫尔(Martha Finnemore)和凯瑟琳·斯金克(Kathryn Sikkink)强调,应将工具理性和社会建构结合起来,在规范研究中不能忽视理性选择的作用,应结合工具性逻辑和适当性逻辑。参见[美]马莎·芬尼莫尔、[美]凯瑟琳·斯金克:《国际规范的动力与政治变革》,载[美]彼得·卡赞斯坦等编:《世界政治理论的探索与争鸣》,第321页。

③ [美]彼得·卡赞斯坦:《导论:国际安全研究的不同视角》,载[美]彼得·卡赞斯坦主编:《国家安全的文化》,第6页。

④ 关于国家利益与国家身份的关系,参见李开盛:《利益、身份与外交政策》,《国际论坛》,2010年第2期,第51—56页。但规范的建构性效用的存在是事实,无论国家行为与物质性利益是否一致。

的限制(constrain)作用与构成(constitute)作用。①

统一性规范常常会表现为其管制性效用。分裂格局中的行为体在统一性规范的管制性效用下发动统一性战争,其主要功能有三个,而且基本都符合理性主义的预期。②一是实现统治者扩大领土乃至一统天下的野心;二是攻打敌国以证明和宣示自己政权的正统性或合法性;三是以有备无患、以攻为守的方式保障自己的安全。这三个功能可以看作是进攻性政策。此外,国际规范对国家行为的管制性效用会受到物质因素的制约,当统一性规范对分裂格局中政权行为的作用与物质因素对政权行为的作用发生较大不一致时,统一性规范的管制性效用会被大大削弱。即使是在统一性规范中,理性行为体也会进行充分的成本与收益计算。很多分裂割据政权尽管有统一天下或收复失地的强烈愿望,但由于不够强大,常不得不委曲求全和偏安一隅以尽可能延续自身的统治时间,这可以看作是防御性政策。③割据政权采取进攻性还是防御性政策,与自身的实力有很大关系,两种政策都与以理性主义和物质主义为基础的现实主义的解释一致。④

当然,统一性规范的建构性效用也常常会发挥作用,导致行为体的行为有时与工具理性的计算结果相反,以致损害了自身利益。有时即使政

---

① 有学者区分了规范与理性之间的两种不同关系,即"规范限制理性"与"规范构成理性"。参见朱杰进:《国际制度设计中的规范与理性》,《国际观察》,2008年第4期,第53—59页。这二者可以看作是规范建构性效用的两种表现。

② 江忆恩也曾强调,社会化以及对规范的适应本身就是一种使利益最大化的战略。Alastair Iain Johnston, "Conclusions and Extensions: Toward Mid-Range Theorizing and Beyond Europe," *International Organization*, Vol. 59, No. 4, 2005, p. 1014. 还有学者提出了三种社会化机制:战略计算、角色扮演及说服。参见 Jeffrey T. Checkel, "Norms, Institutions and National Identity in Contemporary Europe," *International Studies Quarterly*, Vol. 43, No. 1, 1999, pp. 83-114. 可以认为,战略计算本身就是理性主义的范畴。

③ 如东晋、陈及两宋。

④ 江忆恩由于没有意识到统一性规范的存在,更没有分清统一性规范的建构性效用和管制性效用,导致了对中国战略文化与战略行为的误读。宋伟认为,"强"现实主义并不是只强调进攻优先的现实主义,而是指按照相对实力的变化来确定国家的战略。参见宋伟:《国际规范、国家认同与国家行为:〈国家安全的文化〉述评》,《国际政治研究》,2008年第2期,第81—82页。

权统治者意识到实力不足,但在统一性规范的"适当性逻辑"(logic of ap-propriateness)的作用下,依然会向其他并存政权发动统一战争,统治者会将战争看作是理所当然、不容置疑的,尽管其结果反而可能会加速自身的衰亡。[1]在分裂格局中,"正统政权"或"合法政权"就是大多数行为体所界定的身份,而这些行为体为了表现这个身份,就会主动依据其相应的行为体间规范而行事,尽管这样做并不一定符合其自身的物质性利益。因为如果一个政权坚持其"正统政权"或"合法政权"的身份,那么对其他并存政权发动战争或进行战争威胁本来就是其最重要的利益之一,只有通过统一战争或坚持统一宣传才能彰显其政权的合法性。在统一性规范的建构性效用中,还可以简单分为规范对理性的限制作用与构成作用。前者为统一性战争这种决策提供历史文化依据,界定国家理性的内涵;后者可以导致国家作出与自己利益看似不符的"非理性"决策,可以限制物质性因素发挥作用的范围。需要指出的是,统一性规范的两种效用是同时作用于国家行为的。无论各个政权具体实行的是进攻性还是防御性政策,其动机总是同时体现了工具性逻辑与适当性逻辑,即使国家实行了防御性政策,也不能否认统一性规范的建构性效用确实存在。[2]

---

① 例如,诸葛亮的北伐。
② 例如,两宋对辽、西夏和金的政策。

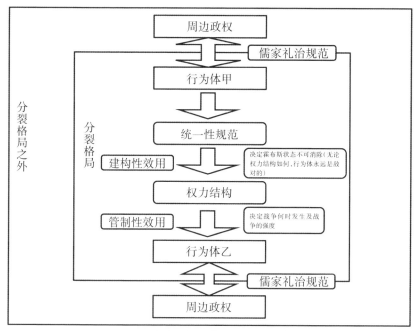

图4 "统一性规范"的两种效用①

三、从宋朝和明朝的历史细节中获得新的发现

在此,有必要首先阐明选择宋朝和明朝这两个时期作为案例的原因。如果仅仅是要证明统一性规范对分裂格局下的政权的对外行为的影响,那么似乎选择三国、东晋十六国、南北朝和五代十国时期的历史作为案例会更容易,而且能够更好地证明笔者的观点,但对于秦朝之后的国家间关系史,既有的研究成果更多的是与两宋和明朝相关,而这些研究又存在一定不足。②国外学者对中国宋、明两朝感兴趣的主要原因,可能跟宋、明时

---

① 图4中,行为体乙对甲的作用过程与甲对乙的作用过程是一样的。这里仅描述甲对乙的作用过程。

② 除了上文提到的几位学者,美国的亚洲史学家莫里斯·罗萨比(Morris Rossabi)将宋朝时期的东亚看作是一个多极国际秩序。参见 Morris Rossabi (ed.), *China Among Equals: The Middle Kingdom and Its Neighbors, 10th–14th Centuries*, Berkeley: University of California Press, 1983。保罗·佛里芝(Paul Forage)分析了北宋对西夏的战略史,认为中国是一个进攻性倾向很强的民族。参见 Paul Forage, "The Struggle for the Northwestern Frontier and the Consequences for the Northern Song",转引自[美]彼得·卡赞斯坦主编:《国家安全的文化》,第209页。

期东亚行为体较多、互动复杂,因而潜存较高的学术价值有关。而本章之所以选择这两个时期,是因为这两个时期是最难证明的案例,所以如果能够证明这两段历史,也就更好地证明了笔者的观点。需要强调的是,为解决既有研究的缺陷,选取宋、明两个时期是可以的,但要想研究作为整体行为体的中国的对外战略,则不能忽视对中国古代史宏观的、整体的关注,否则将会导致江忆恩那样的谬误。①此外,选择宋、明两个时期,是因为相对于北方少数民族政权来说,北宋、南宋、明朝这三个时期的中原政权的实力分别为对等、弱势、强势,这样可以尽可能地对国家实力这个因素进行反向控制,以验证统一性规范与进攻性行为之间的因果关系。

(一)分裂格局中的辽、宋、夏、金关系

之所以研究宋朝,首先是因为辽、宋、夏、金之间处于典型的分裂格局之中。

1. 辽、宋、夏、金为何处于分裂格局中?

本章主要研究的是宋朝对外政策中的几个反常事例。笔者将从实力对比、宋辽双方的进攻性战略能力,以及农业等物质基础的角度进行解释。

(1)宋、辽的实力对比

北宋是在唐朝碎片化的基础上建立起来的。中国史学界一般并不认为两宋是统一政权,其只是对中原的局部统一。宋太祖建立政权后,以摧枯拉朽之势灭掉中原数个割据政权之后,将矛头对准了辽。宋朝统治者心中存在两个疆界:一个是理想中的"汉唐旧疆"与"祖宗之疆"②,另一个是实际疆界。尽管国力有限,但北宋史上的多数皇帝均抱有恢复旧疆的

---

① 类似地,时殷弘教授在2011年政治学与国际关系学术共同体会议上的发言中曾指出,要了解中国古代战略,研究统一时期的战略比研究分裂时期更重要。

② 当然,宋朝统治者的祖宗之疆思想也一直在变化。宋太祖、宋太宗时期,以恢复汉唐疆域为理想,积极部署北伐辽国;宋真宗、宋仁宗大大退步,仅以保证宋太祖时期的疆域为目的;宋神宗之后又恢复了宋太祖、宋太宗的理想;而南宋的祖宗之疆仅仅是要恢复淮水以北的沦陷土地。

理想。

辽要比以往的北方游牧政权更加强大。辽的北疆直抵外兴安岭，面积超过北宋。辽太宗耶律德光即位后，又从后晋得到了幽云十六州，使中原王朝失去了防御辽南下进攻的屏障。此外，辽的疆域地跨农耕区与游牧区，可将两区的优势结合起来。农耕区包括了辽河地区和幽云地区的湿润土地，契丹人"与汉人杂居，分地耕种"。[①]在游牧区，可以养殖大量优质战马，"自太祖及兴宗垂二百年，群牧之盛如一日"。[②]而宋朝却缺少盛产优质马匹的地方。

（2）宋、辽双方的战略能力

北宋大部分时间对辽采取了进攻性战略。尽管1004年的"澶渊之盟"实现了双方百年和平，但双方曾有多次战争危机，且宋人并未丧失恢复旧疆的理想。笔者认为，北宋对辽、夏的战略取向可以划分为三个时期：从北宋建立到986年岐沟关之战失利为第一阶段。在这一阶段，宋朝的战略取向为进攻性战略，以统一燕云并恢复汉唐旧疆为战略理想。从宋太宗后期到宋仁宗时期为第二阶段。在这一阶段，宋朝的战略取向主要为"以文守天下"而"不敢北向"[③]的防御性战略，其目标仅仅为巩固宋太祖、宋太宗留下的祖宗之疆，宁输"岁币"也要保证不再割让土地。宋神宗、宋哲宗和宋徽宗前期为第三阶段。在这一阶段，宋朝又转向进攻性战略。宋神宗"始务开拓"，坚决打击西夏，对辽强硬，"欲先取灵、夏，灭西羌，乃图北伐，积粟塞上数千石，多储兵器以待"。[④]宋神宗的思想影响了宋徽宗联金灭辽的决策。

辽统治者曾至少三次企图灭亡并取代中原政权。922年，耶律阿保机南下但被后唐击败。947年，耶律德光灭后晋，占领开封，自称"中国皇帝"。但由于中原人的反抗而疲于应付，无奈只得重新回到热河。之后，

①［元］脱脱等撰：《辽史》卷37，《地理志一》，北京：中华书局，1991年，第439页。

②［元］脱脱等撰：《辽史》卷60，《食货志下》，第932页。

③［元］脱脱等撰：《辽史》卷83，《耶律休哥传》，第1803页。

④［宋］李焘撰：《续资治通鉴长编》卷353，元丰八年三月戊戌，上海师范大学古籍整理研究所、华东师范大学古籍研究所点校，北京：中华书局，2004年，第8457页。

契丹的全面内乱使得中原获得喘息。①1004年,辽圣宗"牧马南寇",攻占冀州,威胁开封。宋廷求和派密奏宋真宗去金陵或四川避难。"澶渊之盟"订立后,辽意识到宋不可轻易征服,因此不再大规模入侵,但双方危机不断,其中较大的有两次——庆历年间辽索要关南十县;熙宁年间辽要求在河东与宋重新划界。总之,辽与历史上的少数游牧政权大不相同,已经具有入主中原、统一华夏的条件、意愿与能力。因此辽与北宋的战争仍是统一战争的继续。②

(3)农业物质基础因素

宋辽之间的关系与之前的中原王朝与匈奴、突厥等游牧民族的关系已大不相同。辽已经不完全是一个游牧政权,它能有效统治原属中原王朝的农耕地区,比以往的游牧政权强大得多。辽统治者将发展种植业看作是增强实力的途径。③随着种植业和农耕区向北扩展,辽、夏对中原的威胁不再是一时性的,而是经常性的。这主要是因为他们增加了种植业这一物质基础部分。④之所以契丹对中原的侵扰更加频繁,是因为契丹发展种植业需要大量的具有种植经验的汉族劳动力,以克服草原居民人数有限的缺陷。

2. 宋、辽各自的"正统"身份建构

汉唐时期的"大一统"观念,到宋朝逐渐为"正统论"所取代。⑤因为宋朝已无法恢复汉唐旧疆。宋朝之前,凡大一统的王朝会自动成为"正统",但宋朝已无能力实现大一统,而为了证明自己的合法性,统治阶级的思想家曾论证,只有"正统"之国才有完成"大一统"的合法性。饶宗颐曾说,从宋朝开始,"正统"中的"统","从时间之开始义转成空间之统一义"。⑥这

---

① [法]勒内·格鲁塞:《草原帝国》,李德谋、曾令先编译,重庆:重庆出版社,2006年,第48页。

② 杨树森:《略论辽与五代、北宋战争的性质》,《社会科学战线》,1986年第1期,第302页。

③ 王毓瑚:《我国历史上农耕区的向北扩展》,载史念海等主编:《中国历史地理论丛》(第一辑),西安:陕西人民出版社,1981年,第133页。

④ 同上,第132页。

⑤ 关于这个转变,参见江湄:《从"大一统"到"正统"论:论唐宋文化转型中的历史观嬗变》,《史学理论研究》,2006年第4期,第36—45页。

⑥ 饶宗颐:《中国史学上之正统论》,上海:上海远东出版社,1996年,第35—48页。

意味着,在空间观上,争正统的思想使分裂时代的统治者无不以实现统一为任。

此时北方的辽、夏以实力为基础,有了与宋争夺正统的意识,而此前的游牧民族则没有这种意识。宋人言:"夫四夷之为暴,自古而然矣。历观自古夷狄之强,但有暴而无僭。今北敌僭位号,威伏群夷,且百年矣。"[1]又言:"自古夷狄之祸中国,未有若此之甚者。"[2]非汉族政权树立"正统"信念,也有其一套理论逻辑,即认为区别"华""夷"的最高标准是文化,即以儒家思想为主体的汉文化。符合这个文化规范的是"华夏",否则是"夷狄",二者可以转化。统一中原的各少数民族政权在大一统思想的指导下主动接受汉文化。而在分裂时期,大一统现实不复存在,但非汉政权强调"正统"以保持精神上的"大一统"。[3]此时,坚持自己为"正统"的各个政权间必然为实现大一统而彼此征伐,因为只有实现了事实上的"大一统"才能真正证明自己的"正统"。这正是非汉族政权身份建构的依据。

3. 宋朝实力的变化与统一性规范的管制性效用

统一性规范管制性效用的结果,一般与理性预期相一致。整个宋朝对外政策变化的趋势,大致符合以物质主义范式为基础的理性预期,也基本符合以观念主义范式、社会化范式为基础的规范的管制性效用的预期,这包括了前面提到的北宋对外政策的三个阶段,以及南宋主和派所主导的外交。大体上,宋朝实力强时采取进攻性政策,实力弱时采取防御性政策。不过,这一部分的研究与常识大体相符,并非本章要重点探讨的。北宋刚建立时,带着灭亡南方六国的余威,将矛头对准北方强国,但979年宋太宗高梁河之战、986年岐沟关之战失利后,北宋的战略取向开始由进攻转向防御。"澶渊之盟"使宋辽勉强维持了百年的"兄弟之国"关系,"各

---

① 曾枣庄、刘琳主编:《全宋文》(第26册)卷551,张俞二·上吕夷简书,上海:上海辞书出版社,2006年,第136页。

② 曾枣庄、刘琳主编:《全宋文》(第169册)卷3698,李纲一八·十议上·议国是,第296页。

③ 参见刘正寅:《试论中华民族整体观念的形成与发展》,《民族研究》,2000年第6期,第72—73页。

守疆界"①，但这只是双方在势均力敌的情况下不得已的选择，北宋收复幽云的愿望一直没有放弃。

然而，北宋积弱的现象从宋神宗时期开始稍有改观。神宗时国力稍有增强，军力稍有提高，因此又转为进攻性战略。熙宁二年（1069），王安石拜相，开始变法，以富国强兵，并很快见效，使得宋对夏取得"熙河之役"的胜利，宋由此向西北拓展地盘一千多里，迫使夏入贡，以表议和之求。宋神宗和王安石还对辽逐渐持强硬态度，再提汉唐旧疆。神宗有诗曰："每虔夕惕心，妄意遵遗业。顾予不武资，何日成戎捷。"②王安石建议神宗以"兼制夏国，恢复汉唐旧境""包制四夷"为目标。③宋徽宗继位初期，勤于政事，继承神宗的理想，加强战备，开疆拓土，"出内库及诸路常平钱各百万，备河北边储"。④在崇宁三年（1104）取得对夏战争胜利之后，宋徽宗想借此余威继续攻打辽，以实现收复失地的伟业。⑤

南宋的对外政策看上去大多与理性主义相符。尽管后人对宋高宗、秦桧、史弥远、贾似道等主和派嗤之以鼻，但从以物质主义范式为基础的理性主义视角来看，南宋的主和与称臣政策可能是最优决策。南宋多数决策者在权衡宋金力量对比后作出了理性决策。南宋初期，宋高宗、秦桧都曾主张抵抗，但后来都成了主和派，是因为他们深知宋与金之间的力量差距，深知只有通过议和才能争取到时间喘息、恢复国力。⑥如果盲目北伐，将会耗费大量军费，引发更严重的社会问题。而孝宗、宁宗时期，重用主战派张浚、韩侂胄等人，两次北伐的失败使南宋陷于危险，最后还是被迫回到了主和的老路上去，委曲求全反而使得南宋小朝廷得以延续。正

---

① ［宋］李焘撰：《续资治通鉴长编》卷58，真宗·景德元年，第1299页。

② ［元］脱脱、阿鲁图等编：《宋史》卷179，《食货志下一》，北京：中华书局，1977年，第4371页。

③ ［宋］李焘撰：《续资治通鉴长编》卷231，熙宁五年三月戊子，第5613页。

④ ［元］脱脱、阿鲁图等编：《宋史》卷19，《徽宗一》，第361页。

⑤ ［元］脱脱、阿鲁图等编：《宋史》卷21，《徽宗三》，第410—416页。

⑥ 关于史学界对宋高宗、秦桧等人的重新评价，参见杨峰：《南宋初年宋金"和""战"新探》，《贵州文史丛刊》，2003年第4期，第21—24页。

如后世所说，"宋之为国，始终以和议而存，不和议而亡。"①"……然即专任韩、岳诸人，能必成恢复之功乎？亦未必能也；故知身在局外者易为空言，身在局中者难措实事。"②既如此，为何南宋统治者还是数次作出了北伐决策？仅仅从理性主义和规范管制性效用的角度是无法解释的。

4.统一性规范的历史依据及其建构性效用

前面提到，建构主义者感兴趣的主要是规范的建构性效用。而这又分为两部分，即规范为外交决策提供历史依据，并且规范可以解释行为体的非理性决策。对两宋的历史进行分析，可以较好地体现出统一性规范的建构性效用。

(1)恢复"汉唐旧疆"——统一性规范的历史依据

宋朝统治者的恢复"汉唐旧疆"与"祖宗之疆"思想，为其北伐和收复失地提供了历史依据和思想基础，这是统一性规范建构性效用中对理性的限制作用，是对理性内涵的界定。宋朝仅仅是分裂格局中的一个行为体，这与以往的汉、唐那样的大一统朝代大不相同。因此宋人的天下观也是复杂的，宋人的"天下"有时指实际疆界，但更多时候"天下"指涉"汉唐旧疆"这样的理想范围，而"汉唐旧疆"远比幽云十六州之地广阔得多。有学者指出，从宋朝开始，尽管传统中国的华夷观念由实际的策略转为想象的秩序，从真正制度上的居高临下变成想象世界中的自我安慰，但"天下之中"和"天朝大国"的观念仍然支配着人们对世界的想象。③理想与现实的差距，使得宋朝统治者不忘恢复中国强盛时期的疆域，尽管其衰弱的国力限制了其进攻能力。宋太宗三次北伐力图收复幽蓟，以及宋神宗对外拓边，都是以"汉唐旧疆"思想作为其理论依据的，甚至这成了教条式的口号。尽管幽云之地从未属于过宋朝，但徽宗时期宋与金联合灭辽后大臣们纷纷上书徽宗"收复"燕云。④"收复"一词本身就体现了宋人"汉唐旧

① [清]赵翼：《廿二史札记校证》卷26，王树民校证，北京：中华书局，2013年，第553页。
② 同上，第552页。
③ 葛兆光：《宋代"中国"意识的凸显——关于近世民族主义思想的一个远源》，《文史哲》，2004年第1期，第7页。
④ 参见[宋]李焘撰：《续资治通鉴长编》卷252，第6180页。

疆"的天下观。

有学者明确指出,宋代是帝制时代中国民族意识最昂扬的时代,宋朝士人都好言"恢复",朝政往往为之左右,要理解宋联金与联蒙的两次灾祸,就需要了解宋人的"恢复"情结。[1]从历史经验以及联弱制强的国家间关系规律来讲,南宋应该吸取当年联金灭辽的教训,防止灭金后反而让自己被蒙古消灭。而且尽管朝中大臣对"灭金"已成共识,但对"联蒙"依然争议不断。然而,由于宋人的"恢复"情结,南宋君臣不会在灭金机会到来之时置身事外。[2]当时,雪靖康之耻是南宋人的心声,天下之事"至大者莫如恢复"[3]。

（2）"非理性"的决策——统一性规范对理性的构成作用

前面阐述了统一性规范对理性的限制作用,即为理性界定内涵。而统一性规范对理性的构成作用则可以解释宋朝的几次看似非理性的反常决策:北宋联金灭辽、南宋对金北伐以及南宋联蒙灭金。

宋徽宗听信蔡京、童贯和马植的一面之词,决心与金签订"海上之盟",联金北伐。[4]当时有太宰郑居中等很多大臣反对,后世对宋徽宗也多有批评,但也有学者认为,北宋联金复燕的策略在当时的条件下是可行的。[5]当然,这也有理性主义可以解释的部分。一是宋徽宗怕金灭辽后,如果宋不积极介入,燕云就会落入金的手中;二是宋徽宗想借对夏作战胜利的余威,进一步收复"祖宗之疆",实现先祖的梦想;三是宋本身有恐辽情绪,一直不敢单独对辽宣战,只有借助金的强大力量才可以完成先祖的遗愿,否则以后更没有机会。这使得宋徽宗不得不仓促作出联金灭辽的决策,但是宋朝统治者不会没有预料到联金可能导致的严重后果——如果北方腐败衰落的辽被强大的金所取代,宋将面临更大的潜在威胁。况

---

① 程兆奇:《略论宋代的"恢复"情结》,《史林》,2001年第3期,第57页。

② 同上,第57、66页。

③ [元]脱脱、阿鲁图等编:《宋史》卷395,《楼钥传》,第12046页。

④ 关于这一段史实,参见[元]脱脱、阿鲁图等编:《宋史》卷472,《赵良嗣传》,第13734页。

⑤ 参见赵永春:《北宋联金复燕的活动及其经验教训》,《历史教学》,1987年第10期,第30页。

且反对攻辽的大臣占绝对多数,早已言明其危害。尽管宋、辽之间已实现了百年和平,但宋朝历任皇帝继承太祖"以钱赎地"的方式,却始终没有使辽归还幽云之地,每年送给辽五十万两银绢的"岁币"也不足以从根本上维持这种表面上的和平关系。从宋朝皇帝的角度来考虑,即使联金无益于自身,甚至有害于自身,为了维护"祖宗之疆"的神圣,他们也只能选择这样做。正是因为祖宗疆土的"祖宗性""神圣性",宋人较少将祖宗疆土与"有用""无用"联系在一起。[1]因此这种政策与理性预期并不一致。

南宋大多数时间执行的是主和政策,这是南宋统治者根据其国力情况作出的理性决策,但这不能否定统一性规范本身的存在。南宋时期,也曾出现过三次主战政策,分别发生在高宗前期、孝宗时期和宁宗时期。这几次北伐均以收复中原失地、雪靖康之耻的理想为指导,体现了统一性规范对理性的构成作用,这导致了南宋朝廷作出了与其国力不符的"非理性"决策,但南宋弱小的国力决定了其终究要回到主和的老路上来。宋高宗执政时期,金军曾在1127年、1140年和1161年三次入侵宋,宋高宗诏谕全国军队抗击,出现了岳飞、韩世忠等抗金名将,但岳飞在郾城大捷后因宋高宗的私心而被夺取军权,使得宋失去了一个历史机遇。1161年,宋孝宗即位后,积极策划北伐。1163年,宋孝宗任命张浚为枢密使,北渡淮河,尽管一度打过胜仗,但很快形势就发生了逆转,张浚所率军队在符离集被金军大败,宋被迫求和。1205年,宋宁宗在韩侂胄的要求下对金宣战,但很快又遭遇大败。两次北伐均出师不利,证明了宋高宗的议和政策并不是完全错误的。

由于南宋的疆域仅为淮水以南,因此弱小的南宋想恢复太祖、太宗时期的基业早已不可能。只不过南宋的"祖宗之疆"理想早已不能与太祖时期相比,仅仅为收复中原、收复旧都。南宋之所以在绍定五年(1232)年底与蒙古达成协议,约定共同攻金,是因为蒙古答应灭金后将河南归还南宋。"北定中原"是"靖康之变"之后宋人近百年的梦想。只要宋人依旧保

---

[1] 杜芝明:《宋朝边疆地理思想研究》,西南大学博士学位论文,2011年4月,第135页。

留着"正统"观念,在金灭亡指日可待的诱惑下,宋人宁可重蹈覆辙,也不会吸取联金灭辽招致灾祸的教训。尽管当时朝廷大臣早已认识道:"今之女真,即昔之亡辽;而今之鞑靼,即向之女真"①;且有大臣建议:"强鞑渐兴,其势足以亡金,昔吾之仇也,今吾之蔽也。古人唇亡齿寒之辙可覆,宜姑与币,使得拒鞑。"②但宋人强烈的"报君父之仇"的心理还是主导了其决策,加之金在1217年以南宋拒绝输纳岁币为由作出了对宋发动战争的荒谬决策,最终统一性规范决定了宋人一定会作出不冷静的、"非理性"的选择。果然,尽管1233年宋军终于收复了旧都开封,实现了百年夙愿,一年后蒙古军与宋军攻入蔡州城,金哀宗自杀身亡,但半个世纪后,一个比金更强大的蒙古彻底毁掉了宋人三百年的基业。

(二)明朝与蒙古各政权之间的关系

从幅员、国力上看,明朝远比宋朝强大。从力量对比上看,明朝对蒙古政权占绝对优势,但明朝依然面临着来自北方的强大压力。

1. 明、蒙古关系历史分期回顾

明朝时期,蒙古各政权经历了复杂的演变,明朝不同时期对蒙古的政策又大不相同,因此我们有必要先以蒙古各政权的演变为依据,按照历史顺序做一个大概介绍,以利于我们下一步对"关系"本身进行研究。第一阶段:从1368年北元惠宗(顺帝)北逃,到1388年北元益宗被杀。这一时期,明太祖坚决武力打击北元残余势力。1388年,北元发生内乱,益宗被杀,北元名存实亡,直到1402年正式分裂。第二阶段:1402年北元分裂,到15世纪末瓦剌解体。这一时期,东蒙古开始由鬼力赤汗统治,之后太师阿鲁台拥立本雅失里,并掌握实权。瓦剌先后由马哈木、脱欢、也先三代太师统治。东蒙古与瓦剌时而向明称臣,时而与明作对,而15世纪中

① [宋]徐自明撰:《宋宰辅编年录校补》续编卷之六·理宗,王瑞来校补,北京:中华书局,1986年,第1456页。
② [宋]叶绍翁撰:《四朝闻见录》甲集,《请斩乔相》,冯惠民、沈锡麟点校,北京:中华书局,1989年,第23页。

叶的瓦剌曾盛极一时。第三阶段：从16世纪初东蒙古达延汗崛起，到1618年萨尔浒之战。东蒙古经历了"达延中兴"，达延汗再次统一草原，将东蒙古分为左、右两翼，其中左翼为正统。达延汗之孙——右翼的俺答汗经过长期努力，与明朝达成互市协议，但明朝对左翼一直态度冷淡。明朝对右翼的政策是互市为主、战守为辅；对左翼是战守为主、反对互市。第四阶段：1618年萨尔浒之战之后。这一时期历史较复杂，这里不做研究。

2. 明朝与蒙古各自对正统身份的建构

(1)明朝的正统身份建构

朱元璋反元时，打的是"驱逐鞑虏、恢复中华"[①]的民族主义旗帜。朱元璋建立明朝后，致力于论证自己取代元朝、继承"正统"的合法性，强调"天更元运，以付于朕"[②]。空洞的口号显然不能令人信服，解决办法只能是彻底消灭残元，实现大一统，以巩固其"正统"地位。为此，明太祖朱元璋三次派大军进入沙漠，"以追元主"[③]，最终于1388年消灭了元军主力。后来对元残余势力又逐渐采取以战劝降的手段，要求北元"以小事大"，使北元君臣"审识天命，衔璧来降，待以殊礼，作宾吾家"[④]，但北元惠宗、昭宗和益宗对明太祖均采取了坚决抵制或不回应的态度。

明成祖时期，北元分裂，明朝在表面上臣服了瓦剌与东蒙古，但明成祖要求蒙古各部必须向明朝遣使朝贡，十分看重这种象征性的形式。成祖五次亲征，主要是为惩罚阿鲁台的敷衍。但成祖对东蒙古的军事行动，主要还是因为东蒙古继承的是正统汗位，有潜在的更多追随者。明朝中期之后，同意与以俺答汗为首的右翼蒙古进行互市，但明朝仍然对右翼存在不信任，对互市采取各种限制与防范措施，在经济上既对其进行羁縻控制，又防止其在经济上强大起来。与此不同，明朝对以土蛮汗为首的左翼蒙古实行战守结合的政策，甚至偏袒右翼以打击、制约左翼，这主要是因

---

① 《明太祖实录》卷26，洪武元年十月甲寅。
② 《明太祖实录》卷196，洪武二十二年五月癸巳。
③ ［清］钱谦益撰：《国初群雄事略》卷11，《河南扩廓帖木儿》，张德信、韩志远点校，北京：中华书局，1982年，第262页。
④ 《明太祖实录》卷35，洪武元年十月戊寅。

为左翼是正统大汗,可见明朝对蒙古汗位的正统性格外敏感,下文将详细论述。

(2)北元——蒙古游牧政权的"正统"身份建构

北元惠宗(顺帝)北逃之后,北元历任统治者始终坚持认为自己是"正统",而不承认明朝的合法地位。虽远遁大漠,但北元保留了元朝岭北行省的全部,以及辽阳行省的大部,对明虎视眈眈。"顺帝北出渔阳,旋舆大漠","引弓之士,不下百万众也,归附之部落,不下数千里也。"①北元历代统治者不为明朝武力所屈服,且时而南下威胁明朝,以抵制或不回应的态度应对明的招降。北元惠宗、昭宗和益宗三朝的年号分别为至正、宣光②、天元,可见其捍卫正统、实现中兴的决心。

明成祖时期,瓦剌与东蒙古均接受了明朝的册封,事实上称臣明朝,但他们主要是想将明朝作为彼此攻伐的靠山,并非真心臣服,因此常常敷衍明朝,几次不派遣使臣通好。瓦剌的也先、东蒙古的达延汗先后两次统一蒙古大漠,分别自封为"大元田盛大可汗"和"大元大可汗",并都曾兵临北京城下。

(3)明朝与蒙古游牧政权——中国历史上第三次"南北朝"

历史学家胡钟达通过翔实的论证,说明明朝与北元的关系是中国历史上继420—589年和宋朝之后的第三次"南北朝"关系,认为这是一种国家的分裂状态。他认为,明朝与北元都是在原来元朝版图内建立的国家,即元朝分裂成了这两个政治实体,而最终由清朝重新实现了统一。③

同以往的北方游牧民族不同,蒙古族的规模要庞大得多。以往建立政权、统治北方的少数民族,其结果都是与汉族融合,基本最后都会消失,但蒙古族却完全不同,蒙古族在统治中国一个世纪后能够重回大漠,保留

---

① [清]谷应泰等撰:《明史纪事本末》卷10,《故元遗兵》,河北师范学院历史系点校,北京:中华书局,2015年,第149页。

② "宣光"有恢复元朝统治之意。参见达力扎布:《明清蒙古史论稿》,北京:民族出版社,2003年,第5页。

③ 参见胡钟达:《明与北元:蒙古关系之探讨》,《内蒙古社会科学》,1984年第5期,第44—55页。

了原有的种族和文化。与此前的少数民族相比，蒙古族具有更加成熟的文明，而成熟文明之间的冲突一般更为明显。①

3.统一性规范支配下的明朝—蒙古游牧政权关系

明朝270年的历史，是一个战略逐渐由对外转向对内的过程②，其对蒙古政策的变化依次为主动进攻、积极防御、消极防御、经济控制。一方面，权力对比是决定明朝与蒙古关系的最重要变量；另一方面，权力逻辑只有在统一性规范的支配下才会起作用。

明朝、蒙古双方都将自己视为"正统"，因此都想消灭对方。明太祖认为北元"其志欲侥幸尺寸之利，不灭不已"③，因此他"忧在漠北，意未始一日释也"④。为实现新生政权的安全，太祖的最大理想就是实现"永清沙漠"⑤，为此他三次派兵进入大漠，用了15年时间终于击溃了北元益宗的主力。太祖每次针对蒙古的战争结束后，都注意总结经验、阐述政策，可归纳为如下要点：第一，以是否对明朝构成威胁为依据，明确区分两种国家，并以两种政策对待，既列出了15个"不征之国"，又特别强调要集中打击蒙古残部，"及今弗剪，恐为后患"⑥，但又不固守教条，而是军事和政治手段并用，以武力劝降旧朝君臣。第二，区分敌我友关系，争夺宗主权，特别是要孤立蒙古，努力拉拢以前和元朝有过藩属关系的政权或部落，如高丽、西藏和东北的女真部落。不难发现，明太祖的北伐就是统一战争的继

---

① 参见 Donald J. Puchala, *Theory and History in International Relations*, New York: Rout - ledge, 2003。

② 除了成化、正德、万历年间曾对蒙古主动发动几次战争，明朝自洪熙之后大部分时间以防御为主。

③ [清]夏燮撰：《明通鉴》卷3，纪三·洪武三年，沈仲九点校，北京：中华书局，2009年，第217页。

④ [明]谈迁撰：《国榷》卷4，辛亥洪武四年·九月庚戌朔，张宗祥点校，北京：中华书局，1958年，第454页。

⑤ [明]陈建：《皇明通纪·历朝资治通纪》卷6，庚寅·永乐八年，钱茂伟点校，北京：中华书局，2008年，第451页。

⑥《明太祖实录》卷190，洪武二十一年五月甲午。

续①,明太祖大战略的原则就是受到了统一性规范的支配。

明太祖之后,明朝主要以防御为主,很少大规模主动出击。明成祖主要是联合瓦剌打击东蒙古。成祖继承并发展了太祖的战略思想。第一,灵活执行联合一方、打击另一方的策略,维护瓦剌与东蒙古之间的均势,尽管有一定的战略失误。第二,派郑和七下西洋,以全方位外交重建一种合法性的国际秩序②,在国际上确认明朝的正统地位。第三,也是最重要的一点,成祖迁都到了与边界线非常接近的北京,即"天子戍边",这在中国史乃至世界史上都并不多见。成祖迁都北京意在"控四夷以制天下","欲远方万国无不臣服"③,给残元势力以威慑。明中后期,国力衰落,但对蒙古还占据绝对优势。明朝对蒙古主要使用经济控制的策略,辅之以战守政策。

有一点非常值得注意,就是明朝始终对蒙古正统大汗持敏感甚至排斥的态度,而不论大汗实力有多强。明朝的这一政策也曾导致一定的战略失误。明成祖选择征伐对象时遵循三个原则:谁控制着蒙古正统或最高汗位就攻打谁,谁对明朝无礼就攻打谁,谁在漠北占据强势就打谁。而蒙古方面也有些类似,谁是正统大汗,或谁控制了正统大汗,谁就增加了向明朝挑战的底气。这明显体现了规范的建构性效用,主要是规范对理性的构成作用。1402—1407年,东蒙古鬼力赤居最高汗位,由于鬼力赤并非元朝正统后裔,且向明称臣,明成祖对其持缓和态度,致函鬼力赤"可汗当知天命废兴之故,讲好修睦。""顺天昌,逆天亡,可汗宁不鉴此。"④1408年,蒙古太师阿鲁台改立本雅失里为汗,由于本雅失里是忽必烈后裔,在蒙古部落中的正统合法性较强,且其杀害明朝使臣,因此明成祖决定亲征。而此时瓦剌马哈木则入贡明朝,因此明朝决定与其和平通好,封马哈

---

① 修晓波:《试析朱元璋与北元势力军事斗争的意义》,《历史教学》,1989年第1期,第8页。

② 万明:《明代初年中国与东亚关系新审视》,《学术月刊》,2009年第8期,第128—130页。

③ [清]张廷玉等撰:《明史》卷332,列传第二百二十·西域四·于阗,中华书局编辑部点校,北京:中华书局,1974年,第8614页。

④ [明]谈迁撰:《国榷》卷13,癸未永乐元年·七月丙子朔,第907页。

木为顺宁王,利用瓦剌打击阿鲁台。1412年,本雅失里被马哈木杀死,导致东蒙古一时没有人继承汗位,于是马哈木就立阿里不哥后裔答里巴为汗,这导致瓦剌暂时控制了宗主权,因此瓦剌开始对明朝持高傲态度。马哈木派人对明成祖说:"甘肃、宁夏归附鞑靼多其所亲,请给为部属,又多所请索,而表词悖慢。"①这使明成祖颇为不满,遂于1413年亲征并重创瓦剌,迫使其再次与明朝通好。1416年,马哈木和答里巴汗遭到东蒙古进攻,两人均战死。而与此同时,东蒙古阿鲁台也已经寻找到了一个合适人选,即由阿台担任大汗。一般认为阿台是鬼力赤之子,尽管阿台亦非元朝皇帝正宗后裔,但阿台作为东蒙古大汗的合法性要比瓦剌所立的斡亦剌歹更高,与元朝皇帝的血缘关系也更近。因此东蒙古的汗位再次成为明蒙斗争的焦点。此时阿鲁台再次拒绝遣使明朝,明朝也以拒绝互市来回应。1422年,羽翼丰满的阿鲁台在边境向明朝挑衅,明成祖震怒,在其生命的最后三年里毅然三次亲征,迫使阿鲁台臣服。可见,明成祖的五次亲征,首先针对的是蒙古的宗主或最高汗位。这是一个战略失误,其结果是导致了瓦剌的壮大,而明成祖却没有及时调整政策,以致到明英宗时期酿成灾难性后果。1433年起,瓦剌之所以敢向明朝挑衅,是因为那一年瓦剌扶植了一位正宗大汗,即脱脱不花。而明朝采取的唯一应对措施,就是离间脱脱不花这位正统大汗与也先的关系,以削弱也先。明朝看重的是脱脱不花的正统身份,但明朝的做法却引发了政权建立以来最严重的一次安全危机,即"土木之变"。

又如,隆庆、万历期间,明朝利用互市来缓和与右翼的关系,进而集中打击左翼,"迩者俺酋款塞则从请封,土蛮邀求则议力拒"②。这也体现了统一性规范的建构性效用,以及规范对理性的构成作用。左翼土蛮汗对明朝"挟赏求贡",骚扰明朝边境,以达到互市目的。兵部侍郎张学颜上书

---

① 胡丹辑考:《明代宦官史料长编》卷二,太宗永乐朝(1402—1425)·永乐十一年癸巳(1413),南京:凤凰出版社,2014年,第107页。

②《明神宗实录》卷73,万历六年二月壬子条。

道："制和者在彼,其和必不可久。"①明朝最后拒绝对左翼册封和受贡。如果完全从理性主义的角度看,这不符合常理。尽管右翼始终强于左翼,但由于左翼是宗主汗,明朝格外敏感。这导致明朝始终拒绝册封宗主汗,坚决拒绝宗主汗提出的互市要求,避免左翼利用互市在经济上壮大起来。而对于力量强于左翼却仅仅是一部之主的俺答汗,明朝则比较缓和,尽管并不积极,但还是在右翼的不断侵扰之后同意与其互市。这是因为,明朝认为,靠互市强大起来的右翼更能制约左翼,使宗主汗失去实力和威望。当然,也有学者认为,明朝这么做意在分化蒙古左右两翼②,但事实上,蒙古左右两翼都试图通过战争的方式迫使明朝与其通贡,而明朝之所以选择与右翼蒙古通贡,拒绝左翼蒙古的要求,导致辽东地区战争压力大大增加③,依然只能从明朝介意左翼蒙古的正统宗主汗这个身份来解释。左翼蒙古因不能得到有效的经济给养,只能间接地通过与右翼蒙古的互市来获得有限的给养,加上受到明朝的打击,到了布颜彻辰汗时期,左翼蒙古已经难以维持宗主汗地位,几乎陷入四分五裂④,被迫大规模迁徙,这可能是导致后来满洲兴起的关键性地缘因素。这是明朝的又一次战略失误。

4. 统一性规范对权力结构与战略文化的支配

在明朝绝大部分时间,明朝与蒙古双方并不承认彼此的合法性。这是一种霍布斯文化格局,不存在安全两难,因为双方的进攻性意图是极其明显的,彼此的判断也非常清晰。江忆恩仅仅通过分析明朝军事奏折,就认为中国是"极端现实主义"⑤的,显然非常偏颇,尽管他也注意到了明朝

---

① [清]张廷玉等撰:《明史》卷222,列传第一百十,第5855页。

② 达力扎布:《明代漠南蒙古历史研究》,呼伦贝尔:内蒙古文化出版社,1997年,第237页。

③ 相关记录可参见《明穆宗实录》卷64,隆庆五年十二月辛亥条;《明穆宗实录》卷68,隆庆六年三月庚子条;《明神宗实录》卷4,隆庆六年八月庚申条;《明神宗实录》卷7,隆庆六年十一月己酉条。

④ 乌云毕力格、白拉都格其主编:《蒙古史纲要》,呼和浩特:内蒙古人民出版社,2007年,第122页。

⑤ 参见 Alastair Iain Johnston, *Cultural Realism: Strategic Culture and Grand Strategy in Chinese History*, Princeton, NJ: Princeton University Press, 1995。

实力的变化。在一个分裂格局中,至少说在一个不完全统一的体系中,明朝所处的安全环境是险恶的。江忆恩等学者对中国古代国家间关系的性质、格局与规范的演变缺乏了解。在明朝与陆上相邻政权间的所有战争中,明朝与蒙古各部的战争共193次,占85.8%;与其他行为体的战争为32次,仅占14.2%。而明朝与除蒙古之外的其他行为体间的这32次战争中,明朝主动出击的战争只占37.5%。①与此大不相同,明朝主动大规模出击过的行为体只有两个,即同属分裂格局中的蒙古与后金。因此权力的逻辑或战略文化的逻辑都要受到统一性规范逻辑的支配。

四、本章小结

规范理论有助于我们更好地理解古代东亚各种不同的国家间格局的性质。宋朝与明朝均是处于分裂格局中的行为体,分裂格局中的统一性规范、“正统性”身份与进攻性行为三者之间可以相互建构,影响对外政策。而不处于分裂格局中的行为体间的关系,则不受统一性规范的影响。笔者并非一个建构主义者,也非囿于建构主义的门户之见,而是认为应该在古代中国国家间关系的研究中将物质主义、理念主义以及社会化等基础范式结合起来,将结构层次与单元层次结合起来,共同解释古代中国与不同行为体之间的关系,以便能够更好地解释单纯的朝贡模型、战略文化理论和权力理论所不能解释的现象。

统一性规范不同于作为整体的古代中国与周边政权间的规范。统一性规范导致了分裂格局中割据政权“正统性”的身份建构,进而导致了政权的进攻性战略行为,而割据政权的进攻性行为又可以加剧统一性规范,以致导致分裂格局内部的行为体数量逐渐减少,最后分裂格局暂时终结。分裂格局中政权的权力对比也会对政权的对外行为有重要影响,但在分裂格局中,行为体间的统一性规范是一个常量,而权力结构是一个变量,且后者并不起决定作用,只起辅助性作用,后者对国家行为的影响要依赖

①　在朱元璋所列的“十五不征之国”中,明朝只在永乐年间征伐过安南。

于前者,受前者的支配。当分裂格局中的一个政权强于另一个时,前者会主动发动进攻,主要体现为统一性规范的管制性效用,权力结构是加速国家进攻性决策的直接原因而非根本原因;而有时弱者也会主动进攻强者,体现了统一性规范的建构性效用。而在作为整体的古代中国与周边政权间,统一性规范则不存在,中国与周边政权间的权力对比变化也不会影响政权的对外行为。根据前面的数据统计,古代中国与分裂格局之外的政权间关系主要表现为低战争频率的和平性关系。

本章以对规范的研究区分了古代东亚的不同类型的国家间关系。作为一项理论研究,这具有现实意义,它有利于澄清西方学界和政界对中国当代战略行为的误解。本章强调导致中国古代行为体对外政策的规范因素,强调结构层次研究的重要性。笔者提醒西方学者注意不要只将某一种范式套用到中国,避免庸俗化,避免得出不符合中国实际情况的错误结论。在以往的研究中,西方学者未区分朝贡体系与分裂格局,导致了对朝贡体系的错误认识。澄清这种错误,有利于我们继续论证古代中国与分裂格局之外的周边政权之间关系的和平性,继而论证当代中国与周边政权建立和平关系的可能性。

研究国家的统一与分裂问题,不仅有助于理解中国的战略行为,也可以挑战和修正主流国际关系理论。历史上,一个国家能否稳定地维持其存在,尤其是一个大国能否从分裂走向统一或者从分散走向整合的状态,才是国际关系面貌发生改变的最重要的原因,尽管主流国际关系理论都没有将这个事实作为自变量,而是喜欢把结构性因素作为自变量。但是在权力分配、国际制度、共有文化这三个结构性因素中,只有权力分配比较容易发生变化,而后两者的变化需要相当长的时间。将国际制度、共有文化看作国际关系理论的自变量,基本上很难对国际关系短时段的变化具有解释力。新自由主义只解释了历史上国际体系的一次变化,温特的建构主义只解释了两次变化。事实上,在二者没有发生变化的期间,有的大国的性状却先发生了重大变化,或者从分裂走向统一,或者从统一走向崩溃,继而导致国际关系结果已经出现变化。现实主义理论将权力分配看作是自变量，但这个自变量可能缺乏独立性，它的变化往往是大国性状发生改变的结果，很多时候大国性状的改变可以直接影响国际体系和格局。

这就是为什么包括现实主义在内的国际关系主流理论，都不能解释冷战的终结，甚至它们也没有解释19世纪末德国的崛起，没有解释20世纪初大英帝国的衰落和美国的崛起，还没有解释20世纪上半叶苏联的崛起，这些事件都深刻地改变了国际关系的面貌。当然，它们更不能解释整个20世纪中国从羸弱到强大的转变。这些都不是源于国家间的关系，而是国内政治的因素。19世纪末，德国、美国的崛起，是因为它们实现了统一，从分散和分裂状态走向统一与整合。20世纪初，大英帝国各个殖民地和自治领的独立，决定了这个老牌帝国不可避免地走向衰落。俄罗斯与苏联的兴衰往复的变化，与它自身能否维持其整个欧亚疆域的统一几乎完全呈相关关系。

对于中国而言，"统"在时间上保证了中国作为一个延续性的文明未曾中断，在空间上保证了历史上多数时期中国的辽阔疆域和在国际体系中的大国地位。今天，中国尚未统一，而且面临着多维度的分裂的危险。当然，这不是一个国家面临的问题，而是很多大国面临的普遍性问题。中国真正特殊或"例外"之处，在于中国的超大规模体量、各地域和民族之间的高度异质性以及海洋领土的分散性。这三个特征决定了中国面临分裂的危险和维护统一的迫切性要远远大于其他任何国家。中国的历史和今天的政治实践告诉我们，集权高效且强有力的、符合"大一统"原则的政府组织模式，是适合中国发展的唯一政治形式。"大一统"原则在古代表现为皇权对天道和王道的遵守，在今天表现为单一制的国家结构，以及以社会主义为基础的中华民族共同体意识的铸牢和培养。

第四章

大国崛起遭遇的制衡联盟:中国是否独特?

第三章关注的是中国从分裂走向统一过程中的战略行为,本章将会继续关注统一问题,但主要讨论中国统一之后从弱小走向强大过程中的战略行为。[①] 实际上,中国崛起时常常遭遇周边行为体的制衡,中国为了破解制衡一般会采取联盟战略。这反映了中国的崛起与历史上其他地区大国的崛起相比存在明显的普遍性,而这种普遍性是中西主流国际关系学者曾经低估的。

在安全问题研究中,与联盟问题相关的研究大多集中于关注美国。美国建立了历史上最为成功的联盟体系,它的盟友遍布全球,但是美国的联盟体系、运行规律及其安全经验,却不易被中国和其他国家效仿。因为美国与其核心盟友的关系,大多是基于相近的亲缘关系、相同的种族、共同的基督教信仰和战略利益。盎格鲁—撒克逊殖民者在全球范围的扩张奠定了今天庞大的联盟体系,而中国并没有复制这种经验的可能性。

威斯特伐利亚体系下的欧洲和中国的先秦时期有大量的合纵连横的案例,因此成为联盟安全研究者偏爱的两个富矿,但是相关研究者已经注意到了二者与当代国际体系之间的明显差异。近代的欧洲和先秦时期的中国更像是霍布斯安全文化主导的两个体系,这与当今国际关系的主导安全规范有很大差异。此外,这两个体系在大多数时间为多极争霸体系,

---

① 本章部分内容曾经发表于《国际安全研究》2022年第6期。

它们不同于以中国这个超大规模国家为中心的当代东亚国际体系,也不同于以相互依赖为主要特征的全球国际体系。

联盟安全的研究者或许可以更多地关注秦朝统一之后的以中原农耕王朝为中心的东亚体系。从公元前221年到1911年,统一始终是中国历史的主流,东亚呈现出以中原农耕王朝为中心的等级体系。历史上,中原与游牧族群的斗争,与今天中国崛起过程中面对的外部环境形势有一定相似之处。已经有很多国内学者关注到了这一时期的中央政府处理与中国疆域内外的不同族群和各类行为体的关系的经验,但是我们仍然需要进行更为系统的研究。

一、历史上中原王朝的崛起

探讨历史上中原王朝的成功崛起并总结其经验,对今天中国制定国家安全战略有重要帮助。历史上很多时候,中原农耕王朝的力量并不在整个东亚体系之内居于主导权地位,例如西汉初年、晋朝时期、唐朝初年、宋朝时期以及明朝初年。有的中原王朝在与边疆族群的较量中失利,以至于被灭亡或者自身瓦解,如西晋、隋朝、北宋。不是每一个中原王朝在建立之后都可以用几十年时间实现从弱到强的转变并且最终成为一个多元一体的强大国家。研究相关历史并总结经验对于今天的中国更具现实启示意义。

历史上,中原农耕王朝曾经多次从弱小走向强大,崛起成为东亚体系中实力最为强大的政治力量,并且在较长时期内保持政治主导权和文化繁荣。汉朝、唐朝、明朝和清朝的发展和崛起显得更为成功,确立了典型的朝贡体系。[①] 有几个朝代由于政策和战略的失误,存在的时间比较短,不能被认为是成功的崛起,不过接下来的朝代在吸取它们教训的基础上实现了成功崛起。元朝是中国历史上疆域最为辽阔的朝代,但是它的统

---

① 王赓武认为,历史上中国成功的崛起共有三次,即秦汉、隋唐、明清,今天的中国正在经历第四次崛起。参见 Wang Gungwu, "The Fourth Rise of China: Cultural Implications," *China: An International Journal*, Vol. 2, No. 2, 2004, pp. 311–322。

治时间也较短。还有一些朝代没有真正统一中国,因此这里暂不予关注,如宋朝、辽朝、金朝,它们都只是中国这个多民族国家的范围之内的一部分。

国际关系理论中有一个基本的常识,一个政权在崛起的过程中往往会面对来自其他政权的安全阻力。与之对应,在古代中原王朝崛起成为一个强大而繁荣的国家的过程中,也一定会面对来自边疆割据势力和本国周边强大行为体的安全阻力,这里主要指的是游牧部族。中原王朝能否成功崛起,除了自身经济的发展,也取决于朝廷能否成功地破坏和击败强大部族针对自己的联盟,同时有效管理好以自身为中心的联盟体系。历史上,并不是每个王朝都可以做到这一点,因此并不是每个王朝最后都有机会获得东亚体系中的稳定而持久的主导地位。历史经验告诉我们,实现成功崛起的王朝均善于通过结盟来击溃主要对手,以减轻自身的负担;反之,有的王朝不善于结盟,因此过快消耗了自身实力,导致了内部政治的不稳定,以致政权迅速垮台。①

国际关系理论中的等级制概念,非常适用于描述古代中原王朝与东亚邻近行为体之间的关系。② 不过,历史上等级制的程度可能波动较大,中原王朝并不总是获得主导地位。多数时候,中原的崛起会得到周边政权的承认,它们在文化上、政治上会主动内附,最终与中原确立稳定的宗属关系甚至成为多民族国家的一部分,但也有一些政权不会自动承认中原的权威,而是企图挑战、阻止甚至取代其地位。例如,漠北和草原的游牧部落可能会直接挑战中原,而弱小的王国或者族群可能寻求与其他行为体联合起来,对抗中原的崛起。在这种情况下,中原王朝通过正确使用政治和外交手段才可以反击它们的图谋,成功实现崛起,并且维护多元一体国家的团结与统一。此外,有趣的是,虽然朝鲜半岛与中国保持了一千

---

① 例如,秦朝不善于联合盟友来对付匈奴,而是消耗了自身大量资源;西晋不善于利用五胡之间的矛盾分而治之,以致迅速灭亡;隋朝为了对付高句丽导致自身统治成本过高。后来的唐朝则吸取了经验教训,联合盟友共同击败高句丽。

② 例如,David C. Kang, "Hierarchy, Balancing, and Empirical Puzzles in Asian International Relations," *International Security*, Vol. 28, No. 3, 2004, p. 165。

多年的最为典型的宗属关系，但实际上它与唐朝之后的每个统一王朝的宗属关系的建立过程都是充满波折的。

古代东亚体系和历史上其他区域相比，是否具有独特性？古代中原王朝的崛起过程与历史上其他大国相比，是否具有特殊性？很多中外学者之所以加入这场辩论，是因为他们认为中国崛起关乎世界秩序未来的变化方向。在美国学术界，韩裔学者康灿雄（David C. Kang）写了数篇文章，论证古代东亚的特殊性，他的很多观点有一定道理且引发了广泛讨论。笔者认为，一方面，对东亚的研究必须从讨论东亚的一些经验特殊之处以及如何解释这些特殊之处开始，不应该将西方历史上的霸权争夺、尔虞我诈以及种族屠戮的经验套用于对中国的解释和预测；另一方面，我们也不应夸大东亚和中国相对于其他地区和国家的特殊之处，尤其是不应该忽视很多具有普遍性的行为特征。

事实上，东亚之所以与众不同，显然是因为统一的中国具有超大规模体量，使得邻国最终无法成功挑战中国的地位而选择加入以中国为中心的朝贡体系，而欧洲却从来没有一个这样实力超群的国家。但是这并不意味着古代中原王朝在其崛起的每一个历史周期中未曾应对来自周边政权的挑战。当中原王朝尚未在区域体系中取得明显优势时，敌对与战争而非和平与朝贡才是主题。至少从这个视角来说，中原王朝崛起所面临的困难与历史上的其他大国并没有明显的不同。因此，与威斯特伐利亚体系下的欧洲和今天的美国相比，古代中原王朝在崛起过程中也需要管理复杂的联盟安全体系。

和前三章一样，本章仍然关注的是那些被忽视的贯穿于古今中外的普遍性。制衡与反制衡可能永远是国家间关系的重要主题，西方和东方、历史与当下均是如此。古代中原王朝的每次崛起都会导致它与周边行为体之间关系的循环变化。在它取得主导地位之前，肯尼思·华尔兹的制衡逻辑支配这些行为体的行为[①]；但在它取得主导地位之后，罗伯特·吉尔平(Robert Gilpin)的霸权稳定论更适合于解释中国与它们之间的互动。[②]而东亚和中国的独特之处，一方面在于中国的"大一统"思想使得中国经济体量无与伦比，另一方面在于中国善于通过自己的道德和文化体系软化周边行为体对自己的敌意，有助于以中国为中心的等级关系的合法化。但我们不能只讨论道德和文化而忽略更为重要的安全和战略因素。

二、古代中原王朝的联盟安全——理论框架与研究假设

我们研究中原王朝的内外安全战略，首先要考虑的问题是如何选取最有利于我们发现中国历史一以贯之的普遍规律的案例，以便于更好地对今天有所启示。康灿雄认为，历史上，凡是中国强大的时期，东亚局势均处于稳定状态，而中国的弱小则会导致其他国家试图控制该地区。[③]他甚至预言，古代东亚长期持续和平的历史表明，"未来的东亚秩序很可能是非常和平的，中国的崛起将有利于亚洲的稳定与和平"。[④]虽然康灿雄的观点符合史实，但是他所关注的中国并非从弱小走向强大的时期，而是中国已经成为区域体系内实力最强的行为体的时期。这与今天中国所处的历史阶段和在崛起周期中的位置并不一致。今天及未来相当长时间内，美国依然是世界上最强大的国家。

历代中原王朝在处于崛起阶段时，和其他部族或行为体的关系不一定是完全和平的，只有当它崛起成为无可争议的强大国家之后才会维持稳定的和平关系。边疆族群和周边行为体可能会在制衡与追随中原王朝之间做选择，当制衡不成功时，它们选择追随并且与中原王朝进行反复博

---

① Kenneth N. Waltz, *Theory of International Politics*, Reading, Mass.: Addison-Wesley Publishing Co., 1979.

② Robert Gilpin, "The Origin and Prevention of Major Wars," *The Journal of Interdisciplinary History*, Vol. 18, No. 4, 1988, pp. 591–613.

③ David C. Kang, "Hierarchy and Legitimacy in International Systems: The Tribute System in Early Modern East Asia," *Security Studies*, Vol. 19, No. 4, 2010, p. 620.

④ David C. Kang, *China Rising: Peace, Power, and Order in East Asia*, New York: Columbia University Press, 2007, pp. 197–204.

弈以实现利益最大化。在今天，中国周边的国家一方面与中国保持经济和文化关系，另一方面它们也寻求美国这样的外部大国的安全保护。这种微妙的策略被许多学者称作"对冲"。[①] 不过，我们又很难将西方国际关系理论的任何概念和框架套用到中国。

此外，我们应该对不同历史时期的中原王朝的内外政策进行考察和比较，而不是把研究局限于一个短暂的历史阶段或者中原王朝与一部分行为体之间的关系。例如，一些学者只考察了15世纪以来的中国历史，然后得出了古代东亚并没有持续的联盟和制衡现象的结论。[②] 但这种观点仅仅涵盖了明清时期，而忽略了中国历史上早期的统一时期。[③] 更重要的是，它忽略了每个朝代建立之初的历史，每当那时中原王朝的崛起均遭受中国疆域内外的部族和行为体的阻力。此外，持上述观点的学者只是试图涵盖中国中原王朝与朝鲜、日本之间的关系，观点本身并不具有普遍性，而且即使在明清时期，朝鲜和日本也并不总是与中国保持友好关系。我们不能忽视这些重要的历史事实。如果一个理论不能有效地解释这些事实，那么它就不能被认为是一个好的理论。

在研究中国古代历史时，应避免"选择偏见"。我们不应该只选择有利于某个理论框架的历史事实。有的学者试图论证古代东亚是和平的，因此只选择了那些与中原王朝未开战的行为体作为案例。同样地，也有学者试图把古代中国塑造为一个现实主义的或者进攻性的政治帝国，因此只选择研究中原王朝在某个特殊时期与某个特殊的行为体之间的关

[①] Evan S. Medeiros, "Strategic Hedging and the Future of Asia Pacific Stability," *The Washington Quarterly*, Vol. 29, No. 1, Winter 2005–06 pp. 145–167; Rosemary Foot, "Chinese Strategies in a US-Hegemonic Global Order: Accommodating and Hedging," *International Affairs*, Vol. 82, No. 1, pp. 77–94.

[②] David C. Kang, "Hierarchy and Legitimacy in International Systems: The Tribute System in Early Modern East Asia," *Security Studies*, Vol. 19, No. 4, 2010, p. 593.

[③] 同样，有的学者只是研究了宋朝，而没有研究其他的朝代。虽然观点与康灿雄完全相反，但它也是不全面的。例如，Wang Yuan-kang, *Harmony and War: Confucian Culture and Chinese Power Politics*, New York: Columbia University Press, 2011。

系,而忽略了在其他时期中原王朝与其他行为体的关系。[①]

为此,笔者提出四个假设,构成本研究的理论框架。

假设1:当中原王朝刚刚统一并由弱小走向强大时,大漠及草原的游牧族群、东北地区的割据政权、朝鲜半岛上的王国可能会首先选择与中原对抗或者与之进行利益博弈,不一定立即确定稳定的等级关系。

绝大多数历史学和国际关系学文献都将朝贡关系看作是古代东亚体系的固有特征或者既定事实,但是历史上中原王朝的力量是不断发生变化的,有时是强中心,有时是弱中心,有时东亚体系并不存在一个明确的权力中心。因此,中原农耕文明与游牧文明的关系,以及中国与周边政权之间的关系可以是多种多样的,有的时候并不是典型的、明确的等级制关系。本章关注的是中国历代统一王朝的崛起时期,而不是鼎盛时期。

朝鲜半岛政权被认为是中国的最为典型的藩属,但是中国历代王朝很少能在不付出任何代价的情况下即与之确立稳定的、等级制的宗属关系。例如,唐朝时期,新罗在尚未统一朝鲜半岛之前,曾经与唐朝结盟,但它统一半岛之后,因为领土问题和战后秩序问题,曾经与唐朝发生长达六年的战争。最终唐朝接受新罗的领土要求。元朝将高丽王朝纳入其等级制体系的过程中,高丽王朝曾经予以抵制。明朝建立之后的最初20年,和高丽王朝的关系并不都是友好的。朝鲜王朝取代高丽王朝之后,它与明朝经过了数年博弈才建立了稳定的"事大"与"字小"的等级制关系。后金和清朝则是通过两次战争才与朝鲜王朝确立等级制关系,将近一百年之后朝鲜才基本上认同清朝的政治主导地位。

宋朝从未针对朝鲜半岛上的高丽王朝采用强制性力量,但是宋朝和辽朝都是中国的一部分,宋朝从来未曾统一整个中国,而且高丽王朝并不

① 例如,Alastair Iain Johnston, *Cultural Realism: Strategic Culture and Grand Strategy in Chinese History*, Princeton, NJ: Princeton University Press, 1995。

与宋朝接壤。[①] 10世纪上半期，辽和高丽相继建立政权，高丽面临来自辽的军事威胁。宋朝建立之后，高丽希望通过与宋朝之间的政治关系，制约来自辽的威胁。[②] 高丽主要考虑的是地缘政治因素和自身的安全，并非只是出于文化上对宋朝的羡慕，文化是次要原因。不过，10世纪末、11世纪初，辽对高丽发动三次战争，迫使高丽不再与宋朝保持实质性的政治等级关系。

假设2：中原王朝的崛起是一个等级权威提升的过程，它实现崛起的方式不仅仅是直接的武力征伐，更重要的是通过建立联盟体系来分化瓦解对手的制衡，以及塑造各个族群和周边政权对中原王朝的政治认同。

有的学者认为中国在东亚体系的中心地位是给定的[③]，但是历史上并不是中国的每一个王朝最终都成功地获得了在东亚的主导权。有的王朝在与游牧部落或者其他农耕割据政权的较量中失败了，付出沉重代价甚至导致自身的崩溃。

历史上，中原王朝在回击游牧部族的进攻或者应对来自其他行为体的安全威胁的过程中，很少采用纯粹的武力征伐的方式。成功的战略总是包括：联合盟友反击对手，在对手内部寻找盟友，以及支持那些对朝廷友好的政治力量获得权力。这些战略的恰当使用，决定了这个统一王朝能否最终实现崛起并提升其在东亚体系中的等级权威。

---

① 高丽王朝和前文提到的高句丽是两个完全不同的政权。高句丽的存在时间是公元前37年至668年，高丽的存在时间是918年至1392年。高句丽的主体民族是中国东北的扶余人和濊貊人，它是中国历史的一部分；高丽的主体民族是新罗和百济人，它是朝鲜半岛历史的一部分。详见张春海：《高句丽政权的自称抉择、记忆筛选与中国认同》，《安徽史学》，2018年第1期，第78—87页。关于高句丽归属问题的权威研究文献，详见杨春吉、耿铁华主编：《高句丽归属问题研究》，长春：吉林文史出版社，2000年；耿铁华：《中国高句丽史》，长春：吉林人民出版社，2002年；马大正：《中国学者的高句丽归属研究评析》，《东北史地》，2004年第1期，第5—11页；孙玉良、孙文范：《高句丽向朝鲜半岛扩张始末》，《东北史地》，2004年第1期，第12—16页；武玉环：《渤海与高句丽族属及归属问题探析》，《史学集刊》，2004年第2期，第79—83页。

② 李云泉、齐廉允：《宋朝高丽观中的战略安全意识》，《山东师范大学学报》（人文社会科学版），2007年第5期，第130—134页；许学权：《高丽对北宋、辽的朝贡政策探析》，《西安社会科学》，2011年第1期，第100—101页。

③ 例如，Brantly Womack, "Asymmetry and China's Tributary System," *The Chinese Journal of International Politics*, Vol. 5, No. 1, 2012, pp. 37–54。

回首各朝代历史,我们可以发现,北方的草原游牧部落在被击溃之前,很少会真正臣服于中原王朝;朝鲜半岛是否与中国确立稳定的、等级制的宗属关系,或者取决于它的地缘政治需要,或者取决于它内部政治斗争的结果,也可能取决于中国对它的军事和政治影响力。当然,中国历代王朝也可能主动地塑造朝鲜半岛内部的政治形势,以确立藩属关系或宗属关系并保证其稳定发展。

表2　中国历代王朝确立在东亚的主导权的尝试与结果

中国历代王朝	草原部族臣服中原王朝之前中原王朝采取的战略	实质性的等级关系确立之前中原王朝对朝鲜半岛采取的战略	结果
秦朝	进攻和防御	/	未成功
汉朝	军事远征与分化对手	战争	成功
西晋	防御	/	未成功
隋朝	分化对手	/	不完全成功
唐朝	军事远征、联盟和分化	政治调解和塑造政治认同	成功
北宋	进攻与签订和约	缺乏实质性政治关系的封贡	两极体系
辽朝	/	战争	两极体系
金朝	/	威压并用	两极体系
元朝	/	征服	不稳定的等级体系
明朝	军事远征、分化对手	军事冲突和政治塑造	成功
清朝	联盟和军事远征	军事远征和政治塑造	成功

资料来源:作者自制。

假设3:羁縻制度和藩属/宗属关系的普遍确立是中原王朝的等级权威提升的重要标志,安全联盟是其重要内容。

简单地说,中原王朝的崛起就是其等级权威提升的过程,即更多的部族与中原王朝确立羁縻制度以及更多的周边政权与中国确立藩属/宗属关系的过程。朝贡、封贡、羁縻和宗属,是反映古代中原王朝与其他族群及周边政权关系的四个概念,也反映了等级程度的差异。朝贡关系的指涉范围非常广泛,包含了后面三种关系。凡是曾经向中国进贡礼品或者派遣使者访问的行为体,都可以被称作是朝贡关系,双方并不一定有非常密切的往来，也不一定有实质性的政治关系。① 朝贡关系并不意味着双方之间存在等级关系，弱者可以向强者朝贡，强者也可以向弱者朝贡。

封贡关系指的是双方有一定政治往来，并且中原王朝授予了某种封号或者爵号给周边政权的领导者，但是要注意，封贡并不意味着双方有较高的等级关系，不意味着这个政权真正承认中原王朝的权威，很多时候朝廷授予封号只是为了安抚这些政权。② 例如，隋唐两朝曾经册封高句丽国王，但是双方实际上是对立关系。前面提到的高丽和宋朝的关系，实际上只是等级程度较低的封贡关系。明朝曾经册封蒙古诸部，但实际上明朝与它们大多时间处于交战状态。清朝皇帝曾经册封准噶尔汗国首领，但双方基本上处于交战关系。

羁縻是中原王朝处理与疆域内外的各个部族之间关系的一种政策，在不同历史时期它的内涵有所变化。朝廷在边疆地区设立羁縻州，册封其首领为官吏，对这个地区进行一定的政治控制，同时给予其自治的空间。羁縻关系是朝廷拓展统治范围的一种方式，是一种等级程度较高的关系，但是这些部族仍可能会发动叛乱。例如，唐朝时期，朝廷一般派遣官员协助治理被羁縻的族群。百济灭亡之后，唐朝设立熊津都督府，册封百济末代太子扶余隆为都督，归安东都护府管辖。类似的机构还有呼延都督府、瀚海都督府、黑水都督府、忽汗州都督府，等等。清朝时期，朝廷和被羁縻的对象是相互利用、相互支持的关系，例如蒙古和硕特部。要注意的是，羁縻关系不一定是中国内部的关系③，因为古代中国的疆域是不断拓展的。羁縻关系促进了中国辽阔疆域的形成和中华民族共同体的逐渐巩固，也推动了中华文化的扩展与辐射。

---

① 类似观点参见庄国土：《略论朝贡制度的虚幻：以古代中国与东南亚的朝贡关系为例》，《南洋问题研究》，2005年第3期，第1—8页；程尼娜：《高句丽与汉魏晋及北族政权的朝贡关系》，《安徽史学》，2015年第4期，第44—49页。

② 类似地，魏志江区分了"礼仪性的朝贡关系"和"典型而实质性的朝贡关系"。详见魏志江：《关于清朝与朝鲜宗藩关系研究的几个问题：兼与韩国全海宗教授商榷》，《东北史地》，2007年第1期，第47—51页。

③ 程尼娜：《羁縻与外交：中国古代王朝内外两种朝贡体系——以古代东北亚地区为中心》，《史学集刊》，2014年第4期，第20—28页。

藩属/宗属关系是等级程度最高的双边关系,礼仪的制度化最为完善。宗属关系和封贡关系的不同之处在于,属国必须自愿忠诚于宗主国,并且其统治的合法性来源于宗主国。与羁縻关系不同,宗主国拥有稳定的合法性权威,并且内化于属国的政治体系之中。从逻辑上看,属国不可能同时有两个宗主国,宗主国也不会接受属国还有其他宗主国,否则就不是宗属关系。① 同时,宗主国对属国提供一定的军事保护,防止其遭受外敌入侵。要注意的是,属国不同于藩部,前者位于中国之外,后者位于之内。② 清朝区分了"内属外藩"和"境外外藩",前者在政治上隶属于中央和朝廷,后者位于国境之外。③ 本书所说的藩属/宗属关系指的是中国与属国或者与境外外藩的关系。④

表3 古代东亚的外交关系类型

关系的类型	等级程度	关系的特征	关系的实质
朝贡关系	不一定是等级关系	朝贡不是判断等级高下的依据	泛指古代东亚的所有外交关系
封贡关系	程度不一定高	一个行为体可以接受多个行为体的册封	有明确的等级关系
羁縻关系	程度较高	羁縻对象担任朝廷任命的地方官员,并获得自治权	大体上是中央与地方的关系,朝廷与部落相互利用、相互支持
藩属/宗属关系	程度高	属国将宗主国的合法性权威内化于其国内制度之中	实质性的政治或军事联盟

资料来源:作者自制。

假设4:古代中原王朝的联盟安全体系是基于一定的道义原则,即守

① 历史上这种现象是存在的,例如高丽曾经在北宋和辽之间保持平衡,明朝初年高丽试图在明朝与北元之间保持平衡,但主要依附于北元。
② 陈志刚:《对封贡体系内属国与藩部界定标准的探讨》,《东北师大学报》(哲学社会科学版),2009年第6期,第120—126页。
③ 张双智:《清朝外藩体制内的朝觐年班与朝贡制度》,《清史研究》,2010年第3期,第106—115页。
④ 羁縻关系和宗属关系,有时并不容易区分,例如唐朝曾经在新罗设置鸡林州都督府。这里讨论的不是朝贡关系的生成,而是政治等级程度较高的羁縻关系和宗属关系的生成。

信、慎战与强恕。

前三个假设主要讨论的是古代中原王朝的安全政策与当代西方国家的安全政策之间的普遍性，而第四个假设讨论的是中国的特殊性，这也是最重要的一点。中国多数王朝处理对外关系的道义原则，包括守信、慎战与强恕，至少后两者是西方国家一般不具备的。这一套道义原则是诸子百家思想综合的产物，包括孔子的"慎战"、孟子的"义兵"、墨子的"非攻"。从我们稍后对唐朝成功崛起的历史分析中可以看出，战争是建立内外政治秩序的最后选择，联盟本身是为了通过政治手段避免战争或者阻止对手发动战争，而不是像美国的联盟那样是以推广自己的价值观和维护霸权秩序为目的。守信有多重含义，不仅包括履行对盟友的安全承诺，也包括对挑衅者的坚决回击。强恕即"勉力于恕道"，也就是宽仁之道、推己及人、相互尊重、和平共处。中国历代王朝都是以道义原则来规范自身的，而不是要求其他部族和政权接受自己的价值观，不会以推广价值观作为维护安全的手段。

三、汉朝的崛起及其联盟战略设计

汉朝是中国历史上第一个延续数百年的"大一统"王朝，也是中国历史上第一次真正意义上的崛起。汉朝建立初年，对内采取"无为而治"和"休养生息"政策，对外则采取温和妥协政策。汉朝皇帝通过联姻避免与匈奴发生战争。到汉武帝时期，国家已经积累大量财富，具备了反击匈奴的经济条件。

从公元前202年到前111年，东亚大陆是一个三极体系，即呈现汉朝、匈奴和南越国并立的局面。[1]匈奴和南越国为了阻止汉朝的崛起，从汉朝内部招降纳叛。当时一些异姓诸侯王的下属为了逃避朝廷的惩罚，"不北走胡即南走越耳"[2]。在公元前154年的七国之乱中，赵王刘遂暗中派遣

---

① 周永卫：《匈奴与南越关系考》，《史学月刊》，2009年第3期，第122—124页。
② [汉]司马迁撰：《史记》卷100，季布栾布列传第四十，中华书局编辑部点校，北京：中华书局，1982年，第2729页。

使臣劝说匈奴单于从西面攻击汉朝,吴王刘濞则劝说南越国从南面攻击汉朝。此外,匈奴与南越国出于共同利益而建立准同盟关系,对抗汉朝。一些出土的文物证明双方确实有密切而频繁的关系。[①] 匈奴控制着河西走廊,通过川黔地区的羌人和西南夷与南越国进行往来。

从公元前133年起,汉武帝发动针对匈奴的五次战役,前后持续40多年,迫使匈奴远遁漠北,草原和西域各政权和族群臣服于汉朝。此外,从公元前112年起,汉武帝派遣军队远征岭南,仅用了一年就打败南越国,扩展了汉朝疆域。南越国的灭亡对匈奴产生了巨大的震慑作用,使汉朝避免了南北两线作战的局面。

联盟对于汉朝从弱小走向强大有着重要的战略作用。张骞"凿空"西域的初衷,就是要落实汉武帝制订的联合大月氏以东西夹击匈奴的策略。汉武帝在反击匈奴之前已经进行了充分的谋划,并不是要仅凭汉朝一己之力。在公元前133年的"马邑之谋"之前的五年,汉武帝就已经制订了该策略,只不过张骞未能说服月氏。公元前115年,为减轻汉朝的军事压力,汉武帝派张骞第二次出使西域,将联合的对象改为乌孙。虽然乌孙没有答应要求,但是汉朝扩大了在西域诸国的影响力,开创了"西北国始通于汉"的局面。之后汉武帝在河西走廊和西域屯田戍边,征服楼兰和大宛。

虽然汉武帝并未成功实施联盟计划,但是这为后来的汉宣帝提供了启发。汉朝战略逐渐从以军事打击为主,调整为加强与西域诸国政治关系来共击匈奴。汉宣帝于公元前73年派遣大军进攻匈奴,乌孙在军事上提供支援,重创匈奴主力。这是汉乌军事结盟的标志。公元前64年,乌孙"内附"汉朝,确立藩属关系。就在同一时间,西域小国车师也宣布归顺汉朝。最终,公元前60年,匈奴内部发生叛乱,实力一蹶不振。不久汉朝完全控制西域,并设置西域都护府,汉朝实力达到顶峰。因此,汉朝从建立到消灭匈奴主力和征服南越国,基本成功实现崛起,用了90年时间;之

---

① 周永卫:《匈奴与南越关系考》,第122—124页。

后又用了50年把疆域拓展到西域,完全实现崛起。

四、唐朝基于道义的联盟安全体系

唐朝是中国古代最为强盛的王朝之一,它结束分裂,然后逐渐发展壮大,最终成为一个强盛的多民族王朝,并且建立了一个稳定而持久的东亚安全体系。唐朝的成功崛起对于今天的中国有重要的启示意义。

(一)唐朝初期确立以中原为中心的东北亚秩序

唐朝的疆域涵盖了长城南北的广阔土地,在相当长的时间内对农耕文明和游牧文明进行了有效统治。位于北方草原的东突厥汗国、薛延陀汗国,西北方向上的西突厥汗国、高昌国,最终都从割据政权成为唐朝多元一体国家的重要组成部分。在东北方向,不仅有高句丽这个地方割据政权,也有朝鲜半岛上的百济和新罗。唐朝朝廷在消灭东突厥和高句丽这两个最主要的威胁之后,确立了在北方和西北的主导权,并且对高句丽主要故地进行有效的直接统治。

在唐朝统一中国之前的相当长一段时间,突厥部族的力量比华夏政权更为强大。长期以来突厥的主要战略目标很明确,就是要防止中原出现一个统一的政权。南北朝的最后一个阶段,经常被称为“后三国时代”,即中国北方的北周、北齐与南方的陈朝相对峙的时期。这个时代正好是突厥崛起的时期,552年,突厥统一漠北。此时,北周和北齐两个政权长年战争,面对统一而强盛的突厥,它们只能降尊临卑,争相倾尽府库去贿赂突厥,并以“和亲”忍辱拉拢突厥。其结果是突厥更加肆无忌惮,甚至将北周、北齐称作自己的“两儿”。577年,北周灭亡北齐,这是突厥最担心的事情。为遏制北周,突厥立即扶植了北齐王室的一员做傀儡皇帝,打着为北齐复国的旗号进攻北周,北周被迫以“和亲”来平息突厥的进攻。581年,隋朝取代北周,并积极备战,以统一江南。这更加引发了突厥的恐慌,它立即从东北、正北、西北三个方向对隋朝进行大规模进攻。突厥还同时扶植北周、北齐残余力量,支持其进攻隋朝。但这次隋文帝不是采取贿赂政策,而是利用突厥内部可汗割据、彼此猜忌的弱点,采取长孙晟提出的"远交而近攻,离强而合弱"①的离间之计,使得突厥在583年分裂为东、西两个汗国,这就完全扭转了中原与草原之间的战略态势,草原诸雄先后对隋朝朝廷表示臣服。在北方边疆相对稳定的基础上,隋朝开启了统一全国的进程,于589年灭掉南方陈朝。

隋朝末年,起义和反叛此起彼伏,东突厥竭力支持各地的反隋力量,试图成为支配中原的霸主。当时,几乎所有的地主和农民起义领袖都纷纷向东突厥称臣纳贡,以寻求支持。东突厥并未直接出兵进攻隋朝,而是在幕后指挥中原各割据势力,扮演仲裁者的角色。东突厥对各种政治势力进行"册"或"封",最著名的有东突厥册刘武周为"定杨可汗",册郭子和为"平杨可汗",②还封梁师都为"解事天子",前后共册封二十多人。值得注意的是,连后来建立唐朝的李渊,也曾经向东突厥称臣。唐俭在起兵前向李渊指出,"若外啸豪杰,北招戎狄",则可以建立"汤武之业"。③谋臣刘文静也力劝李渊"与突厥连和"。④有意思的是,隋朝灭亡后,东突厥迅速调整策略,从反隋改为复辟隋朝,试图扶植一个傀儡政权,继续维持其仲裁者的地位。

617年,李渊刚刚起兵反隋的时候,东突厥给予大力军事援助和支持。始毕可汗甚至派遣骑兵帮助李渊夺取长安,并消灭了部分割据势力。在东突厥的军事援助下,唐朝逐渐强大。唐高祖李渊对东突厥进行了大量的经济贿赂,使其站在唐朝一边反对其他势力。表面上看,李渊对东突厥非常恭敬。例如,619年,始毕可汗卒,李渊"废朝三日,诏百官就馆吊其使

---

① [唐]魏徵、令狐德棻等撰:《隋书》卷51,中华书局编辑部点校,北京:中华书局,1973年,第1331页。
② 这里的"杨"就是隋朝皇帝的姓氏,意思是要"平定杨隋"。
③ [宋]欧阳修、宋祁等撰:《新唐书》卷89,中华书局编辑部点校,北京:中华书局,1975年,第3759页。
④ [宋]欧阳修、宋祁等撰:《新唐书》卷88,中华书局编辑部点校,北京:中华书局,1975年,第3735页。

者"。① 620年,处罗可汗死时,李渊再次罢朝举哀。不过,李渊对突厥的听命是有底线的,他不像刘武周、梁师都之流那样对突厥死心塌地、俯首听命,而是避免被突厥挟持,以免给自己留下不好的名声。事实上,尽管李渊称臣突厥,但突厥一直在侵扰唐的土地,618年,突厥曾与梁师都联合进攻长安,但李渊不敢得罪突厥,而是变得更加谨慎,表现卑微,忍辱负重。然而,随着唐朝逐渐消灭割据势力并且即将统一中原,东突厥与唐朝的矛盾迅速增加。处罗可汗意识到自己的霸主地位即将受到威胁,曾经制订直接进攻唐朝的计划,并实施离间之计,但尚未执行他就死亡了。继承汗位的颉利可汗决心不惜一切代价全力与唐朝对抗,阻止其统一和崛起。622年,东突厥分兵三路,颉利可汗亲率15万骑兵进攻唐朝,但却突然退兵。624年,东突厥再次进攻唐朝,甚至逼近长安。李世民巧施离间计,使得颉利叔侄互相猜疑,遂退兵。625年和626年,颉利可汗企图再次进攻唐朝,但计划失败。唐太宗李世民即位后,从629年开始扭转战局,主动出兵进攻东突厥。630年,颉利可汗被俘,东突厥灭亡。

　　唐朝之所以能够消灭东突厥,军事实力是一方面,但更重要的是唐太宗在政治上采取了联盟策略。西突厥的统叶护可汗"勇而有谋,善攻战,遂北并铁勒,西拒波斯,南接罽宾,悉归之,控弦数十万,霸有西域,据旧乌孙之地"。② 西突厥疆域曾到达里海,甚至曾经打败波斯。统叶护可汗试图消灭东突厥,重新统一大漠与草原。当时西突厥与唐朝的统治区域并不相接,显然在打击东突厥的问题上,双方利益高度一致,这是620年双方建立军事同盟的基础。值得注意的是,西突厥进攻东突厥的动机和意愿要强于唐朝,这个联盟更多的是西突厥有求于唐朝,西突厥奉唐朝为上国。621年,统叶护可汗遣使朝贡,受到唐朝极高的礼遇,唐朝同意和亲。正是有了这个联盟,才使得东突厥不敢轻举妄动。唐朝以此为契机全力

---

①［五代］刘昫等撰:《旧唐书》卷194·上,中华书局编辑部点校,中华书局1975年版,第5154页。

②［五代］刘昫等撰:《旧唐书》卷194·下,中华书局编辑部点校,中华书局1975年版,第5181页。

进取关东,打败了王世充、窦建德的割据势力。622年,颉利可汗率大军进攻唐朝,唐军难以抵御。然而,令人不解的是,尽管东突厥大军势不可当,但却突然遣使求和。有学者研究了这段历史,认为很有可能是唐朝要求西突厥履行盟约并进攻东突厥的结果。[①] 这个联盟的意义是重大的,使得东突厥在进攻唐朝时存在后顾之忧,有效阻止了其直接进攻唐朝。此外,628年,唐朝遣使与曾经臣附于东突厥的薛延陀建立联盟,以南北夹击东突厥。唐朝还得到了与颉利可汗有矛盾的突利可汗的支持。唐朝对东突厥的反攻,是建立在这些基础之上的。

此外,唐朝并不仅仅与西突厥联盟,还在漠北建立了一个广泛的统一战线,发动漠北除东突厥以外的几乎所有部落共同削弱东突厥。唐初漠北草原上有九个散居的部落,统称"漠北九姓"或"九姓铁勒",以回纥为首。它们一直受到东突厥的压迫。唐朝初年,东突厥在进攻唐朝的过程中越来越衰落,漠北九姓发动大规模的暴动,其中回纥部是反抗东突厥的主力。"贞观初,菩萨与薛延陀侵突厥北边,突厥颉利可汗遣子欲谷设率十万骑讨之,菩萨领骑五千与战,破之于马鬣山,因逐北至于天山,又进击,大破之,俘其部众,回纥由是大振。"[②] 此外,曾经被东突厥奴役和压迫的奚、契丹等部落也转而支持唐朝。东突厥灭亡后,西突厥违反与唐朝之间的盟约,试图与唐朝争夺对漠北和西域地区的主导权。西突厥不仅想强迫漠北九姓臣服于自己,还想将唐朝的势力从西域排挤出去,双方为争夺西域诸国开始展开拉锯战。639年,西突厥的乙毗咄陆可汗企图迫使高昌放弃与唐朝的宗属关系而归顺自己,以便控制河西走廊。在西突厥的胁迫下,高昌向唐朝挑衅。为保护丝绸之路的安全,唐朝决定反击,派遣吏部尚书候君集灭亡高昌。这样,唐朝与西突厥正式决裂,唐朝再次在漠北建立了一个广泛的统一战线,动员铁勒各部和之前归顺唐朝的部分东突厥部落共同打击西突厥。同时,唐朝进行军事和外交努力,成功拉拢龟

---

① 张兴胜:《论唐朝与西突厥的关系》,《西北史地》,1996年第3期,第75页。

② [五代]刘昫等撰:《旧唐书》卷195,中华书局编辑部点校,北京:中华书局,1975年,第5196页。这里的菩萨,指药罗葛·菩萨,是唐初回纥部落的一位首领。

兹、于阗、疏勒、焉耆等国内附唐朝，安置安西四镇。比较而言，唐朝对付西突厥主要采取的是政治手段为主、军事手段为辅的策略。在唐朝的政治攻势下，不仅漠北和西域的部落纷纷支持唐朝，西突厥内部也发生了分裂。648年，西突厥的阿史那贺鲁内属于唐朝，唐朝派他去招抚尚未服从的其他西突厥部落。唐高宗继位后，贺鲁反叛唐朝。655年开始，唐朝大将苏定方大败贺鲁，最终将其俘获。至此，西突厥灭亡。唐朝终于解决了这个长期困扰自己的被游牧部落威胁的问题。

可以看出，东突厥对唐朝的威胁直接关系到唐朝的存亡。唐朝打击东突厥主要采用的是军事手段，但如果没有西突厥的支持，很有可能622年东突厥的那次进攻会兵临长安城下。正是与西突厥的联盟缓解了唐朝的军事压力。比较而言，西突厥对唐朝的威胁并不那么直接，唐朝打击西突厥主要采用的是政治手段，动员漠北各个部落反抗西突厥，并争夺和保护西域诸国。唐太宗和唐高宗对北方草原的经略体现了极高的战略谋划与政治智慧，是"王霸兼用"的出色实践者。

（二）唐朝如何维持新的政治秩序？

灭亡东、西突厥和高句丽，标志着唐朝基本成功地建立了一个多元一体的文明型国家，但如何维持新的内外政治秩序，新的秩序以什么原则为基础，曾经长期困扰唐朝统治者。届时唐朝面临的严峻问题是在两突厥灭亡后如何处理突厥遗民问题，在高句丽这个割据政权灭亡之后如何统治其故地，以及如何公正处理朝鲜半岛上的新罗国与百济遗民之间的关系。唐朝须保证勇猛凶悍的突厥人诚心拥护朝廷的统治秩序且不再成为边患，保证高句丽没有能力再次分裂出去，以及推动新罗国和百济遗民之间的和解并实现朝鲜半岛的稳定。如果这个秩序缺乏包容性，那么极有可能会留下后患。与内政政策一致，唐朝对待外族遗民采用了儒道结合的政策。儒家强调"以夏变夷"，道家则强调民族平等，即唐太宗宣称的对华夷"爱之如一"。总的看来，唐太宗时期和唐高宗前期维护东北亚秩序的努力是成功的。

1. 妥善解决突厥遗民问题并吸纳突厥人才

唐朝打败了东突厥之后,如何维护多民族国家的团结,以及安置数量庞大的突厥人,保证其以后不再成为唐朝的边患,这是摆在唐太宗君臣面前的一个棘手问题。根据《资治通鉴》记载,当时朝臣有如下三种意见:第一种是多数人的意见,即强制迁徙:"北狄自古为中国患,今幸而破亡,宜悉徙之河南充、豫之间,分其种落,散居州县,教之耕织,可以化胡虏为农民,永空塞北之地"①。不过,这种办法很有可能会有后患,即使突厥人被强制迁徙到中原,其他游牧民族也可能会填补真空,继续骚扰唐朝边境。第二种是分而治之,即"分立酋长,领其部落","今宜因其离散,各即本部署为君长,不相臣属","各自保全,必不能抗衡中国","使其权弱势分,易为羁制,可使常为藩臣,永保边塞。"② 这种举措存在一定难度,当时唐朝可能没有足够的力量去执行。最后唐太宗采纳的是中书令温彦博的建议,效仿汉朝对匈奴的羁縻政策。温彦博出使突厥时曾经被扣押,对突厥人的生活习性有很深刻的了解。唐太宗支持温彦博的建议,并综合了上述两种意见,具体办法是"分突利故所统之地,置顺、祐、化、长四州都督府;又分颉利之地为六州,左置定襄都督府,右置云中都督府,以统其众"。③ 就这样,唐朝妥善安置了20万突厥人,没有对其大规模远距离迁徙。对于曾经坚决与唐朝作对的颉利可汗,唐朝也是赐以田宅,并授右卫大将军。这种开放包容的政策大体上是成功的,尽管在执行过程中还是有部分突厥人不满,以致后来突厥再次复国,即所谓后突厥,但整体上看,这项政策在当时是最合适的。

西突厥灭亡后,唐朝也没有采取压迫政策,而是尊重西突厥两厢分治的历史传统,设立了昆陵都护府、濛池都护府。唐朝任命早已投降唐朝的阿史那弥射为昆陵都护,赐爵名兴昔亡可汗;任命阿史那步真为濛池都

---

① [宋]司马光编著:《资治通鉴》卷第193,[元]胡三省音注,北京:中华书局,1956年,第6075页。

② 同上,第6075—6076页。

③ 同上,第6077页。

护,赐爵名继往绝可汗。这两个都护府都是安西大都护府的下级机构,是典型的羁縻政策,大大促进了民族融合,维护了国家的持久稳定与统一。

2. 回纥成为唐朝在西北方向上的关键战略支持者

公平正义是唐朝主导的秩序的最基本原则,但只坚持这个原则远远不够。这是因为唐朝可以一视同仁地以公平的政策对待疆域之内的所有族群和疆域之外的所有政权,但这并不能保证它们都全心全意地支持和服从唐朝,有的部落或政权总是要试图扩大自己的利益,边疆总是难免会出现各种不稳定的因素威胁唐朝的安全,甚至各种叛乱此起彼伏。历史事实表明,唐朝尽管有强大的军事力量,但能力依然有限,一旦同时面临来自不同方向的威胁,它可能会捉襟见肘。例如,670—676年,唐朝与东边的新罗和西边的吐蕃同时爆发了战争,这导致唐朝被迫转移部分兵力到西线,因此不得不顾全大局并对新罗的要求作出让步。为了解决这个问题,唐朝采取的政策是寻找那些对自己友好的、有一定物质实力的部族或政权,让它们协助唐朝维护秩序,制约那些对唐朝不友好的部落或政权。

东突厥灭亡后,草原上游牧部落依然很多,问题非常复杂,并且不可能一劳永逸地解决。唐朝为了有效地减轻自己的军事负担,选择了某些与唐朝关系较好的部落作为战略支持者,以分担自身的压力,对草原各部进行更好地管理。为此,唐朝选择了回纥作为其关键战略支持者,回纥对于维护多民族国家的政治稳定作出了贡献。

唐朝首先在消灭薛延陀汗国的问题上得到了回纥的支持。如前所述,在消灭东突厥的过程中,唐朝曾与薛延陀结盟。东突厥灭亡后,薛延陀想获取更多的利益,对唐朝处理东突厥的政策不满,因此与唐朝关系渐生裂痕。后来薛延陀攻打突厥人,唐朝表示谴责。最终双方矛盾不可调和,薛延陀采取全面反唐政策,唐太宗决定武力消灭之。在这个问题上,回纥为唐朝提供了重要帮助。回纥本来是依附于薛延陀的一个部落。唐朝派遣使臣策动回纥反对薛延陀,并且成功说服了回纥首领药罗葛·吐迷度。回纥很快同意起兵协助唐朝,南北夹击大败薛延陀。回纥还说服了仆固、同罗等实力也很强大的部落对唐朝表示支持。① 在漠北九姓的联合打击下,646年,薛延陀灭亡。之后,唐太宗在回纥生活的地区设立瀚海都督府,并册吐迷度为瀚海都督。这样,唐朝的统治范围覆盖了回纥地区。消灭薛延陀之后,唐太宗在生命中的最后一年决定铲除反唐的乙注车鼻可汗政权。唐高宗即位后,650年,唐朝联合回纥、仆固和同罗三部落,消灭了这个漠北地区与唐朝作对的最后一个政权。这样,唐朝的疆域在高宗时期达到其最大范围。回纥第三次协助唐朝维持在西北方向的秩序,是平定阿史那贺鲁的叛乱。651年,已经降唐并且被唐朝封为瑶池都督的阿史那贺鲁发动反唐叛乱。回纥首领药罗葛·婆闰亲自率军五万协助唐朝征讨阿史那贺鲁,而当时唐朝仅出兵两万,足见回纥的作用之大。到了7世纪70年代,回纥不仅成为漠北九姓中最受唐朝支持的一部,而且成为维系唐朝在漠北主权和直接控制力的关键。

(三)盛唐时期对北方草原和东北疆域政治影响力的恢复

武周时期,对外政策出现了很多失误,导致突厥、契丹等少数民族的翻盘。682年,东突厥颉利可汗的近亲阿史那骨笃禄反叛唐朝,并宣布重建突厥政权,史称后突厥。之后,两都护府逐渐形同虚设。唐中宗即位后,北疆草原地区已基本脱离了朝廷的有效管辖。696年,契丹的两位首领李尽忠和孙万荣因遭到唐朝将领的羞辱,挑起反对武周的叛乱。这次事件酿成了严重的地缘政治后果,间接导致了粟末靺鞨的崛起。698年,粟末靺鞨首领大祚荣在今天的吉林敦化自立为"震国王",震国即渤海国的前身。

唐玄宗执政后,着手在政治上对武周进行拨乱反正,同时弥合唐中宗时期的政治分裂,消除政治动荡。开元年间,君明臣贤,内政安定。在安全政策上,唐玄宗努力恢复朝廷的战略信誉,在北方草原以回纥为关键战

---

① 薛宗正:《回纥的初兴及其同突厥、唐朝的关系》,《西北民族研究》,1992年第1期,第47—48页。

略支持者，在东北方向则以新罗为关键战略支持者。

1. 回纥帮助唐朝恢复对北方草原的政治控制力

默啜可汗时代，后突厥在漠北站稳脚跟，默啜可汗把回纥视为主要对手。漠北九姓中，仆固、同罗等部被后突厥收买，而回纥则继续坚定地支持唐朝，并为唐朝多次北伐攻打后突厥提供大力支持。回纥对唐朝的忠诚是能够经得住考验的，因此唐朝一直对回纥倍加关爱，其首领始终世袭瀚海都督。不过，在整个8世纪前叶，后突厥在漠北兴盛，而回纥始终备受压制。直到8世纪中叶后突厥衰落后，回纥才再次兴起。

744年，回纥首领骨力裴罗打败了后突厥主力，宣布建立回纥汗国。很快，唐玄宗封他为怀仁可汗。745年，骨力裴罗灭亡后突厥政权，回纥控制漠北及草原。回纥承认自己是唐朝下辖的地方政权，并且与朝廷保持良好关系。它对唐朝最大的帮助，就是在安史之乱期间出兵协助唐朝收复长安、平定河北，最终结束内乱。唐玄宗、唐肃宗、唐代宗一直对此感激不尽。唐玄宗说："西戎北狄，吾尝厚之，今国步艰难，必得其用，汝其勉之。"[1] 唐肃宗赞扬回纥太子："功济艰难，义存邦国，万里绝域，一德同心，求之古今，所未闻也。"[2] 回纥之所以坚定支持唐朝，首先是经济方面的原因。唐朝给予回纥的经济援助不计其数，在平定叛乱的过程中，回纥士兵不仅洗劫了长安，而且趁机通过绢马贸易对唐朝进行勒索。正如白居易在《阴山道》诗中所描述的："……每至戎人送马时，道旁千里无纤草。……谁知黠虏启贪心，明年马多来一倍。"但是，经济因素更多体现的是安史之乱后唐朝对回纥的报答，而不能解释为何从7世纪中叶到9世纪初相当长的时间里史书上没有唐朝和回纥之间发生战争的记载。回纥不仅没有像历史上的其他游牧政权那样试图侵犯中原，反而成为维护多民族国家团结稳定的关键帮手。这说明比经济因素更重要的是双方长期以来在政治和安全上的相互信任。

---

① [五代]刘昫等撰：《旧唐书》卷10，中华书局编辑部点校，中华书局1975年版，第240页。
② [五代]刘昫等撰：《旧唐书》卷195，中华书局编辑部点校，中华书局1975年版，第5199页。

2. 唐朝在东北方向上寻找新的战略支持者

698年，粟末靺鞨首领大祚荣在高句丽故地建立了"震国"，他选择臣服后突厥，并与新罗交好，逐渐占据了今天中国东北地区的东部和南部。大祚荣附属后突厥，后突厥一度要求渤海国向其缴纳赋税，并且派出吐屯①监领渤海。705年，"神龙政变"之后，唐中宗试图北伐后突厥，扩大在东北的影响力，并派使臣对大祚荣招安，不过大祚荣依然与后突厥保持臣属关系。有中国历史学者认为，粟末靺鞨对唐朝的态度，取决于唐朝与后突厥之间的力量消长，后突厥是妨碍其依附唐朝的最大因素。而唐朝应对后突厥的关键在于争取奚和契丹两蕃的支持。②唐玄宗时期，后突厥的势力开始衰落，两蕃内附，后突厥势力逐渐退出东北，大祚荣不得不转向拥护唐朝。唐玄宗册封大祚荣为渤海郡王，加授忽汗州都督，"渤海"成为其国号。渤海国从割据政权成为唐朝下辖的地方羁縻政权。

大祚荣死后，其长子大武艺继位，是为渤海武王。大武艺开始进行武力扩张，甚至挑战唐朝。722年，曾经臣服于后突厥的黑水靺鞨宣布依附唐朝。726年，唐玄宗设立黑水都督府，大武艺认为这是唐朝要和黑水靺鞨夹攻自己，于是派其弟大门艺征讨黑水靺鞨。大门艺对此表示反对，最后不得不来到唐朝避难。大武艺指责唐朝包庇大门艺，并担心自己会遭到进攻。727年，大武艺试图与日本结盟以攻打新罗，并且策划联合契丹进攻唐朝，732年，渤海国正式水陆同时进攻唐朝辽东和山东。唐朝得到了新罗、室韦和黑水靺鞨的支持，它们协助唐朝进攻渤海国，这是东北亚历史上的第二次几乎所有政治行为体均卷入其中的战争。最后，大武艺被迫屈服，承诺不再对抗唐朝，双方关系终于恢复。之后将近二百年里渤海国一直是唐朝的臣属，唐朝的实际影响力在东北方向得到大大拓展。

---

① 突厥的官职名称，相当于监察官。
② 王义康：《唐代经营东北与突厥》，《陕西师范大学学报》（哲学社会科学版），2011年第6期，第67—68页。

五、清朝的崛起:从羁縻政策到"大一统"

清朝逐步统一中国的过程中,它也是通过联盟战略回应来自周边行为体的制衡,逐渐击败内外敌人,实现了对整个疆域之内的直接统治,并且与疆域之外的20个行为体确立了成熟的藩属/宗属关系。清朝入关之前,对漠北和漠南蒙古各部采取了分化、拉拢和征服的政策,建立了满蒙联盟,大大增加了实力。它对朝鲜发动武装进攻并且成功进行政治塑造,瓦解了明朝与朝鲜的联盟关系,确定了新的联盟关系,免除了侧翼遭受进攻的威胁。清朝初年,沙俄帝国试图侵略中国,准噶尔蒙古试图征服中国,双方相互利用。沙俄帝国还与西藏的分裂主义者勾结。清朝直到18世纪50年代才控制新疆,完全统一中国。

清朝入关之前,西藏的格鲁派(黄教)领袖利用和硕特汗国的力量打败了宁玛派(红教)领袖。[1]和硕特汗国的固始汗成为整个青藏高原的实际统治者,五世达赖和四世班禅承认固始汗在西藏的世俗权力,将其视为黄教的保护者。清朝入关后,远未统一全国,鉴于形势,对西藏采取"以蒙治藏"的羁縻政策。[2] 在固始汗的支持下,1653年五世达赖来到北京朝觐顺治皇帝,得到朝廷的册封。这样,清朝通过固始汗实现了对青藏高原的间接控制,但是羁縻政策并不意味着青海蒙古诸部和西藏真正归属中央政府,这只是暂时的联盟关系。

准噶尔部是漠西厄鲁特蒙古的一部分,其统治者噶尔丹年轻时曾经拜五世达赖为师。1670年,准噶尔汗国发生内乱,五世达赖护送噶尔丹回到汗国并登上汗位。五世达赖通过噶尔丹在南疆传播黄教,噶尔丹则利用达赖的宗教影响力扩张自己的政治力量。[3] 1676年,噶尔丹在准噶尔

① 和硕特和准噶尔都是漠西厄鲁特蒙古的一支。

② 牛海桢、李晓英:《简论清朝初年对青海蒙古的政策》,《兰州大学学报》(社会科学版),2007年第2期,第113—117页。

③ 李绍明:《清初平定准部扰藏和抵御沙俄侵略的斗争》,《西南民族学院学报》(哲学社会科学版),1979年第1期,第24—29页;张植华:《略论噶尔丹:关于噶尔丹与西藏僧俗统治者以及同沙俄关系的探讨》,《内蒙古大学学报》(哲学社会科学版),1979年第Z2期,第114—127页。

汗国建立了集权的政治体制。三年后,达赖授予他"博硕克图汗"的称号。在西藏,五世达赖基本上是拥护清朝中央的,但第巴(负责西藏地方政务)桑结嘉措则是一个分裂主义者。噶尔丹与桑结嘉错的私人关系很密切。桑结嘉措不满和硕特汗国对西藏的控制,因此试图利用准噶尔来削弱和硕特的力量。

17世纪50年代,沙俄扩张到远东地区,到了70年代,它与清朝之间的矛盾迅速增加。噶尔丹与沙俄相互勾结、各取所需。1677年,桑结嘉措怂恿噶尔丹进攻青海,趁和硕特汗国陷入内乱之际重创其本部。1682年,五世达赖喇嘛逝世,桑结嘉措秘不发表,并且找了一个人作为达赖的替身,企图独揽大权,对朝廷阳奉阴违。① 1683年,噶尔丹公开表达对朝廷的敌意。他派遣了一个由70人组成的庞大商队去沙俄,目的是试探俄国人的态度。② 1685年,沙俄试图侵占黑龙江流域,清军进行自卫,即雅克萨战争。这加快了沙俄与噶尔丹之间的军事协作,在沙俄的支持下,噶尔丹试图侵占漠北喀尔喀蒙古的部分土地。历史学家研究了噶尔丹与沙俄使节之间的密信。③

1689年,清朝在与沙俄签订《尼布楚条约》时不得不作出很大让步,以避免沙俄继续为噶尔丹提供军事支持。④ 1690年,在沙俄的鼓动下,噶尔丹公然宣布挑战清廷,要求获得与康熙皇帝平等的地位。他率军进入今锡林浩特地区,距离北京不足千里,威胁清朝统治中心。康熙派使者说服沙俄不要为噶尔丹提供援助,沙俄见风使舵,取消向噶尔丹出售兵器的计划。准噶尔军队的补给不足,最终主力在乌兰布通被歼灭。噶尔丹想逃往西藏,但道路被切断,俄国人选择抛弃了他。陷于绝境的他于1697年自杀。

击败噶尔丹之后,康熙试图重新恢复对青海的间接控制,于是招抚和硕特部,封固始汗之子为亲王。实施封爵制是清朝实际统治青海的开始,

---

① 张植华:《略论噶尔丹》,第114—127页。
② 同上。
③ 同上。
④ 李绍明:《清初平定准部扰藏和抵御沙俄侵略的斗争》,第24—29页。

但是清朝朝廷与蒙古诸部割据力量之间的矛盾仍然没有解决。① 此时，桑结嘉措对五世达赖秘不发丧的阴谋被揭穿，康熙皇帝严厉斥责他与噶尔丹之间的勾结行为，但他仍然与朝廷对抗。②1705年，他试图摆脱和硕特的控制，但计划失败，被拉藏汗处死。1716年，噶尔丹的侄子策旺阿拉布坦以为桑结嘉措复仇的名义占领西藏，杀死拉藏汗。1720年，康熙皇帝派兵打败准噶尔军队，之后改变了对青海和西藏的政策。康熙不再采取"以蒙治藏"的羁縻政策，而是加强了对青海和西藏的控制。清朝试图分治和削弱和硕特部，拒绝和硕特部首领罗卜藏丹津称汗的要求，导致其不满。1723年，罗卜藏丹津发动叛乱，但很快被平定，他本人被迫投奔准噶尔。

叛乱被平定之后，清朝在青海驻军，在青海采取土司制度，朝廷直接进行统治，使得青海摆脱了蒙古族的统治。清朝还规定了青海各蒙古部落的朝贡制度，和硕特部正式归顺清朝。在西藏，雍正皇帝废除第巴制度，设置驻藏大臣，与达赖和班禅共治西藏。在新疆，雍正皇帝粉碎了策旺阿拉布坦与噶尔丹策零父子勾结沙俄的阴谋。最终在18世纪50年代，乾隆皇帝派兵灭亡准噶尔汗国，之后设置伊犁将军，实现对新疆的直接有效统治。新疆各部落以及之前遭受准噶尔奴役的哈萨克各部落臣服清朝，建立藩属关系，清朝实力达到顶峰。

六、本章小结

通过对上述几个主要朝代的研究，我们可以总结出纵贯中国历史多数时期的普遍规律。历代王朝在统一和崛起阶段的安全战略非常值得关注，它不同于以往研究朝贡关系的文献，其大多将中国的超强实力作为给

---

① 牛海桢、李晓英:《简论清朝初年对青海蒙古的政策》,第113—117页。
② 张植华:《略论噶尔丹》,第114—127页。

定的背景。① 历史上,中原王朝在每次统一和崛起的过程中,经常会受到游牧族群和周边政权的挑战,它们彼此结盟,企图阻止中国的完全统一,制衡和对抗中原的崛起。这是一个反复出现的循环,在每一个周期中,朝廷并非仅仅采用武力征伐的方式来击败对手,而是主要通过建立联盟体系来分化瓦解对手,以及塑造各个族群和周边政权对中央政府的政治认同,即软硬实力兼用。

以往的研究很少关注古代中原王朝曾经被制衡的情况,也很少关注中原王朝如何通过联盟瓦解制衡。有人想当然地认为,中原王朝统治的区域是当时已知世界的唯一中心;即使中原衰落和分裂之后,它很快会再次成为中心。② 然而,他们均忽略了中原与游牧部落长期对抗的历史,忽视了中原在崛起阶段的战略行为不同于崛起成功之后的行为。更确切地说,在与游牧族群的权力斗争中,中原农耕文明并不总能取得胜利,多数时间它面临着生死攸关的重大安全威胁,中原王朝作为"中心"的地位也不总是像我们想象的那样强大。汉朝建立之后,用了80年时间才击败匈奴主力,基本实现崛起,之后又用了60年时间才最终将西域大片土地纳入直接统治;唐朝建立40年之后才击败东、西突厥,但突厥后来一度复国;明朝用了30多年迫使北元分裂,但后来也先和达延汗两次统一蒙古并雄踞漠北;清朝入关之后用了110年的时间才完全统一草原和新疆并进行有效的治理。③

古代中原王朝的崛起与世界历史上其他地区的国家的崛起,有不少

---

① John K. Fairbank, "Tributary Trade and China's Relations with the West," *Far Eastern Quarterly*, Vol. 1, No. 2, 1942, pp. 129-149; David C. Kang, *East Asia Before the West: Five Centuries of Trade and Tribute*, New York: Columbia University Press, 2010; Brantly Womack, "Asymmetry and China's Tributary System," *The Chinese Journal of International Politics*, Vol. 5, No. 1, 2012, pp. 37-54.

② Brantly Womack, "Asymmetry and China's Tributary System," *The Chinese Journal of International Politics*, Vol. 5, No. 1, 2012, pp. 37-54.

③ 葛剑雄认为,古代中国完全统一的时间是非常短暂的,很多朝代初期和末期都不能算严格意义上的统一时期。详见葛剑雄:《统一与分裂:中国历史的启示》,北京:商务印书馆,2013年,第217—219页。

相似之处。中原王朝崛起的过程，是有越来越多的族群和政权与其建立等级制的藩属/宗属关系的过程。① 历史上，不是每一个族群或政权都愿意与中原王朝建立宗属关系，这并非一个自动的过程。某些周边政权要在与中原进行讨价还价和利益交换之后才会确立实质上的政治关系和等级制的宗属关系。② 战争手段的成本是巨大的，而且成果并不显著，朝廷为了让更多的周边政权支持自己，须为这些部族或政权提供一定的安全保护，以树立良好的信誉。在周边政权发生冲突的时候，中原王朝会尽量公平地调解它们之间的冲突。在击溃对手的威胁之后，中原王朝会尽力妥善安排遗民。中原王朝虽然有较强的经济和军事实力，但仍然强调对其他族群的道德感化，通过坚持道义原则保持它们对朝廷的认同，以维护合法性权威。

　　研究中原王朝在崛起阶段的历史，对于今天的中国更有启示意义，因为今天的中国处于崛起阶段且面临着来自其他力量的较大安全阻力。以欧文·拉铁摩尔（Owen Lattimore）为代表的"内亚史观"与以欧立德（Mark C. Elliott）为代表的"新清史"不能正确理解中原农耕文化与游牧文化之间关系的历史全貌。所谓农耕—游牧二元竞争关系，其实是不能长期存在的，因为每次中原王朝统一和崛起之后游牧社会一般最终会融入前者的统治之中。在古代中原地区实现统一和崛起的时期，朝鲜半岛的国家、中国东北的割据势力、草原上的部分部落、西域和新疆地区的部分城邦以及位于岭南的王国，凭借自己的特殊经济形态和战争工具优势，很有可能针对中原农耕地区采取制衡政策。中原王朝须先进行休养生息、发展经济，之后才有可能进行反击，在这一期间，联盟政策对于中原农耕王朝缓解外

---

① 等级制并非古代中国或古代东亚的独有特征。邝云峰对中美两种"朝贡体系"进行了有趣的比较分析，指出美国要求其盟友承认其主导地位并且效仿其政治思想和形式，这与古代中国的朝贡体系本质上是相同的。参见 Yuen Foong Khong, "The American Tributary System," *The Chinese Journal of International Politics*, Vol. 6, No. 1, 2003, p. 40。有学者指出，衡量等级制程度的两个指标是主导国实力优势地位及其合法性权威。参见刘若楠：《地区等级体系衰落的路径分析》，《世界经济与政治》，2014 年第 12 期，第 118—136 页。

② 古代东亚并非总是等级制体系，很多时候并没有一个统一的、实力超过其他所有国家的"中心"，有时中国是分裂的，有时是"弱中心"，甚至中国之外还存在更强大的行为体。

部威胁、换取战略时间具有重要意义。一部分部族和周边政权愿意与中原王朝保持友好关系,并且双方确立安全上的责任义务关系。中原完全崛起之后,很多部族会成为多元一体国家的重要组成部分。

以往相关研究大多强调古代中国朝贡体系的特殊性,但是就崛起时期的中国而言,它的战略行为和历史上其他地区和国家相比具有明显的普遍性。美国提升其等级权威并实现崛起的标志是,与世界上更多的国家建立联盟;古代中原王朝将权力转化为权威的标志是,与越来越多的周边政权提升关系水平,即从朝贡关系到封贡关系,最终到宗属关系。疆域之内的部族和疆域之外的政权要在与中原王朝进行博弈之后才有可能与之确立严格意义上的政治附属关系。朝廷为它们提供一定的安全保护,才能树立良好的信誉,这是宗属关系得以建立和维持的关键。体系中的主导国家只有坚持某种道德原则,才能保持盟友或者属国对自己的认同,维护自身的合法性权威。一旦不遵守道德原则,即使它有强大的实力,维持等级体系的成本也会大大上升。

不过,中国并非没有特殊性。古代中国尊重周边政权的道德体系,这显然不同于热衷于搞"十字军东征"的西方国家。朝廷也尊重边疆少数民族的宗教信仰,以渐进方式实现民族融合。朝廷对各部族和政权采取的各种政策,包括册封、征伐和妥协,都是以维护自身安全为最高原则和目的,但中国从来不输出意识形态,不要求以其他行为体接受自己的道德价值观作为保证其安全的条件。儒家倡导"内圣外王","修己"以"安人","己所不欲,勿施于人"。朝鲜半岛、日本都是主动学习中国的先进文化,而中国则尊重它们的自主选择。尊重其他国家的价值选择其实是政治共同体或命运共同体中的最高道德境界,也是中国最明智的政策。古代中原王朝的联盟原则,可以概括为守信、慎战与强恕,其中后两者是美国的基于自由主义一元化的联盟所不具备的。中国不可能也不应该效仿美国的霸权道路。

第五章
解释古代中国对外战略行为的变化

　　解释古代中原王朝对外战略行为的变化规律是一个长期以来具有争议性的学术议题。影响这种变化的主要因素是什么？"朝贡关系"或"朝贡体系"只是古代中原王朝对外关系的众多传统之一，不能充分解释它的对外战略的复杂变化以及与周边行为体关系的多样性。中原王朝可能对不同的周边行为体采取不同的战略，或者在不同时期对同一个行为体采取不同的战略，我们需要解释为什么会有这种不同。本章是本书最为核心的部分，笔者希望作出一点新贡献，尽管这并不容易。

　　如何通过一个简单清晰的逻辑将古代中国在不同历史时期针对不同周边行为体的不同战略选择纳入一个连贯统一的框架之中，在学理上面临着困难。儒家关系主义或许可以弥合先前各位学者的分歧，进而合理地解释古代中国的物质和文化力量的消长变化以及中国与周边行为体的利益冲突三大变量如何影响了中国战略选择的多样性。这样的规律探索须通过对中国历史的多维度比较研究而总结得出，而不应将研究视野局限于某个特定的时期或者某个特定的双边关系。本章的主要观点：中国的物质力量和在东亚国际体系中的地位决定了它将儒家等级秩序伦理主张转换成为构建实际秩序的能力，这既可能通过怀柔与温和的方式构建实现，也可能通过战争与强制性的方式实现。中国的文化力量则有助于既有等级秩序安排的延续，但以前的学者对于儒家文化影响战略行为的方式理解得较为简单。本章的这个分析框架有助于理解古代中国战略的独特性及其与其他国家之间的普遍性特征,社会科学有助于我们真正做到"以史为鉴",同时让世界更好地理解崛起后的中国将会采取什么样的战略行为。

本书第一章和第二章已经详细介绍了讨论古代中国对外战略的影响因素的相关文献。其中,权力范式和文化范式针对中国对外战略提供了两种对立的解释,也有学者尝试将两个范式综合起来,但难度较大,结果往往是其中一个仍然被忽视了。古代中国的对外关系肯定深受其主导意识形态即儒家思想文化的影响,但儒家思想是一个非常复杂的思想体系,儒家思想影响中国战略行为的方式是多样的。儒家思想主张和平,但不应被等同于无条件的和平主义,它也有正义战争思想。文化范式可能忽视了和平之外的另一类中国战略传统,即决战决胜的大规模远征。[1] 康灿雄等学者的本意是论证中国主导的国际秩序比西方的争霸秩序更加和平,通过亚洲的历史预测亚洲的未来,但在今天的时代背景下会产生相反的实际效果,一些西方人可能据此认为中国软弱可欺。中国的和平政策是有原则的,前提是自身的核心利益不受侵犯。权力范式似乎走向了另一种绝对化,因为中国权力的增加并不意味着会有更强的使用武力的倾向,事实上权力的增加也可能会使中国变得对其他行为体更加包容,采取温和的政策。有趣的是,在多个回合的争论中,康灿雄和王元纲均认为对方只选择了对自己的观点有利的案例。康灿雄认为长和平是东亚历史的主流,而王元纲认为有关朝贡体系的主流观点忽视了历史上战争频繁存在的事实。前者关注的是中国与那些深受中国儒家思想影响的行为体之间的关系,后者关注的是中国与草原游牧行为体之间的关系。

一、理论框架:因变量和自变量

张锋老师的《中国霸权:东亚历史上的大战略与国际制度》[2] 一书综

---

① 时殷弘:《武装的中国:千年战略传统及其外交意蕴》,《世界经济与政治》,2011年第6期,第4—33页。

② Feng Zhang, *Chinese Hegemony: Grand Strategy and International Institutions in East Asian History*. Stanford: Stanford University Press, 2015.

合了已有的研究成果,代表了这个领域的研究取得的最新成就,受到了同仁的广泛关注。这本书的贡献在于将中国与不同的周边政权之间的关系置于一个完整的分析框架之中,尤其是详细考察和比较了明朝最初60年对朝鲜、日本以及蒙古政权的战略行为。张锋构建了一套关于中国古代大战略的关系理论,将等级制理解为一种国家战略。在东亚秩序中,中国虽然拥有强大的物质力量,但是中国并不总是对周边政权有完全的权威,并不总是有完全的等级制,并不总是有完全意义上的霸权地位。[①] 与儒家和平主义相比,新的理论对儒家对外战略的理解更为全面。与文化现实主义和进攻性现实主义相比,新的理论没有狭隘地从军事安全角度理解中国的大战略,而是认为中国的对外关系的确存在明显的基于儒家思想的独特性,只不过这种独特性并不等同于和平性。以中国自身利益为中心的工具理性和以道德规范为中心的情感理性是可以共存的。

第一章和第二章提到的文献中,每一种观点的解释能力在时空上较有局限性。它们或者仅仅关注明清两朝与朝鲜、越南的关系,或者只分析了宋朝或明朝对蒙古政权的战略行为,甚至有的仅仅分析了中国在特定时期与某个特定行为体的互动。每一种解释关注的对象不同,因此得出的结论也不同,它们之间的潜在争论并没有得到妥善地解决。为了弥合各种解释之间的分歧,我们应比较中国古代在不同历史时期的对外关系。中国历史上的每个朝代在军事实力、政治体制和文化道德方面都有自己独特的特点。如果忽视这些差异,就会使得我们的研究仅仅适用于某一个特定的历史时期,而不能把握长时段的规律。

纯粹的物质主义范式和纯粹的观念主义范式都不能针对大量反例事实给出自圆其说的解释。物质力量在本体论上优先于观念力量,思想是建立在物质基础之上的,但是人类发明的思想深刻地塑造了人类社会和物质环境。[②] 本章试图将两种力量有机地纳入一个统一的能涵盖更多历

---

① Feng Zhang, *Chinese Hegemony*, pp. 5-7.

② Shiping Tang, "Foundational Paradigms of Social Sciences," *Philosophy of the Social Sciences*, Vol. 41, No. 2, 2011, pp. 219-220.

史事实的分析框架之中,并且试图将体系层次、单元层次和双边层次的自变量结合起来。

尽管物质力量非常重要,但是很少有学者在解释古代中国对外战略行为的时候对其予以必要的重视。这可能是因为他们认为古代中国在东亚国际体系中的物质实力和地位是既定的,但是中国的实力和地位实际上是处于不断的消长与波动之中的,历史上不是每一个朝代或政权都具有至高无上的实力和地位,即使是同一个朝代或政权在不同的时期它的实力和地位也会有较大的变化。这不仅会影响周边行为体对中国的认同和对中国主导的国际秩序的支持,也会影响中国对它们的战略行为的变化。在案例分析中,读者可以清楚地看到,在中国实力不同的时期,它与周边行为体的互动模式有很大差异。就现实的层面来说,如何理解今天中国实力的上升对中国战略行为和中国面临的战略环境的影响,是一个不能回避的问题。

笔者不是第一个意识到物质实力重要性的学者。很早就有学者指出,正是中国的强大权力说服了其邻国接受朝贡规则和规范,朝贡制度显然得到了中国物质力量的支持。[①] 与文化力量相比,权力在因果关系和建构关系上显然具有更多的权重。当中国每次呈现衰落迹象时,儒家共同价值观可能使得中国与部分行为体的朝贡关系继续存在,但制度的运作会变得不稳定。[②] 陈拯认为,在等级秩序下,合法性与实力因素共同发挥作用,只有将这两个变量进行系统组合,才可以形成更完善的有关国家

[①] Jing-shen Tao, *Two Sons of Heaven: Studies in Sung–Liao Relations*, Tucson: University of Arizona Press, 1988, pp. 4–8; Wang Gungwu, "Early Ming Relations with Southeast Asia: A Back - ground Essay," In John K. Fairbank (ed.), *The Chinese World Order: Traditional China's Foreign Relations*, Cambridge, MA: Harvard University Press, 1968, p. 60.

[②] 中国古代的儒、法、道三大学说,都强调了权力的重要性。古代中国政权建立和维系的基础,实际上是依靠法家思想,只不过先秦以后的法家思想被隐藏在儒家学者的论述之中。儒家和法家其实是一体两面,都是为了巩固权力的等级制,通过"德法同治"维护国家的强盛。道家思想往往是一个朝代建立之初物质实力不足时的统治策略,对内"省苛事,薄赋敛,毋夺民时",对外"贵柔""守雌",即"大邦者下流"。简而言之,法家强调统治过程中的强制力和权势,儒家为权力的等级提供了强大的道德话语叙事并且以"礼"的形式体现出来,道家则告诉统治者如何实现国家力量从弱到强的变化。

行为与秩序稳定性的理论,从而建立更为精密的分析框架。目前有关东亚国际关系史的检讨无法回避一个问题,即如何确定意识形态或物质因素的相对重要性。[①]

(一)因变量

本章理论框架中的因变量是古代中国的对外战略行为选择。中国在不同时期对不同周边行为体的战略选择是多种多样的,朝贡关系不过是其中一种。周边行为体对中国的战略选择也是多种多样的,可能是顺从,也可能是抗拒,甚至不相往来。

本章对张锋的关系主义等级制战略理论进行了修正。儒家对国际秩序的理解是从它对国内社会秩序的论述扩展而来的。简单地说,儒家的社会秩序主张是"亲亲"和"尊尊"。前者是以血缘传承和情感亲疏来确定等级关系,后者是以宗法秩序和社会地位来确定等级关系。[②]在实践中,儒家思想维护的是既成事实,而非特定政治集团的利益,并非一成不变地维护某种等级关系和礼乐秩序。血缘传承在延续一段时间之后总是会出现紊乱,任何一个贵族集团在存在数代之后难免会出现生育危机或者继承危机。政治集团之间实力的消长以及战争会打破旧的宗法秩序,下层贵族的地位会得到提升,建立新的"尊尊"关系。

根据台湾学者黄光国先生的观点,儒家思想主张的社会秩序可以有情感性的成分(expressive component),也可以有工具性的成分(instru - mental component)。[③]在情感性成分中,这种社会秩序本身就是目的,而不是实现其他目的的手段。人际关系可以包含情感和义务,而不是工具性的算计。在工具性成分中,行为体可以通过某种方式和手段获得满足自己先天欲望的资源以及实现安全、权力和财富等物质利益的最大化,不

---

① 陈拯:《无问西东:古代东亚秩序研究的自我束缚与解脱》,《外交评论》,2020年第6期,第147页。

② 更为详细的论述,可参见王国维:《观堂集林》,北京:中华书局,1961年。

③ Kwang-Kuo Hwang, "Chinese Relationalism: Theoretical Construction and Methodological Considerations," *Journal for the Theory of Social Behavior*, Vol. 30, No. 2, 2000. p. 169.

涉及行为体之间的情感和义务。

上述区分方法可以推广至国际关系领域。古代东亚存在两种国家间秩序原则,即情感性原则和工具性原则,分别对应情感理性和工具理性。古代中国的统治者致力于建立与其他行为体之间的等级关系,可能会采取两种不同的战略,即情感性战略和工具性战略。①

从规范上看,中国与周边行为体之间有一套基于儒家情感理性的权利和义务规范。中原的皇帝认为自己是"天子",有义务表达对周边行为体的仁爱,并且保护其安全;周边政权的统治者须承认"天子"至高无上的地位并且表达顺从。中原王朝采取情感性战略的目的是与其他国家建立基于儒家伦理的等级关系,而不是将这种等级关系作为实现其他目的的手段。

情感性战略并不等同于和平主义。它不仅包括调和性和包容性的战略,也包括强制性和惩罚性的战略,它们都可以从儒家经典中找到依据。如果中央王朝未能通过中国文化的包容性实现对周边政权的感化和改造,那么战争就会成为情感性战略的另一种重要形式。儒家将战争区分为正义战争和非正义战争,它拥护吊民伐罪的正义战争,反对不讲道义的非正义战争。孔子强调文武并举、相辅相成,平时应教练民众、有备无患。他将战争作为实现"治国以礼"的工具。孟子强调民本主义和民心向背,将战争看作实现仁政的必要手段,他提出的概念有"王师""仁者无敌""以至仁伐至不仁",等等。儒家主张慎战,但不主张非战,崇尚德服,反对穷兵黩武。②

工具性战略,是指中国通过等级关系以及基于儒家思想的礼制秩序实现其他战略目的,如安全、权力、财富。在这种战略中,等级关系、朝贡制度、礼制秩序并不是目的本身。在采取工具性战略时,儒家思想主要起

---

① Feng Zhang, *Chinese Hegemony*, p. 26.

② 详见倪乐雄:《儒家战争观及其历史命运》,《史学月刊》,1993年第2期,第16—21页;黄朴民:《儒家的军事文化传统与何休的战争观念》,《军事历史研究》,1999年第2期,第141—149页。

到的是意识形态的作用,而不是建构中国的身份或约束中国的行为。

什么条件决定了中国的对外战略是更多地表现为工具理性,还是更多地表现为情感理性? 实际上,两种理性在某个时期的两个行为体的关系中可能会共存。张锋认为,双方利益冲突的程度越大,彼此表现出的工具理性可能更多;相反,利益冲突的程度越小,情感理性可能更多,但是利益冲突的程度只是促成了工具理性或情感理性,既非二者的必要条件,也非充分条件。即使两个行为体没有利益冲突,工具理性仍然可能存在,没有利益冲突并不意味着双边关系一定表现为情感理性。[①]

需要提醒的是,中国周边的政权也可能会针对中国采取情感性战略和工具性战略。当一方采取情感性战略时,另一方往往会采取情感性战略进行回应;当一方采取工具性战略时,另一方往往会采取工具性战略进行回应。当然,这并不一定是绝对的。

(二)自变量

本章试图建构一个实证理论来解释古代中国在不同时空条件下的战略变化。笔者将会借鉴上述儒家关系主义战略理论,但是并不将研究视野局限于某个特定的时期或者某个特定的双边关系。仅仅讨论某一个朝代的对外战略是远远不够的,因为历史上不同的朝代在各个方面的差异较大。我们一定要讲清楚我们研究的是哪个时期的中国。[②]

1.第一个自变量:权力结构和霸权地位

体系层次的物质因素是影响任何行为体对外战略行为的首要自变量,这是主流国际关系理论的共识。物质力量的分配是任何国际秩序得

---

① Feng Zhang, *Chinese Hegemony*, pp. 37–38.

② 一些学者在讨论张锋的模型时,曾经提出了值得商榷之处。他将案例局限在14世纪下半叶到15世纪初的短暂历史,因此他的理论不一定同样适用于中国历史的其他时期。尽管张锋的儒家关系理论认为,行为体的身份不是在战略互动之前就给定的,而是在战略互动开始后形成的,但是许田波认为古代东亚的国家间关系并不是在明朝早期才诞生的,它们事实上已经有了给定的身份。Victoria Tin–Bor Hui, "Introduction by Victoria Tin–Bor Hui," *H–Diplo/ISSF Roundtable Reviews*, Vol. XI, No. 1, 2016, p. 5, http://issforum.org/ISSF/PDF/ISSF–Roundtable–9–1.pdf.

以建立和维持的决定性因素,任何大国的战略选择首先是对结构性压力的回应。这里要注意的是,权力和权力结构是不同的,权力结构对应的概念是霸权的"完整"程度。即使一个行为体在国际体系中有强大的权力,体系中也可能会有另一个行为体,尽管不如它强大但是可以挑战它,至少威胁到它的安全。那么这种情况下,霸权就不是"完整"的。反之,如果一个行为体正在走向衰落但却没有竞争对手,那么它可能仍然是这个体系中最强大的角色。①事实上,权威、等级和霸权等概念均可以理解为"连续体",即一个行为体对其他行为体的政治权威的程度是可以变化的。②

比较历史上中国在不同时期的权威的程度,我们可以发现,明朝初年还没有形成对北元政权的压倒性权力优势,因此明朝初年的权威程度不如唐朝和清朝对周边行为体的权威程度,但是高于宋朝对北方游牧政权的权威程度。换句话说,明朝初年的霸权不如唐朝和清朝"完整",但是比宋朝更为"完整",它不能代表巅峰时期的中国,而只是一个特定时期的中国。

权力是国际关系理论中最重要的概念,是解释国际关系的第一自变量。我们在讨论古代中国对外战略的时候,如果拒绝将权力纳入理论框架之中,那么这个理论肯定会无法解释很多重要事实。中国的霸权可能是"完整"的,也可能是接近于"完整"的,也可能是不"完整"的,不同的情况下其行为也会有所不同。仅仅有历史研究是不够的,我们须使用政治学的方法对历史进行比较研究。只有通过比较研究,我们才可以看出权力或者霸权这个自变量是如何发生变化的。当然,仅仅有权力或霸权一个变量,仍然无法全面解释中国的对外关系行为。

那么,中国权力或霸权的变化,将会如何影响中国的战略行为呢? 这

---

① 本书并不需要通过人口、经济能力和士兵数量来衡量行为体的实力。本书关心的是权力的结构,这一点我们可以通过两个行为体之间的外交等级形式来衡量。例如,历史上一个行为体可能会承认另一个行为体的宗主国地位,也可能会拒绝承认。中国历史上经常会出现多个皇帝同时存在的情况,双方约定为"兄弟""父子""叔侄",这些辞令体现了实力对比。

② David A. Lake, "Hobbesian Hierarchy: The Political Economy of Political Organization," *Annual Review of Political Science*, Vol. 12, No. 1, 2009, p. 264.

里的一个重要假设:中国在东亚体系中的权威是促成中国决策者工具理性和情感理性的主要条件。换言之,东亚内部各行为体之间的物质权力分配情况,是影响中国战略行为变化的主要自变量。古代中国能在多大程度上采取情感性的等级战略,取决于它在国际体系中权威的多少而非绝对权力的多少。当中国失去其霸权地位或者在国际体系中不具备压倒性的物质能力时,它就没有足够的能力来采取情感性战略。①

　　这里有一个关键的问题要澄清,即中原王朝与朝鲜半岛这样的重要藩属国之间的关系,其实是取决于当时整个国际体系的权力分配,即中原王朝与游牧王朝之间的关系。游牧王朝的实力往往比朝鲜更为强大,中原王朝与游牧王朝的权力对比决定了中国霸权的程度。朝鲜半岛本身实力较为弱小,并不决定国际体系内权力的分配情况,中原王朝与藩属国之间的互动并不随着二者之间权力分配的变化而变化。张锋认为,古代中国的对外关系始终是双边的,而不是多边的。②但从本质上讲,双边只是形式,中国对周边较小行为体的政策始终是基于它在整个国际体系中的实力地位。正如新加坡学者庄嘉颖(Chong Ja Ian)所说,明朝对蒙古的持续焦虑塑造了它与高丽王朝和朝鲜王朝之间的关系。③类似地,在当代,美国与世界上任何国家的关系首先取决于美国自身的霸权实力地位,中国与朝鲜半岛的关系首先受制于中美这两个大国的关系及其力量对比。

　　本章假设当中国的权力达到顶峰,即中国的等级权威或霸权趋向于"完整"时,中国决策者在考虑与周边政权的关系时进行利益计算的需要就会下降。正是在这一时刻,中国对周边政权的战略体现了强烈的情感理性。中国实力越强的时候,它越有可能采取王道政策。相反,当中国或中国内部的某个政权失去权力优势时,即当中国的等级权威或霸权不再"完整"时,中国的情感理性将会受到限制。与中国霸权处于巅峰时期相

---

①　要声明的一点是,本书只是将权力结构和霸权程度作为自变量,并不寻求解释是什么因素导致了中国的权力和霸权的变化,也不试图解释中国统治者如何实现权力的增长。

②　Feng Zhang, *Chinese Hegemony*, p. 15.

③　Ja Ian Chong, "Review by Ja Ian Chong," *H-Diplo/ISSF Roundtable Reviews*, Vol. XI, No. 1, 2016, p. 10, http://issforum.org/ISSF/PDF/ISSF-Roundtable-9-1.pdf.

比,中国对外关系中的利益计算在这个时候也更为必要,一般对周边政权采取工具性战略。

不过,中国的等级权威和霸权"完整"程度并不决定中国针对某个周边政权是采取包容性政策还是采取强制性政策。如上所述,情感性战略既可以是包容性的,也可以是强制性的,二者都依赖于中国的强大力量。具体的战略选择取决于中国与这个政权之间的利益冲突,稍后将会讨论这个问题。类似地,工具性战略也有两种可能:一种是与某个行为体结盟以对抗某个强大的威胁;另一种是设法迫使这个行为体不要与另一个强大的政权结盟,有人称之为"楔子战略"。

假设1:中国的物质力量和霸权地位将决定它采取情感性战略的能力,但并不决定它是否采取强制性战略。

笔者不是第一个将权力作为解释中国战略变化的自变量的人。王元纲认为,"朝贡体系的本质是权力关系",并且"朝贡体系中的文化因素只不过是权力的函数"。[①] 但是症结在于,权力的增加并不意味着战争。历史上有很多案例可以告诉我们,中国实力强大之后会对周边政权变得更加温和而不是咄咄逼人。王道政策既可以表现为主持公道,也可以表现为使用武力惩罚反叛者。[②]笔者的模型不仅可以解释中原王朝与游牧政权的关系,也可以解释中原王朝与朝鲜这样的农耕政权的关系,这样学界相关的分歧就可以得到弥合。

2. 第二个自变量:文化力量

文化力量是理论框架中的第二个自变量。虽然很多学者强调中国对外战略受到儒家文化影响,但是却并没有将它作为真正意义上的自变量。

[①] Wang Yuan-kang, "Managing Regional Hegemony in Historical Asia," p. 151.

[②] 有的台湾学者通过量化方法研究了汉唐两朝实力上升时期与周边行为体之间关系的变化规律,得出大致结论:当非藩属国对中国姿态放软时,中国一般选择接受,但与非藩属国爆发冲突时,中国不一定采取强硬政策;当藩属国姿态放软时,中国态度会更软,但如果藩属国挑衅中国,中国会采取比较强硬的回应措施。详见苏军玮:《中国迈向盛世过程中的冲突处理模式:以汉唐时期为例》,载吴玉山编:《中国再起:历史与国关的对话》,台北:台湾大学人文社会高等研究院、东亚儒学研究中心,2018年,第223页。

只有我们让文化因素本身处于变化之中,它才是真正的自变量。儒家文化本身也不等于和平主义。一方面,前面提到,儒家文化也有自己的战争伦理;另一方面,历史上有的政权内化儒家文化的程度并不高,但是对外政策却不乏和平性。如果让儒家文化成为解释中国对外战略行为的自变量,那么就应该比较不同历史时期儒家文化对各个政权的政治制度和战略信念的影响程度。

古代中国的思想体系一直百花齐放,各种不同的思想和学派之间相互竞争。儒家思想自身也经历了长期的变化。但正如赵鼎新所说,中国古代统治者与儒家思想的关系,类似于"夫妻"关系,其他思想和宗教可以看作是统治者的"妾",它们可以存在但是无法与"妻子"竞争。① 儒家是唯一有可能影响中国与周边国家关系的思想,这是因为儒家吸收了其他各派的思想,成为一种严谨论述的意识形态,并且在此基础之上形成一种中国处理与其他国家关系的礼制体系。显然,如果某个政权在文化上被中国所吸引,那么这种文化无疑就是儒家思想。

中国各个朝代受到儒家文化影响的程度不同。与游牧王朝相比,农耕王朝受到儒家传统的影响显然更为深刻。契丹人建立的辽朝和女真人建立的金朝,它们的皇帝和精英都热衷于学习汉族文化,用儒家思想治理社会。此外,辽朝和金朝都采取了二元政治体系,针对汉族和游牧民族采取不同的治理政策。元朝则显得特殊,它虽然巩固了统一的多民族国家体系,但是科举制度一直不完善,儒家思想未能达到中国历史上其他朝代那样的统治地位。清朝统治者则积极学习汉族文化,完善了儒家政治体系,将中央集权发展到顶峰,因而统治中国的时间超过两个半世纪。

因此,结合物质力量和文化力量两个自变量,我们可以将中国各主要王朝在不同时期的形态进行分类。就物质力量而言,中国有两种形态:一种是尚未达到"完整"的霸权地位,另一种是达到了"完整"的霸权

---

① Zhao Dingxin, *The Confucian-Legalist State: A New Theory of Chinese History*, New York: Oxford University Press, 2015, pp. 331–346.

地位。就文化力量而言,中国也有两种形态:一种是正在积极学习儒家先进思想但尚未得到周边政权的认可,另一种是文化繁荣发达并且得到周边政权的认可。因此,中国各主要王朝在不同时期的形态可以大致分为四类:

深受儒家影响但未达到霸权地位,如北宋(960—1127)、明初(1368—1388)和明末(1616—1644)	深受儒家影响且达到霸权地位,如汉朝(前119年之后)、唐朝(618—907年)、明朝中期(1388—1616)和清朝(1644—1911)
游牧王朝尚未达到霸权地位,如辽朝(916—1125)、金朝(1125—1234)和后金(1616—1644)	游牧王朝达到霸权地位,如元朝(1276—1368)

图5　中国各主要王朝在不同时期的形态分类

儒家文化之所以是一个自变量,主要是因为中国历史上不同的王朝对邻国有着不同程度的道德劝说能力和文化吸引力。有的统治者主观上接受儒家思想并且将其内化成为治国规范,但是他们的努力不一定得到周边政权的承认。前者可以影响这个王朝的对外战略行为,后者则会影响周边政权对这个王朝的政治态度。不过,本章并不是要解释一个政权如何获得文化吸引力,而是把它作为一个自变量来解释中国对周边政权的战略选择。如果我们只研究某个特定的历史时期,而不是比较不同的时期,就不可能真正地将其作为一个可以"变化"的自变量。只有比较不同的历史时期,我们才知道文化因素在多大程度上以及如何影响中国的战略选择。

一个王朝的文化吸引力事实上可以成为有助于推动其内政外交和国家利益的手段。有了这一手段,中国就可以轻易地实现其合法性和安全等战略目标。没有这一手段,中国可能会更倾向于诉诸强制性手段来实现其战略目标。此外,我们还应注意到,文化力量并不一定只是基于儒家思想,并且儒家思想也不是对所有的周边政权都有吸引力。[1]我们可以简单举例,唐朝、明朝在文化上对朝鲜半岛有一定的吸引力,但是对游牧民族的文化力量则并不明显。清朝在文化上对同为游牧民族的蒙古人具有一定吸引力,他们与汉族共同维护了统一的多民族国家。此外,中华文明是一个复杂的体系,儒释道都有可能会成为中国对内对外文化吸引力的来源。例如清朝通过弘扬佛教巩固了与西藏地方政治力量的关系,维护了多元一体的格局。[2]

游牧民族建立的王朝同样是中国历史的一部分,其中有的王朝曾经长期统一中国北方,有的统一了整个中国。实际上绝大多数游牧民族建立的王朝也内化了儒家文化,它们的对外政策在多数时期具有明显的和平性。游牧王朝在与朝鲜半岛确立朝贡关系或者藩属关系之后,一般会保持和平的关系。不过,游牧王朝的统治者不能使用儒家的规范和修辞为双边等级关系提供合法化的论述,也很难通过儒家道德体系推动其对外战略议程。换句话说,在游牧民族建立其政权的早期阶段,即使统治者接受汉族文化作为其官方意识形态,他们仍然很难将儒家的工具理性转变成为工具性的等级战略。

但是,有趣的是,游牧民族建立的王朝有可能将儒家的情感理性转变成为情感性等级战略。这是因为游牧王朝的皇帝往往试图证明自己的正统地位,他们努力学习汉族文化,研读儒家经典,用科举方式选拔各族官员。在对外政策方面,"怀柔远人"更有助于证明其统治的合法性,虽然他

---

① 康灿雄和罗伯特·凯利对"儒家长和平"的分析较为浅显。参见 David C. Kang, "Authority and Legitimacy in International Relations: Evidence from Korean and Japanese Relations in Pre-Modern East Asia," *The Chinese Journal of International Politics*, Vol. 5, No. 1, 2012, pp. 55-71; Robert Kelly, "A 'Confucian Long Peace' in Pre-Western East Asia?" p. 411。一方面,儒家思想并不是主张在任何情况下都不应使用武力。另一方面,历史上的日本并不是一直认为它与中国处于同一个文化共同体中。从 17 世纪末至 19 世纪,日本已经确立了征服朝鲜和中国的战略目标。

② Peter C. Perdue, "The Tenacious Tributary System," *Journal of Contemporary China*, Vol. 24, No. 96, 2015, p. 1007. 有趣的是,清朝皇帝在处理与西藏地方政治力量的关系时,不仅强调自己至高无上的"天子"身份,也接受了西藏宗教领袖对其"文殊菩萨"的尊称。

们可能会使用武力迫使周边政权臣服自己,但不会试图占领其领土或者介入其内政。因此,在每个游牧王朝的早期阶段,儒家规范虽然不能使得它对周边行为体具有文化吸引力,但是确实约束了其对外战略行为,这是典型的情感理性。

汉族王朝和游牧王朝的战略选择遵循不同的规律。一个典型的以儒家思想为主导的王朝,在处理与周边政权的关系时,可以采取情感性战略,也可以采取工具性战略。当实力强大时,它的战略选择空间较大;当实力弱小时,它较难采取情感性战略。但游牧王朝确立自己的文化吸引力需要一个过程,在此期间它难以采取工具性战略。它在处理与周边政权关系时往往表现为比汉族政权更强的情感理性,情感性战略并不取决于邻国的承认,而取决于游牧王朝统治者对儒家基本伦理的内化程度。他们迫切需要周边政权的臣服来证明自己的合法性,同时的确具备较强大的军事能力实现这一目标。一旦新的朝贡秩序建立,游牧王朝的统治者对周边政权的战略将会从强制性转变为包容性。[①]

假设2:中国的文化力量将决定它采取工具性战略的能力,但文化力量的缺失并不会限制情感性战略的使用。

3. 第三个自变量:利益冲突

物质力量和文化力量这两个自变量的结合,仍不足以解释古代中国对外战略选择的多样性。同一个王朝在同一个时间仍然可能针对不同的周边政权采取截然不同的政策。这取决于双边层次的自变量,即两个行为体之间的利益冲突。这个概念指的并不是政权形态之间的差异。历史上,农耕政权与游牧政权之间经常发生冲突,但双方也可以有长时间的和平;相反,农耕政权之间发生战争也非常常见,尽管有各种复杂的原因。

利益冲突是关系主义方法中的一个重要概念。关系主义将国际关系中的"关系"和"过程"视为主要分析单位;关系主义不同于本质主义,后者

[①] 国内学者对此已有相关论述,参见杨原:《崛起国如何与霸权国争夺小国?——基于古代东亚历史的案例研究》,《世界经济与政治》,2012年第12期,第26—52页。

以行为体本身作为分析单位。① 一个简单的例子是,在三个人中,A可能与B保持良好的关系,但是A与C的关系很糟糕。我们很难说A的品性如何,因为品性优秀的人也不可能与其他所有人保持良好的关系。在国际关系中,道理是一样的。

　　导致两国间利益冲突的因素很多。 一般来说,在古代世界,领土和资源是利益冲突的主要原因。本书的任务不是解释利益冲突产生的原因,而是将其作为自变量解释中国的战略行为。此外,利益冲突只是中国不同的对外政策的促成条件,而不是任何具体政策的必要或充分条件。当两个行为体之间利益冲突较低的时候,它们的关系并不一定是和平的;当利益冲突较高的时候,强大的一方也不一定会采取强制性的政策。

　　中国和周边行为体的利益冲突并不一定促成中国对外战略的工具理性,中国对其他行为体采取工具性战略也并不意味着双方存在高度的利益冲突。例如,唐朝的时候曾经联合漠北的"九姓铁勒"共同对抗突厥,唐朝与这些部落之间的羁縻等级关系是后来逐渐建立起来的。唐朝也曾经与西突厥签订盟约,双方联合从两个方向对东突厥发动进攻,这种战略也是基于工具理性而非情感理性,因为东突厥灭亡之后唐朝很快与西突厥发生了战争。此外,情感性战略并不意味着双方之间没有利益冲突,战争同样可以存在于情感性战略之中,它的目的是确立等级关系。

　　假设1认为,中国的物质力量决定/限制了它采取情感性战略的能力,但不影响它选择工具性战略;假设2指出,中国的文化力量决定/限制了它采取工具性战略的能力,但不影响它选择情感性战略。情感性战略和工具性战略之间的界限并不分明,而且二者既可以存在于较高程度的双边利益冲突之中,也可以存在于较低程度的双边利益冲突之中。

　　假设3:中国与周边政权之间的战争与和谐、分歧与结盟,取决于彼此的利益冲突程度,而不是中国的物质力量和文化力量强弱。

---

① Feng Zhang, *Chinese Hegemony*, p. 20. 国内讨论关系主义理论最权威的学者是秦亚青教授,参见秦亚青:《关系与过程:中国国际关系理论的文化建构》,上海:上海人民出版社,2012年。

4. 对三个假设要点的再梳理

本章的因变量是中国的战略行为,其变化取决于三个自变量的变化:中国的霸权地位(体系层面)、中国的文化吸引力(单元层面),以及中国和周边行为体的利益冲突(双边层面)。三个变量的组合,使得中国对外战略大致有 $2 \times 2 \times 2 = 8$ 种选择,尽管事实上某些选择可以合并。

当古代中国的物质力量和文化力量均达到鼎盛的时候,它与周边政权形成了典型的朝贡等级体系,但这并不是全部历史,因为中国的物质力量和文化力量处于变化之中。强大的物质力量保证了中国可以采取基于儒家思想的情感性战略,强大的文化力量则保证了中国可以在必要的时候将儒家思想作为一种外交政策的工具,但此时的中国更倾向于采取前一种战略。当中国与周边行为体的利益冲突较低时,中国一般选择包容性的、和解性的战略,甚至有时不要求它们必须严格遵守朝贡礼节,在领土争议问题上也会宽容大度。当遭受外敌威胁严重时,中国也会行仁义之师,虽远必诛,不惜代价进行大规模远征。[①] 唐朝时期对中国东北和朝鲜半岛上的各个行为体采取了截然不同的战略,明朝建立之后经过几十年的博弈使朝鲜最终成为中国的典型藩属国。

当某个中原王朝或者政权尚未获得东亚体系的霸权时,它不太容易将儒家情感理性转变为情感性战略。如果它此时具有强大的文化力量,那么它可以有效地将儒家文化视为实现其他战略的手段。在这种情况下,如果中原王朝与某个周边国家的利益冲突较低,中原王朝会选择与之建立联盟,联合起来对抗另一个强大的政权,例如北宋与高丽的关系。相反,如果利益冲突较高,即某个周边国家与另一个强大的政权联合起来对付中原王朝,那么中原王朝倾向于采取楔子战略,例如明朝在 1372 年到 1388 年与高丽的关系,以及 1616 年到 1644 年与朝鲜的关系。

还有一种重要的情况针对中国的游牧王朝。如果游牧王朝尚未获

---

① 时殷弘:《武装的中国:千年战略传统及其外交意蕴》,《世界经济与政治》,2011年第6期,第4—33页。

得霸权,并且尚未成为典型意义上的基于儒家意识形态的多元一体国家,那么它们就无法通过文化力量获得周边政权的认可。此时它们不得不使用军事力量建立以自己为中心的等级关系,以削弱汉族王朝的影响力和合法性。历史上,辽、后金都非常典型。如果游牧王朝最终获得霸权或者完全统一中国,那么它们的战略也会随之改变。强大的物质力量促使它们更积极地采用情感性战略,甚至对周边政权表现得非常温和与包容。例如,和明朝相比,清朝在确立朝贡体系之后大大降低了对朝鲜内部政治的控制力。当然,清朝也只是中国历史的一个时期,上述规律并不仅仅适合于某一个时期。

　　游牧王朝的情感性战略分为两个阶段:第一阶段,即尚未取得霸权时,游牧王朝须通过强制性战略将周边行为体纳入新的等级秩序之中。第二阶段,当汉族王朝的力量明显被削弱后,游牧王朝开始软化其战略。随着时间的流逝,周边行为体对游牧王朝的反感和抵制情绪逐渐消失。比较而言,12世纪的金朝在当时体系中的霸权地位要强于11世纪的辽朝,因此金朝的朝贡秩序更为稳定。

表 4　古代中国对周边政权的战略行为选择的变化

自变量: 物质力量	自变量: 文化力量	自变量: 利益冲突	因变量: 中国的战略选择	历史举例
压倒性的优势	儒家农耕王朝	低	儒家和平主义/包容性战略	隋文帝对高句丽的战略,唐朝对高句丽的战略(618—642 年)、对百济的战略(618—660 年)、对新罗的战略(618—670 年以及 676 年之后)、对渤海国的战略(8 世纪中叶到 9 世纪),明朝初期对高丽的战略(1368—1372 年),明朝中期对朝鲜的战略(1388—1616 年),清朝 18 世纪中叶之后对朝鲜的战略
压倒性的优势	儒家农耕王朝	高	惩罚性战争	隋炀帝对高句丽,唐朝对高句丽的战略(642—668 年)、对百济的战略(660 年)、对新罗的战略(670—676 年)、对渤海国的战略(8 世纪初)

续表

自变量: 物质力量	自变量: 文化力量	自变量: 利益冲突	因变量: 中国的战略选择	历史举例
两极中的 一极	儒家农耕 王朝	低	联盟	北宋对高丽的战略、明朝初年对高丽的战略(1368—1372年)、明朝末期对朝鲜的战略(1616—1636年)
两极中的 一极	儒家农耕 王朝	高	楔子战略	明朝初年对高丽的战略(1372—1388年)
两极中的 一极	汉化的游牧王朝	低	安抚或联盟	辽朝对高丽的战略(11世纪中后期—12世纪初)、北元对高丽的战略(1372—1388年)
两极中的 一极	汉化的游牧王朝	高	短暂的强制性战略	辽朝对高丽的战略(10—11世纪初)、金朝初期对高丽的战略(12世纪初)、后金及清朝初年对朝鲜的战略(1616—1637年)
压倒性的 优势	汉化的游牧王朝	高	强制性战略	元朝对高丽的战略
压倒性的 优势	汉化的游牧王朝	低	儒家和平主义/包容性战略	金朝12世纪中后期对高丽的战略、清朝对朝鲜的战略(17世纪中叶—18世纪中叶)
实力弱于 其他政权	偏安政权	高或低	没有战略	南宋和西夏

二、研究设计

在讨论三个自变量之后,笔者将介绍这一章的研究方法。笔者将对中国历史不同时期的对外战略进行一个跨时代的比较研究,这是这项研究最突出的特征。笔者要讨论以下几个方面:第一,如何对自变量进行控制;第二,如何澄清不同自变量之间可能存在的相互影响关系;第三,为什么选择中国与朝鲜半岛的关系而不是其他政治行为体作为案例。

1. 变量控制

本章共有三个自变量,这意味着必须检验因变量与每个自变量之间确实存在因果关系或建构关系。这需要在检验每个自变量的时候,控制住其他自变量的变化。[①]例如,如果我们想了解中国的物质力量与中国的战略选择之间是否存在因果关系或建构关系,那么就必须控制住中国的文化力量的变化。同样地,如果我们想了解中国的文化力量与中国的战略选择之间是否存在因果关系或建构关系,那么就必须控制住中国的物质力量的变化。

本项研究最关键的贡献在于,通过对中国历史上不同时期的对外政策进行比较来获得一种规律性的认识,而不是像既有的绝大多数相关文献那样仅仅研究中国在某个特定时期与某个周边行为体的关系。只有保持一定的时空跨度,我们才有可能找到普遍适用于中国古代历史的规律,避免学者之间的各说各话。由于本书篇幅有限,笔者集中于研究古代中国与朝鲜半岛的关系,之后再进行延伸。

唐朝、宋朝和明朝都是汉族人建立的王朝,这三个朝代对朝鲜半岛具有强大的文化吸引力。它们在物质能力方面差异很大,唐朝在多数时间是一个强大的多元性国家,而北宋从来没有获得当时体系内的霸权地位,南宋的力量更弱,明朝则经历了由弱到强、由强到弱的过渡。因此,在控制与文化力量有关的自变量后,我们可以考察中国的物质力量与战略选择之间的因果关系或建构关系。

从另一个角度来看,唐朝、元朝、明朝、清朝都是中国历史上物质实力雄厚的统一王朝。明朝实力比另外三个朝代弱小,但明朝中期曾经获得体系内的霸权地位。这四个朝代的区别在于它们对周边政权的文化吸引力不同。清朝的文化实力经历了由弱到强的过程,从"蛮夷"最终成为典型的儒法国家。因此,在控制与物质力量有关的自变量后,我们可以考察中国的文化力量与战略选择之间的因果关系或建构关系。

2. 澄清各个自变量之间的关系

我们应该考虑到各个自变量之间可能存在的相互影响的关系。如果

---

① W. Phillips Shively, *The Craft of Political Research, Fifth Edition*, Upper Saddle River, NJ: Pearson Education, Inc, 2002, p. 91.

三个自变量之间彼此出现相关性,那么笔者的研究结论的贡献就容易打折扣。

读者肯定会想到,物质权力与利益冲突这两个自变量之间可能存在一定程度的共线性。例如,进攻现实主义者米尔斯海默认为,国际体系中的霸权国难免会受到权力不断增长的其他国家的挑战[1],也就是说权力与利益冲突之间可能存在正相关关系。不过,这个规律更多地适用于两个物质实力接近的行为体之间。古代东亚和古代中国都比较特殊,因为除了规模较大的游牧政权之外,周边政权的物质力量在任何时候都远远无法与中国相比,中国实力的增长引起的与周边政权的利益冲突其实是可以忽略不计的。中国与周边政权之间的利益冲突往往是一个独立的自变量,领土争议是主要原因,这其实与中国自身的实力变化关系不大。当然,笔者也承认,在研究中国的汉族王朝与游牧政权之间的关系时,这种共线性是应该值得注意的,即中原王朝实力的增长往往导致与游牧政权之间的冲突的加剧。

文化因素与利益冲突之间也可能存在一定程度的共线性。在西方的政治学和国际关系学文献中,政体类型是一个经常被讨论的话题,两个政体相同的国家被认为不易发生利益冲突。有的学者可能将这个规律迁移到古代东亚,他们想当然地认为当两个行为体都深受同一种文化影响时,彼此之间会产生认同感。例如,明朝对朝鲜有文化吸引力,清朝初年的满洲统治者对蒙古族有一定文化吸引力。不过,历史上很多时候,两个行为体之间文化认同的相似性并不能保证冲突不会发生。通过后文对历史的详细分析,我们可以有更清晰的把握。

3. 案例选择:为什么选择中国与朝鲜半岛的关系?

本书希望探索的是古代中国对外战略行为的普遍规律,但是由于篇幅的限制,笔者不可能研究中国与所有周边国家的关系,只能尝试以小见大。朝鲜半岛上的国家是古代中国最典型的藩属邻国,因此朝鲜半岛无疑是最

---

[1] John J. Mearsheimer, *The Tragedy of Great Power Politics*, New York: W. W. Norton, 2001.

理想的选择。此外,位于中国东北的割据政权也将会在讨论范围之内。

从时间维度来说,文本试图考察6世纪末到19世纪末的中朝关系史。6世纪末之前,中国和朝鲜半岛之间没有形成一个国际社会或国际秩序,因为汉朝时期中国直接统治朝鲜半岛的绝大部分土地。汉朝灭亡之后到隋朝统一之前,中国处于大分裂时期。在稍后的实证研究部分,笔者将会重点对唐、宋两朝与朝鲜半岛的交往历史进行比较研究,同时也讨论辽、金两朝与朝鲜半岛的关系。笔者也会关注明、清两朝对朝鲜的战略行为,但限于篇幅只能点到为止。

从空间维度来说,为什么笔者选择中朝关系而不是中日关系或中越关系作为案例呢?这是因为笔者想检验中国的物质力量和文化力量的变化如何影响了中国与周边政权之间等级秩序的形成。朝鲜半岛在地理上经常会位于两个强大的行为体之间,并且常常会位于两个文化发展程度不同的行为体之间。11世纪时,朝鲜半岛位于宋、辽之间;14世纪后半叶,它位于明朝和北元之间;17世纪上半叶,它位于明朝和后金之间。如果选择日本或越南作为案例,那么我们就不能检验权力和霸权对朝贡秩序的影响。日本距离中国较远,历史上多数时期它并没有与中国建立等级关系,甚至很多时候与中国没有任何政治往来。越南本身并不位于两个强大的行为体之间,我们很难检验物质力量如何影响中越关系。

需强调的是,本书构建的是一个基于比较研究的普遍性的理论框架,它不仅适合解释中朝关系,也可以解释中国中原农耕政权与日本、越南以及游牧政权之间的关系。诚然,中国古代的历史充满了变化和复杂性,任何一个理论框架都不可能涵盖中国与其他所有政权之间的关系的所有细节。不过,笔者的贡献是在前人研究的基础之上,通过赋予权力、文化两个概念以真正的变量含义,提供一种解释力更强、涵盖事实更多的理论,尽管进步可能依然有限。

三、案例分析:对唐宋历史的比较

本书探索的规律,主要是通过对历史进行跨时代的比较从而归纳总结出来的,注重探索宏观规律而不是微观细节。我们重点应该分析物质力量的变化对中国战略行为的影响,因为以往的研究或者忽视物质因素,或者得出不全面的结论。从物质力量的角度来看,古代中国历史上不是每一个王朝最终都成功地获得了在东亚体系中的霸权和中心地位。唐宋两朝差别较为显著,一个是名副其实的东亚霸权,另一个则是两极或多极中的一极,它们对朝鲜半岛的战略非常不同,明朝初年的情况则位居二者之间。唐朝可以很容易地将情感理性转变成为情感性战略,将工具理性转变成为工具性战略。它不仅可以与一些周边政权建立典型的宗属关系,也可以通过武力惩罚另外一些国家的挑衅行为。宋朝因为实力不足,很难与其他行为体建立典型的宗属关系,它的行为明显具有功利和自保的特点。

朝鲜半岛与古代中国关系非常密切。本章将会详细讨论唐宋两朝与朝鲜半岛的历史,明朝初年对高丽的政策则是介于唐宋两朝之间。

(一)唐朝对东北亚各个行为体的战略比较

就唐朝这个特定的时期而言,它与东北亚各个行为体的关系在同一时间呈现出截然不同的面貌。这里包括位于中国东北的割据政权,也包括朝鲜半岛上的政权。唐朝的物质力量和文化力量并未发生变化,因此我们只能从关系理论的角度来理解历史的细节。

1. 唐朝的两种情感性战略

古代中国与朝鲜半岛国家长期保持典型的朝贡关系或宗属关系。朝贡关系与宗属关系有所不同,后者是更为高级的双边关系,朝鲜半岛国家对中原王朝的"事大"关系是经过反复博弈而生成的,历代王朝在这个过程中需要付出一定代价,承担一定责任。隋朝及唐朝初年,位于中国东北的割据政权高句丽是唐朝的重要安全威胁之一,它的势力一度扩展到朝鲜半岛,后来唐朝与朝鲜半岛的新罗结盟,灭亡了高句丽,进而对东北地区进行有效统治。在南北朝末期,高句丽曾试图阻止中原出现一个统一的政权。与东突厥一样,高句丽非常愿意中原维持分裂状态。因此,北齐灭亡后,高句丽平原王高汤曾试图援助北齐的残余势力高保宁。隋朝建立后,高句丽担忧自己很有可能遭到进攻,于是一直试图联合东突厥、契丹、靺鞨以及陈朝的残余势力建立一个对抗隋朝的同盟。隋文帝因此警告平原王:"辽水之广,何如长江? 高句丽之人,多少陈国?"婴阳王高元即位后,竟亲自率军进攻隋朝,隋文帝派遣30万大军出征高句丽。最后婴阳王被迫请降,遣使上表称臣,自称"辽东粪土臣元"。然而,高句丽试图继续与突厥联盟,对抗隋朝。[1]607年,隋炀帝北巡突厥时,在启民可汗帐内偶遇高句丽使节,隋炀帝怀疑高句丽与突厥勾结已久。隋炀帝曾警告高句丽使节:"苟或不朝,将帅启民往巡彼土。"[2]但隋炀帝三次攻打高句丽婴阳王,结果都失败了,甚至导致隋朝灭亡。

很多人认为,唐太宗延续了隋炀帝对高句丽的政策,其征伐和灭亡高句丽的战略目标是一贯的,但事实上,唐初在对待高句丽的问题上都非常审慎,并没有一个明确的战略一定要灭亡高句丽,历史事实更多是偶然事件积累起来的。有人认为,唐朝征讨高句丽是要收复辽东领土。[3]换句话说,这种观点认为,平定高句丽这个地方割据政权,是唐朝建立之后实现国家统一的重要一步。这是因为辽东地区自古以来就是中国的领土,战国时的燕国已经在这里设郡,秦汉承袭不变。此外,高句丽的主体民族扶余人、濊貊人均发源于中国东北。不过,唐朝初年专注于发展经济,并没有将灭亡高句丽作为要务,在民族问题上倾向于采取温和与团结的政策。在唐太宗看来,只要高句丽这个边缘的"夷狄"政权安分守己,对中原皇帝表示尊敬,至少不直接挑衅,他就可以"独爱之如一",没有征讨它的必要。后来唐太宗在讨伐高句丽的诏书中,也并没有以领土问题作为理

---

① 有历史学家详细研究了双方结盟的过程。见岑仲勉:《隋唐史》上册,北京:中华书局,1982年新1版,第71页。

② [宋]司马光编著:《资治通鉴》卷第181,[元]胡三省音注,中华书局1956年版,第5653页。

③ 邸富生:《隋唐时期收复辽东的战争》,《中国边疆史地研究导报》,1990年第3期,第12—14页。

由。① 还有一种传统的观点认为,唐太宗的目的是要一雪前朝之耻,依据是唐太宗所说的"朕今东征,欲为中国报子弟之仇,高丽雪君父之耻耳"。② 但是这句话是否是唐朝攻打高句丽的真实动机,则值得怀疑。因为隋朝与唐朝是前后两个不同的政权,隋朝的国耻不会影响唐朝政权的合法性,而且当时的普遍认知是,隋炀帝攻打高句丽的战略是错误的,过度消耗国力以招致灭亡,唐朝没有必要重蹈覆辙。事实上,唐朝建立后,高句丽和中原的关系本来完全有机会和平发展。荣留王高建武继承高句丽王位,正好是在唐朝建立的前一年。历史记载,他对唐朝奉行臣服进贡政策,并且请唐颁历。唐高祖则表示愿意与之恢复关系,承认现状。唐高祖册高建武为上柱国、辽东郡王、高丽王,并且赐书表示两国应该和解:"今二国通和,义无阻异,在此所有高丽人等,已令追括,寻即遣送。彼处有此国人者,王可放还,务尽抚育之方,共弘仁恕之道。"③ 唐高祖对荣留王的恭顺态度非常满意,甚至直接说:"朕敬于万物,不欲骄贵,但据有土宇,务共安人,何必令其称臣,以自尊大。"④ 意思是说,只要高句丽保证不再损害中原的安全,唐朝不在意是否与它保持君臣名分。唐太宗即位后,用了三年时间于630年将东突厥灭亡,在此之前,唐朝与高句丽关系比较密切,但之后高句丽感到紧张并且停止了朝贡。⑤ 不过,直到贞观十六年(642)之前,两国基本没有发生冲突。

642年,高句丽国内发生重大事变,高句丽东部大人泉盖苏文⑥ 杀死荣留王,之后立傀儡王,自己独揽全国军政大权。这成为高句丽与唐朝关系紧张的导火索。太宗对泉盖苏文弑君的行为非常愤怒,他曾经谴责:

---

① 韩昇:《白江之战前唐朝与新罗、日本关系的演变》,《中国史研究》,2005年第1期,第28页。

② [宋]司马光编著:《资治通鉴》卷第197,[元]胡三省音注,北京:中华书局,1956年,第6217—6218页。

③④ [五代]刘昫等撰:《旧唐书》卷199·上,中华书局编辑部点校,北京:中华书局,1975年,第5321页。

⑤ 韩昇:《白江之战前唐朝与新罗、日本关系的演变》,《中国史研究》,2005年第1期,第25页。

⑥ 泉盖苏文原名渊盖苏文,《新唐书》为避唐高祖李渊名讳,而称之为泉盖苏文。

"夫出师吊伐,须有其名,因其弑君虐下,败之甚易也。"① 不过,这还不能认为是唐太宗攻打高句丽的原因。唐太宗一直在深刻反省隋炀帝黩武亡国的原因,深知讨伐高句丽事关重大,当时唐朝经济尚未完全从隋末战乱中恢复,征讨并非易事。因此,他仅仅是以谴责为主,并没有下决心去介入高句丽内部政治。此外,泉盖苏文尽管野蛮镇压国内反对者,但在表面上对唐朝还是比较恭顺的,没有直接威胁到唐朝安全。其中一个事例是,643年,唐太宗否决了有的大臣提出的对高句丽增加军事压力的建议。②

真正导致唐朝下决心攻打高句丽的原因是唐朝希望维护自己在东北亚的权威与战略信誉。朝鲜半岛上的新罗全心全意支持唐朝,因此唐朝必须保护新罗的安全,以维护自己的利益与信誉。半岛上的另外一个政权百济,一直也非常尊敬唐朝,但唐朝与百济的关系并不像和新罗那样亲密。百济过去曾经与新罗联合攻打高句丽,但后来新罗趁机攻占了百济的土地,使得双方世仇难解。长期以来,唐朝一直以一种公正的姿态来处理三方之间的纷争,尽量不偏袒任何一方,一开始很有效果,但之后三方征战越来越激烈。高句丽成功拉拢了百济,双方共同反对新罗。甚至泉盖苏文政变后的一个重要外交转向,就是迅速联合日本以共同对付新罗,这是高句丽外交政策中的一个重大转变,引发了唐朝的不安。③ 显然高句丽是想与百济、日本联盟,消灭与唐朝关系密切的新罗。④ 新罗是唐朝的重要盟友,如果它被高句丽消灭,那么将会严重破坏它主导的东北亚秩序;而且如果唐朝坐视新罗被消灭,将会大大损害唐朝的战略信誉与国际形象,那样不仅损害唐朝在朝鲜半岛的利益,还会使得唐朝威信扫地进而影响与其他政权的关系。因此,唐朝必须为新罗提供保护。在这种情况下,唐太

① ［五代］刘昫等撰:《旧唐书》卷199・上,中华书局编辑部点校,北京:中华书局,1975年,第5322页。

② 韩昇:《白江之战前唐朝与新罗、日本关系的演变》,《中国史研究》,2005年第1期,第26—27页。

③ 刘子敏:《高句丽历史研究》,延吉:延边大学出版社,1996年,第249页。

④ 李德山:《唐朝对高句丽政策的形成、嬗变及其原因》,《中国边疆史地研究》,2004年第4期,第28页。

宗没有选择,必须考虑武力解决问题。然而,即使在这样紧要的关头,唐太宗依然非常谨慎,不愿意直接出兵。他先是调停,之后又打算令契丹、靺鞨协助骚扰高句丽,以缓解新罗的压力。① 在这两项策略都无法奏效的情况下,他才于645年决定直接出兵,以"朕故自取之,不遗后世忧也"。②

尽管唐太宗亲征高句丽的结果并未成功,但也不能认为它就是失败的。第一,通过这次战争唐朝毕竟收复了大片土地,为唐高宗时代灭亡这个割据政权做了准备。唐太宗吸取了隋朝的教训,没有穷兵黩武,而是制订长期计划逐渐蚕食高句丽。第二,这次战争最终导致唐朝改变了对百济的态度。长期以来,唐朝对新罗与百济之间的矛盾采取公正的调停态度,即使百济经常违背唐朝皇帝的圣谕坚持骚扰新罗,唐朝也并没有将百济视为敌人,但唐太宗攻打高句丽没有达到预期目标,使得百济更加放肆地进攻新罗,它认为唐朝没有能力对它作出任何惩罚。因此义慈王大举攻打新罗,占领四十余城,最终导致本来不愿意进攻百济的唐朝不得不对百济断然采取行动。唐太宗在生命的最后时间里制订了一个新的计划:先灭亡百济,然后开辟攻打高句丽的南线战场。唐高宗即位后,开始执行两线攻打高句丽的计划。652年以后,百济完全拒绝接受唐朝的调停,对新罗展开大规模的攻击,并在三年后与高句丽合作进攻新罗。时隔10年,唐朝再次进攻辽东。唐朝第二次攻打高句丽的直接原因和目的依然是要保护新罗,当时唐朝并未做好攻的准备。660年,百济义慈王投降,唐朝可以从水陆两个方向攻打高句丽,灭亡它仅仅是时间问题。666年,唐朝趁泉盖苏文三个儿子发生内讧之机,任命李勣③率领军队攻打高句丽。668年,高句丽王宣布投降,这个有着将近七百年历史的割据政权最

---

① 李德山:《唐朝对高句丽政策的形成、嬗变及其原因》,《中国边疆史地研究》,2004年第4期,第29页。

② 欧阳修、宋祁:《新唐书》卷220,中华书局编辑部点校,北京:中华书局,1975年,第6190页。

③ 李勣,原名徐世勣。唐高祖赐姓李,因此称李世勣。后为避唐太宗名讳,改称李勣。有著名历史学者指出,李勣率领的军队在攻打高句丽的过程中发挥了主要作用。虽然新罗为攻打高句丽贡献了自己的士兵,但是这些士兵是由唐朝官员刘仁愿统领的。新罗自己的军队并未发挥太大作用,因此不存在唐朝与新罗的"联军"。参见李大龙:《唐罗"联军"灭亡高句丽考辨》,《通化师范学院学报》,2016年第9期,第5—8页。

终灭亡。

　　唐朝为新罗提供安全保障,并且坚守自己的承诺,完整履行了自己的国际义务。其结果是,唐朝有了更高的国际信誉,其影响已经大大超出朝鲜半岛的范围。倭国(日本)①曾经干预朝鲜半岛事务,支持百济和高句丽攻打新罗。660年,百济灭亡后,倭国也试图在百济扶植一个政权,与唐朝扶植的政权相对抗,但有学者研究指出,当时唐朝无意进攻日本,甚至可能希望争取日本,并向日本传递和平的信号,只是日本担心失去在朝鲜半岛南部的利益,同时唐朝在南北两线进展缓慢,使得日本认为有插手的机会。② 663年,以唐朝与新罗联军为一方,以倭国和百济亲倭分子的联军为另一方,在朝鲜半岛的白江口发生了一次激烈的海战。唐朝大将刘仁轨以少胜多,全歼兵力、船只数倍于自己的倭国水军。这是东北亚历史上的第一次几乎所有政治行为体均卷入其中的战争。唐朝打败倭国、保护盟友,其结果是,倭国不仅没有继续与唐朝作对,反而双方关系更为友好,两国政治文化关系逐渐进入高峰。

2. 唐朝与新罗确立持久的宗属关系

　　在百济和高句丽灭亡后,唐朝面临的主要问题是处理两国的遗民问题,以及东北亚国际秩序的重建问题。唐朝的国际秩序设想:在百济建立羁縻政权,设立熊津都督府,由亲唐的百济末代太子扶余隆担任都督;对于高句丽故地,唐朝希望效仿汉朝,因此设立安东都护府。唐朝需要保证百济和高句丽的遗民诚心拥护唐朝的间接或直接统治。如果这个秩序缺乏包容性,那么极有可能会留下后患。然而新罗却不支持唐朝的战后秩序构想,而是希望统治整个百济故地以及高句丽故地在朝鲜半岛上的部分。

　　唐朝遇到的一大难题是如何解决新罗和百济的宿怨。唐高祖年间,唐朝的基本政策是不干预、消极调停,到唐太宗时期变得积极起来。很久之前新罗曾经在与百济联合对付高句丽的过程中,趁百济不备侵占其大

---

① 7世纪及其之前,中国史书将日本称作倭国。8世纪初开始,中国史书将其改称日本。
② 韩昇:《白江之战前唐朝与新罗、日本关系的演变》,《中国史研究》,2005年第1期,第59—61页。

片土地,并杀死了来新罗讨还土地的百济国王,因此双方的积怨很难化解。早在7世纪30年代的善德女王时期,新罗就已经和唐朝成为政治同盟。而唐朝与百济的关系,则不如与新罗那样亲密。历史上,百济一直同南北朝时期的南朝政权保持友好关系,受中国江南文化影响比较深,和北朝政权联系不多。唐朝建立后,百济与唐朝的关系基本是友好的,唐高祖曾经调停新罗与百济的冲突,百济也表示服从。百济从来没有将唐朝视作敌人,它所谋求的利益仅仅限于朝鲜半岛。更重要的是,百济与高句丽有世仇,所以唐朝也曾经争取百济,希望百济协助唐朝制约高句丽。① 对于唐朝来说,让新罗与百济维持和平的关系有利于唐朝利益,这样可以共同对付高句丽。然而,由于双方宿怨太深,百济迫切要收复土地以报仇,因此经常对唐朝表里不一,暗中继续谋划进攻新罗,这使得唐朝非常为难。642年,后来成为新罗武烈王的金春秋来到唐朝,将新罗与唐朝的政治同盟升级为军事同盟,双方约定了彼此的责任义务关系。唐高宗即位后,新罗全面采取唐朝的政治制度,它进行内政改革的目的是为了更加获得唐朝的信任,这一点非常明显。

不过,即使在新罗全面支持唐朝而百济拒绝接受唐朝停战要求的情况下,唐朝也没有完全偏袒新罗,没有采取双重标准。唐太宗和唐高宗非常理解百济的立场,并不是立即惩罚百济的忤逆行为,而是给了其足够多的机会,不断进行劝说。唐朝一直坚持采取公平的态度来处理两国的矛盾。即使在646年、652年百济两度中断对唐朝的朝贡之后,唐朝也没有立即采取措施进行惩罚。真正使得唐朝改变对百济态度的,是百济接受了高句丽的联盟要求,支持高句丽南下进攻新罗。显然,新罗是唐朝忠实的盟友,唐朝不能坐视新罗被消灭。这样,唐朝被迫下决心灭亡百济。尽管唐太宗晚年曾经制订过先灭亡百济、再灭亡高句丽的计划,但这毕竟不合义理,有损于唐朝的国际威望,因此唐太宗一直没有执行。可见,唐朝

---

① 韩昇:《白江之战前唐朝与新罗、日本关系的演变》,《中国史研究》,2005年第1期,第48页。

一直坚持公平的原则处理其他小国之间的分歧,这是典型的王道外交的表现,而非霸道。

即使在灭亡百济后,唐朝依然以一种公平的政策来对待百济遗民。唐朝从来没有直接占领百济的计划,与百济也并无仇怨,所以唐朝希望建立一个羁縻政权,让百济人自治。更准确地说,是扶植一个亲唐政权,使得百济的国祚能够延续。唐朝选中了原百济太子扶余隆,并任命他为熊津都督府都督。而新罗当然不想看到百济复国,它希望吞并百济的土地,以占领朝鲜半岛的绝大部分土地。唐朝的做法是要求新罗文武王和百济的扶余隆进行会盟,希望新罗和百济实现和解,继续共同协作攻打高句丽。新罗迟迟不愿意按照唐朝的要求去做,因此当唐朝看出新罗有领土野心时,就对新罗施加压力,要求文武王与百济会盟,使得双方约定以后维持领土现状,永远不得相互侵略。当然,后来这个政策并不成功,因为它不能有效阻止新罗染指百济故地。唐朝灭亡高句丽后不久,新罗就以武力完全占领了百济故地,并且控制了高句丽在大同江以南的土地,唐朝默认既成事实,双方实现妥协,但是唐朝始终坚持公正处理战后秩序,这个原则从未改变过。

(二)宋朝、辽朝、金朝对高丽的战略比较

宋朝时期的东亚国际格局与唐朝时期有很大不同。宋朝从未成为体系内的霸权国,辽朝[①]与北宋确立了平等的"兄弟之国"关系,而金朝则先后与南宋确立"叔侄之国"和"伯侄之国"的关系。宋朝物质力量的限制,使得它对朝鲜半岛高丽王朝的战略与唐朝的战略有较大差异。宋朝对高丽并未明确地彰显儒家等级秩序伦理,也没有尽到保护高丽安全的义务,宋朝更多的是根据自身的战略安全利益来调整与高丽的关系。

1. 北宋—辽—高丽战略三角关系

918年,王建宣布建立高丽王朝,并于936年实现了朝鲜半岛的再次

---

① 947年,辽太宗耶律德光宣布登基称帝,改国号"大辽"。

统一。他建立政权之后立即对耶律阿保机领导的契丹国表示朝贡,契丹国也给予他回赐,但是双方很快产生了矛盾。926年,渤海国被契丹国灭掉,王建认为他才是渤海国土地的继承者。不过,契丹国对高丽采取温和的政策。942年,契丹国派出数十名使节安抚高丽,但王建拒绝接见,双方关系完全破裂。他甚至希望与中原的后晋结盟,从两边对契丹国发动进攻,不过这个计划并未实现。

960年,北宋王朝建立之后,高丽立即尊宋朝为正朔并朝贡。高丽国王公开表示他"久慕华风"①,同时将辽视作"禽兽之国"②。北宋和高丽事实上结成联盟,这是双方出于战略利益的需要。北宋希望收复幽云十六州,因此希望高丽配合北宋的军事计划。高丽希望夺取前渤海国的土地,它也希望北宋可以帮助牵制辽的大部分军队。因此这显然是一个基于权宜之计的联盟。实际上,在979年和986年的两次宋辽战争期间,北宋朝廷希望高丽派出军队进攻辽,但高丽一开始并未同意,之后只同意派出少量军队进攻辽。③

到10世纪末,辽军从防御转变为针对宋和高丽的进攻。993年,辽第一次进攻高丽。高丽不得不派遣使节赴宋朝寻求军事援助,但是宋朝没有提供任何帮助。④最终高丽被迫与辽达成协议:高丽同意结束与宋朝的官方关系,并承诺成为辽的藩属国。⑤不过,辽撤军之后,高丽改变了承诺,试图恢复与宋朝的关系,并且建造要塞,积极备战。当时辽的主要战略方向在南线,因此没有立即对高丽的背叛进行报复。999年,辽派遣骑兵入侵宋朝,随后在1005年迫使宋朝签署"澶渊之盟"。

宋辽确立"兄弟之国"的平等关系后,辽圣宗决定进攻高丽。 辽要求

---

① 蒋戎:《辽朝与高丽朝贡关系浅析》,《东北史地》,2008年第6期,第33页。

② Jing-shen Tao, *Two Sons of Heaven: Studies in Sung-Liao Relations*, Tucson: University of Arizona Press, 1988, pp. 79–80.

③ Ibid., p. 80.

④ Ibid.

⑤ 杨原:《崛起国如何与霸权国争夺小国? ——基于古代东亚历史的案例研究》,《世界经济与政治》,2012年第12期,第42—43页。

高丽割让土地,但是高丽予以拒绝。从1014年到1018年,辽圣宗两次进攻高丽,但都没有成功。1019年,高丽军队遭遇较大失败。最终在1022年双方签署了和约,高丽正式宣布成为辽的藩属国,辽承认鸭绿江以南的土地属于高丽。高丽国王接受辽朝皇帝的册封,并使用辽的年号。

　　1005年的宋辽"澶渊之盟"与1022年的辽丽和约,似乎使得三个政权在之后的90年里没有发生大的战争,但事实上,宋和高丽都对这种状况不满意。[①] 宋朝一直在寻找机会发动对辽的进攻,同时和约没有解决辽与高丽之间关于保州的领土争议。这一期间,高丽采取了与辽宋保持等距离的外交政策,或者可以看作是"两面结盟"。高丽与二者均不是宗属关系,因为宗属关系的首要要求是忠诚。

　　上述稳定的局面并没有持续很长时间。1038年,西夏政权建立之后,宋朝希望从女真那里购买良种战马,以增强宋军的战斗力。宋朝需要得到高丽的帮助,以开辟一条运送战马的路线。1067年,宋朝派使者来到高丽,高丽同意建立新的联盟,但鉴于辽的强大军事力量,它仍然小心翼翼。直到1078年双方才宣布建立军事联盟,但是高丽从未进攻辽,联盟没有付诸实践。

　　1095年,高丽肃宗通过政变上台,他急于通过发动战争来树立自己的政治权威。他将女真人作为目标,因为他认为女真部落落后、组织不善,但事实上,当时的女真完颜部落已经非常强大、组织良好,并且正在南下扩展土地。1104年,高丽与女真部落发生冲突,高丽失去了两个具有重大战略意义的城镇。讽刺的是,由于宋朝无法为高丽提供军事帮助,高丽只能向辽求助。1109年,女真人同意停战,并且派遣重兵驻扎在鸭绿江北岸。从此,高丽不得不更加恭敬地对待辽,希望它能制约女真人。高丽与北宋的关系更加疏远,联盟名存实亡。

　　女真崛起之后,宋徽宗希望联合强大的女真共同进攻辽,以收复失地,但由于宋朝和女真之间距离遥远,信息交流需要高丽的协助。而高丽

---

① Jing-shen Tao, *Two Sons of Heaven*, p. 86.

希望置身事外,使得宋朝不满。1115年,完颜阿骨打宣布建立金朝,宋徽宗希望加快与金建立联盟关系,但是高丽刚刚和女真发生战争,担心再次遭到进攻。它认为宋朝和女真的往来可能会对自身构成巨大威胁。此外,高丽担心宋金结盟可能会降低自己的战略地位。1123年,宋徽宗认为辽很快会失败,因此他要求高丽与辽断绝关系。[①]但高丽国王拒绝,他知道宋朝武力太弱,因此高丽希望避免卷入战争,与辽保持良好的关系。[②]宋徽宗非常失望。

由于高丽拒绝提供协助,宋朝未能及时与金人进行沟通。1117年,宋朝使者终于与金人建立了联系,但当时的东亚政治形势已经发生了巨大变化。金军已经渡过了最具挑战性的时期,它在战场上节节胜利。虽然1120年宋金签订"海上之盟",但是宋朝失去了获得外交好处的最佳机会。

2. 北宋对高丽的战略

北宋对高丽的战略与唐朝时期不同。北宋的战略目标是收复幽云十六州,甚至恢复"汉唐旧疆"、统一中国。在整个11世纪,宋辽虽然维持了百年和平,但北宋并未改变上述战略目标。因此北宋与辽的关系决定了它与高丽的关系,北宋对高丽的战略服务于上述战略目标。"东联高丽"战略是贯穿于整个北宋的基本国策,它是在特殊的历史环境下一种相对适合的战略,但除了王安石变法时期外它的实施并不成功。[③]

宋朝是历史上唯一完全未使用强制性力量就与朝鲜半岛确立朝贡关系的王朝,而唐、辽、金、元、明、清等王朝在与朝鲜半岛确立关系的过程中都使用了强制性的力量。这主要是因为高丽与宋朝并不接壤,双方没有领土和战略方面的利益冲突。有学者指出,高丽希望通过与宋之间的政

---

① 蒋非非、王小甫等著:《中韩关系史》(古代卷),北京:社会科学文献出版社,1998年,第190页。

② 同上。

③ 梁利:《从"联丽制辽"到"联金灭辽":论10—12世纪东北亚的战略格局及宋朝的战略对策》,《河南大学学报》(社会科学版),2005年第2期,第101页。

治关系,制约来自辽的威胁。①高丽与宋朝结盟的表面原因是文化,但实际上是因为它希望获得更多领土。不过,文化因素的确起到了一种工具性作用,成为联系双方的纽带。

此外,北宋从未像唐朝那样履行作为大国的安全保护义务,很难说北宋对高丽的战略符合儒家等级伦理。从986年到辽朝灭亡,北宋未能向高丽提供任何实质性的军事支持。宋朝希望高丽能够牵制辽的军事力量,但并不愿意冒风险帮助高丽实现领土利益诉求。直到12世纪初强大的女真崛起之后,宋徽宗认为收复失地的真正机会即将到来,于是制订了联金灭辽的计划,并且要求高丽也加入这个联盟。可见,北宋对高丽的战略在一定程度上是自私的。宋朝虽然有强大的文化力量,但它的对外战略表现为鲜明的工具理性。同样地,高丽可能的确真诚地认同和羡慕北宋的文化,但是从一开始这种情感理性仍然为工具理性掩盖。因为高丽曾经多次拒绝北宋的战略要求,没有与北宋在军事行动上进行充分合作,而是将捍卫自己的安全和利益放在首位。高丽在多极格局中的对外政策一直保持较强的独立性,与后来朝鲜王朝对明清两朝的"事大"政策截然不同,这主要是因为宋朝的实力地位比不上后来的中国。

3. 辽朝和金朝对高丽的战略

辽朝对高丽表现出较强的情感理性,并且可以通过相对强大的军事力量将情感理性付诸实践。辽是高度汉化的游牧王朝,它始终强调自己是中华正统,并且用儒学治国,通过科举选拔官吏。它的战略目标是希望自己的正统地位得到周边政权的承认,确立等级体系。不过,辽朝毕竟是一个由游牧民族建立的王朝,它不被高丽承认为高度发达的文明,因此它缺少工具理性或者不能将工具理性转化成为实际的战略。军事力量成为建立以辽为中心的等级关系的唯一途径,但是等级关系一旦形成之后辽

---

① 李云泉、齐廉允:《宋朝高丽观中的战略安全意识》,《山东师范大学学报》(人文社会科学版),2007年第5期,第130—134页;许学权:《高丽对北宋、辽的朝贡政策探析》,《西安社会科学》,2011年第1期,第100—101页。此外,《宋史》《续资治通鉴长编》宣称高丽在宋朝建立之后主动向宋朝朝贡,但根据其他学者的考证,宋朝建立后高丽数年未曾遣使入朝,是宋太祖主动遣使高丽。参见梁利:《从"联丽制辽"到"联金灭辽"》,第102页。

朝就采取温和政策,这实际上与中原汉族王朝并无区别。

金朝对高丽的战略与辽相似,但是金朝的实力更强,接近于当时的东亚霸权地位,因此金朝将情感理性转变成为实际战略的能力更强。完颜阿骨打在1115年刚刚建立政权时,曾经防止高丽与辽结盟。高丽希望获得保州的土地,金朝表示默许。1117年,金军取得较大胜利,辽遭到严重削弱。完颜阿骨打写信给高丽国王,将其称为兄弟,并且希望与高丽国王联姻,但高丽拒绝与金联盟。1119年,完颜阿骨打在给高丽国王写信的时候提高了金的地位,强调金是高丽的宗主国,但高丽再次拒绝与金联盟的提议。① 最终,金朝相继在1125年和1127年灭亡辽和北宋,高丽在经过权衡之后宣布臣服于金朝。1130年,金朝同意将保州让与高丽。之后的100年里,金和高丽保持长期的和平与稳定关系,直到金朝灭亡。

与辽朝和宋朝相比,金朝与高丽的关系更像是典型的藩属关系。高丽定期派使臣向金朝朝贡,并带回大量礼物。每当高丽新国王继承王位,都会请求获得金朝朝廷的册封,并且金朝从未直接干预高丽的王位继承。甚至1170年和1173年高丽曾经发生两次政变,但金朝并未介入其内政。到12世纪中叶金世宗在位时,金朝已经成为一个文化高度繁荣的帝国,双边关系更加稳固。金朝与高丽的关系,成为后来明清两朝与朝鲜半岛关系的样板。

四、本章内容对今天中国的启示意义

本章仅使用三个自变量、构建一个简化模型来解释古代中国在不同历史时期针对周边行为体的战略选择。笔者试图弥合先前各位学者的分歧,提供一个广义的且能涵盖更多历史事实的解释。古代中国对外战略可以有多种选择,典型的朝贡关系只是其中一种形式。

本书最重要的贡献是合理地确定了物质权力对于中国战略行为的影

---

① 蒋非非、王小甫等著:《中韩关系史》(古代卷),北京:社会科学文献出版社,1998年,第192页。

响,而不是无视它或高估它。简而言之,权力影响和限制了古代中国能否将基于儒家伦理的情感理性转化成为情感性战略,权力越大绝不意味着中国变得更加咄咄逼人和穷兵黩武。"怀柔远人"与"虽远必诛"都须以强大实力作为保证,而二者之间的转换取决于双边"关系"本身而不是中国的内生性因素。如果我们只研究某一个王朝,那么我们就找不到历史的规律,因此有必要对多个历史时期进行比较。

本书对儒家文化在对外关系中作用的理解,可能更接近于历史的真实逻辑。儒家文化不是简单地等同于无条件的和平主义,而是敦促中国统治者将协和万邦视为政治美学的要义,或者通过差序伦理保证自己获得更多安全。中国实力强大时,情感理性一般多于工具理性;中国尚未成为体系霸权之时,工具理性一般强于情感理性,或者与邻国结盟制衡其他强大行为体,或者阻止其与其他强大行为体结盟,具体选择也取决于双边"关系"本身。

在实证研究部分,我们可以看到,唐、宋、明、清四个王朝由于霸权"完整"程度的不同,它们对朝鲜半岛的战略选择呈现明显的差异。唐朝不仅有足够的力量维护自己的道义秩序,而且有能力对叛乱者进行惩罚。北宋虽然文化繁荣,但军事力量的有限使得它对高丽的政策更具有功利特征,未能履行必要的责任义务。明朝的战略行为则因霸权地位的波动而出现变化,从明初对朝鲜的工具性战略逐渐转向后来的情感性战略,第二章已经做了详细研究。清朝18世纪鼎盛时期朝贡秩序的完美图景则只是漫长历史的一个片段。

此外,笔者也对各个时期的游牧王朝的行为进行了分析。一般而言,只有强大的汉族王朝可以在情感性战略与工具性战略之间进行转换。辽、金、后金三个朝代不能将文化因素作为实现它们战略目标的工具,因此它们在建立朝贡秩序的过程中必不可少地使用了战争手段,而不是像汉族王朝那样先礼后兵。不过,游牧王朝的统治者深受儒家文化影响,他们仍然具有强大的情感理性。一旦游牧王朝获得体系霸权地位之后,它们对周边政权立即表现出温和的政策,甚至包容性强于汉族王朝。当然,元朝确实是例外,因为它对儒家伦理的内化程度一直较低。

本书的启示意义是多重性的,对历史学、国际关系理论和当代国际关系都具有重要意义。这不是一项历史学研究,而是典型的政治科学和社会科学研究。历史学一般擅长于研究事实细节,但缺乏关注现象背后的原因机理。朝贡体系是一个重要事实,但它的形成是有条件的。"天下"秩序是一种理想,它的存在并非永恒。朝鲜半岛对中国的战略也呈现多样性,既可能认同和顺从中国,也可能会与之对抗,甚至退出中国主导的体系。历史是复杂的,我们不可能简单地从中借鉴,只有通过社会科学路径将复杂的历史置于一个统一的框架之中,才会供今天的人们借鉴。

本书对国际关系理论的发展作出了一定的贡献。第一,笔者尝试弥合权力和文化两种范式的长期争论,对于理解中国对外关系的规律具有重要帮助。权力对于解释中国的战略行为当然具有首要意义,但权力不是决定和平与战争的关键因素。权力的增加可以使得中国更具包容性,也可以增强中国回击外敌侵略的能力。之前王元纲、江忆恩研究了有限时空条件下权力波动对中国战略行为的影响,但是他们的理论无法推导出广义上的结论。针对文化因素而言,笔者区分了儒家文化影响汉族王朝和游牧王朝的不同方式。游牧王朝的统治者迫切期待正统地位得到承认,但由于其他行为体对其文化承认需要一个过程,这制约了将工具理性转变成为工具性战略,而汉族王朝的对外政策则不存在这个困难。当然,笔者仅仅是做了一个尝试,也许所构建的理论的解释力仍然有限,但至少没有忽略权力和文化中任何一个因素,也没有将两个因素简单放在一起。

第二,本书试图运用关系理论解释古代中国的战略行为。与本质主义相反,关系主义拒绝承认行为体具有既定的身份和利益,拒绝探讨行为体自身的任何本质性质。只有在行为体的互动之中探讨战略才有意义,把一个行为体贴上和平性的、侵略性的、防御性的、进攻性的、现状性的、修正主义的标签是没有意义的,战略文化这个概念也过于简化。中国物质力量和文化力量的变化组合是复杂的,它与各周边行为体之间的关系形态则更为多样化。

第三,笔者试图用三个自变量建构一个简约清晰的模型,解释复杂多变的历史。三个自变量都是可以客观衡量的,模型里面无须考虑任何主观的因素。工具理性与情感理性是相容的,二者可以共存,但各自转化成为实际战略行为时则受到其他因素的影响。古代皇帝的个人性格、战略偏好与动机、官僚政治无须被纳入模型之中,这些因素不太重要。例如,隋朝和唐初的几位皇帝性格不同,曾经几次试图调整对高句丽的政策,但最终都没有太大变化。宋朝皇帝有进取的也有保守的,但是鉴于国力的限制,他们的政策其实是一贯的。

第四,上述发现有助于理解中国战略的独特性及其与其他国家之间的普遍特征。源于儒家文化传统的情感理性可能是古代中国战略的关键特征,儒家经过两千年发展出了一套完备的伦理论述。但从另一个角度来看,中国与其他国家之间的战略也存在相似的逻辑。美国倡导所谓自由民主的意识形态,鼓励其他国家效仿其政治制度和思想,这实际上就是将情感理性转变成为情感性战略,但美国人也经常将自由民主的意识形态作为实现其他战略目标的工具。区别在于儒家思想讲究"强恕"原则,即以身作则,不要求其他国家接受自己的价值观。

上述发现对于理解今天中国的对外关系也有重要的启示意义,并且可能有助于回答当下的中国应该做什么、如何做。首先,我们要清楚地知道今天中国的实力和文化定位。今天中国的物质实力有限,并非体系内最强大的霸权国家;西方国家依然在价值观和意识形态方面居于主导,中国的文化影响力和话语权有待提升。中国历史为我们提供的经验是多维度的,我们应该对不同时期的经验进行选择性的学习借鉴,知道哪些经验适合于今天的中国,哪些不适合。我们既不能否定研究中国古代历史的意义,也不应将其高估,而是通过社会科学的框架将复杂的历史转化成为适合于今天的经验。

其次,随着中国实力的崛起,中国未来会采取什么样的对外战略正在广受世界关注。根据文本对历史经验的总结,强大的中国并不意味着使用武力偏好的增强,但也绝不意味着在面对日益增强的外部威胁时毫无原则地忍让。将中国描述为和平主义和进攻性现实主义都是偏颇的,无法将历史中存在的大量反例进行自圆其说,因此削弱了这些观点的可信性。尽管如此,古代中国将包容性战略转化成为军事惩罚是遵守原则的,而非穷兵黩武。只要周边行为体不侵犯古代中国领土并且不威胁中国其他藩属国的安全,中国就会尽量采取克制温和的政策。很多时候中国并不要求它们一定"臣服"自己。①

再次,和古代一样,随着实力的增强,未来的中国一定会承担更多的国际责任,将儒家思想中的"仁民爱物""修己济世""躬自厚而薄责于人"等情感更加深刻地表现出来。"韬光养晦"是中国古人优秀传统的一方面,但是儒家思想还有更为崇高的品质,刻意回避承担国际责任不符合中国的道德传统。古代中国是一个多元一体的国家,农耕民族、游牧民族都曾经成为统治者,中国也曾经多次经历分裂到统一、弱小到强大的变化,但"兼善天下"的理想始终是不变的。尽管如此,情感理性转化成为情感性战略需要依赖国家的客观实力,因此中国未来依然要量力而行,对外援助的深度、广度要在国家实力允许的范围之内。②

最后,未来相当长的时间中国不会取代美国成为霸权国,但中国的优秀传统文化可以立即服务于中国的对外战略。中国应该继续努力弘扬优秀传统文化,以增强软实力,化解周边国家可能的误解和不安全感,减少中国崛起遭受的阻力。传统文化有助于将中国的国际秩序主张和诉求合法化,维护中国的利益。

---

① 有的台湾学者更清楚地了解这一点。台湾"国防大学"教授杨仕乐认为,我们最应该担心的并不是中国大陆的强大,而是它不够强大。杨仕乐:《中国是独特的吗? 从清朝的十次战争来看》,载吴玉山编:《中国再起:历史与国关的对话》,台北:台湾大学人文社会高等研究院、东亚儒学研究中心,2018年,第254页。

② 布赞有一个著名的观点,中国未来肯定会采取和平崛起的方式,区别在于冷的、温的、热的和平崛起。温的和平崛起类似于情感性战略。参见 Barry Buzan, "The Logic and Contradictions of 'Peaceful Rise/Development' as China's Grand Strategy," *The Chinese Journal of International Politics*, Vol. 7, No. 4, 2014, p. 381。

第六章
中国和美国:谁更讲"王道"?

　　国际政治中有公认的道德原则吗? 国家处理对外关系时应该讲道义吗? 讲道义是会有利于国家利益,还是会损害国家利益? 清华大学国际关系研究院院长阎学通教授2015年出版了《世界权力的转移:政治领导与战略竞争》一书,提出并详细论述了道义现实主义的概念。① 这本书的英文版《领导力与大国崛起》于2019年由普林斯顿大学出版社出版。② 他的著作是中国特色国际关系理论创新的重要成果,其观点在世界范围内产生广泛反响,吸引各国学者纷纷撰写评论,绝大多数人认同他的学术努力,尽管不一定完全赞同。③

　　不过,也有人表达了与之对立的观点。美国三一学院经济学系荣休教授文贯中先生④发表了一篇文章,用词极其严厉,将道义现实主义理论

---

① 阎学通:《世界权力的转移:政治领导与战略竞争》,北京:北京大学出版社,2015年。

② Yan Xuetong, *Leadership and the Rise of Great Powers*, Princeton: Princeton University Press, 2019.

③ 例如, Amitav Acharya, "From Heaven to Earth: 'Cultural Idealism' and 'Moral Realism' as Chinese Contributions to Global International Relations," *The Chinese Journal of International Politics*, Vol. 12, No. 4, 2019, pp. 467–494; William Hawley, "Supremacy First, Morality Later? China's Ascendancy from a Western IR Perspective," *The European Legacy*, Vol. 26, No. 3–4, 2021, pp. 417–423.

④ 文贯中,美国三一学院经济学系荣休教授、上海财经大学高等研究院特聘教授。他出生于上海,少年经历坎坷,后来赴美求学,成为知名经济学者。他的父亲是文强,曾经担任国民党军统局东北办事处处长,后升任陆军中将,淮海战役中被解放军俘获,送至北京功德林战犯管理所进行改造,1975年被特赦后担任全国政协委员,为促进祖国和平统一作出了贡献。

批判得体无完肤,一点不留情面。① 文贯中先生称,首先,西方国家对自己的仁政界定得非常清楚,而中国仁政的定义很不清楚,更多的是古代某些士大夫的空想,在今天的世界上难有市场,未经实践而且没有可行性。其次,他认为美国才是真正的"王道"国家,在历史的关键时刻,美国一直是站在正义方面的,美国坚持门户开放政策,在抗日战争中作出了决定性贡献,帮助中国成为联合国创始会员国和安理会常任理事国,并且在中国的改革开放过程中提供了重要帮助。再次,他批判阎学通教授鼓吹中美两国你争我夺、相互仇恨,主张中国应该效仿当年美国崛起时对英国的政策处理今天与美国的关系,不要将中美竞争视为零和游戏。例如,在凡尔赛会议上,英国不愿意接受美国解散殖民帝国的建议,但美国没有马上和英国翻脸,而是等到众望所归、水到渠成之时,成为新的霸主。最后,他建议中国应该帮助美国实现其理想中的合理部分,同时又对其不合理部分加以规劝并施加影响。他强调中国的仁政并不是要把美国的仁政彻底打垮,而是应该"和为贵",避免"斗争哲学"。

上述讨论涉及一个关键问题,中国和美国都有各自的道德体系,哪一个更为符合或者接近"王道"和"仁政"的要求?这是一个规范性问题和哲学问题,而不是实证性问题。中国和美国各自都有一套道德价值体系,并且已经通过一套严密的话语进行充分的论证。至于两种道德体系孰好孰坏,笔者不试图介入相关争论,因为即使在中国国内的舆论场上也呈现出极其对立的观点和立场,不可能完全说服彼此。阎教授所说的"王道"是一个普遍性概念,并非中国独有。真正的问题在于一个国家如何将自己的道德主张付诸实践才能取得最好效果,我们能否发现普遍性的规律。文贯中先生一直关心中国经济发展,为中美关系的友好发展作出过很多贡献,至今活跃在中美人文交流的前沿。

本章试图将关于道义或道德问题的争论变成一个实证性的问题,即

---

① 文贯中:《中国不应被阎学通所误导》,光传媒,2022年5月23日,https://ipkmedia.com/141683/。

不讨论、评价和比较道德内容本身,而是回答国家在什么条件下采取什么样的道义政策才会有利于国家利益。这涉及对国际关系理论各个流派的讨论,它们长期以来一直对道义的作用有很大争议,不同学派之间有截然不同甚至相反的道德观。检验道义对国际战略与对外事务成效的作用,是国际关系实证研究的难题。这是因为,道义或道德本身是抽象的,难以简约为变量。不夸张地说,每一位国际关系学者心中都有一个道德观,每个人都会以自己的道德叙事来还原国际关系事件发生的过程。虽然道义对国家利益的正向作用可能是一个常识,但是很多国际关系理论家却不以为然。同一道德体系中道德的哪些方面最重要,对立的道德体系中哪一种是正义的,以及是否存在普遍性道德,国家是否应对外从事道德布道,这些问题都会引起不同范式之间的争论,甚至不太可能得到公认的答案。

中国古代朝贡体系以及维持其稳定存在的道德体系,为我们理解国际关系提供了新的启示。中国与西方的道德价值体系在内容上截然不同,但在实质上可能有彼此相通的逻辑,我们可以获得超越世界上不同地域和不同价值观的普遍性理解。唐朝被认为是中国古代历史上物质文明和精神文明的鼎盛时代,它建立了一个开放而有序的东北亚国际体系。我们可以通过控制从初唐到盛唐的权力或物质实力的变化,检验道德因素在不同时期如何影响唐朝对外政策的成败得失。我们也可以以此理解国际关系中是否存在普遍性道德,以及国家是否应该对外布道。唐朝的案例对于今天中国处理与世界其他国家的关系有不可替代的启发作用。

一、国际关系理论关于道德作用的争论:文献回顾

关于国际关系中的道德问题,至少有三个层面的争议。第一个层面的争议完全是规范性的。例如,同一个道德体系中哪些方面的道德最重要,以及对立的道德体系中哪一种道德是正义的。这些问题不属于实证研究可以回答的领域。在国际关系中,主要的道德争议有,民族自决权在什么条件下具有合法性,一国在什么时候可以介入他国的内部事务,一国基于何种理由对别国进行经济制裁或使用武力才是正当的,宗教是否有

权干预国际政治,人权和主权孰轻孰重,以及国家是否有义务为阻止全球气候变化承担责任,等等。意识形态对立是道德争议的极端表现形式,但国际关系史上的意识形态对立并不罕见,如宗教改革之后天主教联盟与新教联盟之争,18世纪末19世纪初的"正统"与"革命"之争,以及20世纪垄断资本主义、法西斯主义和共产主义彼此之间的斗争。

第二个层面的争议在形式上是一个实证性的问题,即国家坚持某种道义是否会对其国家利益和对外战略成效有正向的作用。即使我们暂且不谈具体是哪种道义,由于道义或道德因素本身的抽象性和争议性,这样的问题依然很难以实证的方式给予回答。关于道德对国家利益和对外战略的有效性问题,也是国际关系理论不同学派长期争论的议题,大概可以划分为四种类型:第一类,理论家强调道德或其他观念因素对于国际关系的作用,尽管他们的理论可能以物质主义为本体或者是二元论者,但对物质因素的讨论并不多;第二类,理论家可能将物质因素作为主要自变量,不过依然承认或默认道德对于国家利益和对外战略的正向促进作用,同时也强调道德作用的有限性;第三类,出于构建科学理论框架的需要而完全将道德或观念因素抽象掉;第四类,则只强调硬实力,质疑或否认道德对于国家利益和对外战略的正向作用。

第三个层面的争议与上述第一、二、四类学者之间的分歧有一定关联,相关的问题是环环相扣的,包括:国际政治中是否存在普遍性道德,自由民主价值观是否是普遍性道德,自由民主普遍道德是否有利于国际和平,如果自由民主普遍道德有利于国际和平,那么主导国是否应该向其他国家输出这种价值观即"普世布道"。这些问题在形式上大多是规范性的,但很多学者热衷于以实证的方式为其价值观提供依据。不过,尽管相关的实证研究汗牛充栋,但仍然不能解决国际政治中与之相关的争议性问题。

(一)将道德作为理论的核心命题

很多西方国际关系思想和理论接受物质道德二元论,但关注的是道德的作用。格劳秀斯的思想被后来的学者称作理性主义传统,他主张用普遍性道德和法律准则来约束国家行为,以造就较高程度的国际秩序和尽可能实现国际正义。[①] 康德的自由共和主义强调,只有依赖于有道德的政治家,才能保证国家之间的政治秩序,仅仅凭借力量制衡或利益评估不可能维持国家之间的永久和平。国际法如果不是建立在基本道德抉择和道德判断之上,就始终有违约的可能性,终究是一纸空文。他主张用世界社会取代国家体系,因而被称作革命主义。[②] 托马斯·伍德罗·威尔逊(Thomas Woodrow Wilson)所倡导的道德理想主义虽然在第一次世界大战之后昙花一现,但它对国际政治产生了深远影响,第二次世界大战期间罗斯福的国际秩序主张和冷战之后美国的自由主义霸权都可以被认为是对威尔逊主义的继承。

早期的现实主义国际关系理论家是将道德而非权力置于论述的中心。基督教神学家莱茵霍尔德·尼布尔是推动国际关系理论从道德理想主义转向现实主义的奠基人物,但他不是极端的现实主义者,而是强调道德的重要性。他知道战争难以避免,但从不鼓吹战争。他主张道德绝对主义,但也批判道德理想主义,质疑道德对人性的改变作用。与格劳秀斯、康德、威尔逊不同,尼布尔反对道德普遍主义,也反对推广普遍性道德。他不断地提醒人们注意意识形态的虚伪之处,一切"历史规律"和历史进步论学说都值得怀疑,认为固执地推广西方的民主只会引起混乱。[③]

英国学派理论的发展被认为经历了两个历史阶段。冷战结束之前的多元主义,更多地继承了格劳秀斯的理性主义传统,既强调国家主权的重要性,也强调道德信念和道德价值的相对性,因而主张不干涉原则。冷战结束之后的英国学派理论更多地转向社会连带主义,宣扬普遍性道德和

---

① 详见[荷]格劳秀斯:《战争与和平法》,何勤华等译,上海:上海人民出版社,2005年。

② [德]康德:《论永久和平》,《康德著作全集》第8卷,李秋零译,北京:中国人民大学出版社,2010年,第383—384页。

③ 详见[美]尼布尔:《道德的人与不道德的社会》,蒋庆等译,贵阳:贵州人民出版社,2009年;[美]尼布尔:《人的本性与命运》(上、下),成穷等译,贵阳:贵州人民出版社,2006年。

干涉主义,体现了康德革命主义的特征。①在政治学领域,也一直有同样一组争论,即世界主义和社群主义两种规范理论对道德价值的争论,强者强调普遍主义,后者强调特殊主义。

(二)承认或默认道德对于国家利益的正向促进作用

第二类理论主要强调的是物质实力或权力,但它们并未否定道德的作用。马基雅维利似乎主张强权主义政治哲学,但是他绝非"劝人作恶",只不过道德应该从属于政治和依附于国家利益。

爱德华·卡尔(Edward Carr)是古典现实主义国际关系理论的代表人物。他强调道德是权力的产物,道德只能是相对的,没有普世道德。评价道德是非的"真正标准"是不可能的,或许只能被下一个历史阶段找到。②摩根索对权力与道德的关系做了最为深刻的论述。他强调:"必须依据具体的时间和地点,而不能用抽象和普遍的公式把普遍的道德原则应用于国家的行为。""把个人道德同国家道德混为一谈,将会制造民族灾难,因为国家领导人的首要职责是保证民族国家的生存。""不能把某一特定国家的道德与支配人类的道德法则混为一谈,因为所有国家都试图用全人类的道德原则掩盖他们的特殊的愿望和行动。"③基辛格更为形象地论述了权力与道德的关系。他虽然是现实主义者,但也认为权力应该具备一定的精神合法性。他并不反对美国扩展民主,但是不应该承担过度的道德使命。道德在一定范围内与国家利益成正比,但超过均衡点后就不再与国家利益成正比,反而会降低美国的地缘影响力和感召力。④

阎学通的道义现实主义也是二元理论。他是一个坚定的现实主义

---

① 详见[英]巴里·布赞:《英国学派理论导论》,颜震译,北京:世界知识出版社,2018年。

② [英]爱德华·卡尔:《20年危机(1919—1939):国际关系导论》,秦亚青译,北京:世界知识出版社,2005年,第20—70页。

③ 详见[美]汉斯·摩根索:《国家间政治:权力斗争与和平》,徐昕等译,北京:北京大学出版社,2006年。

④ 详见[美]亨利·基辛格:《大外交》(修订版),顾淑馨、林添贵译,海口:海南出版社,2012年。

者,但他比其他现实主义者更加强调道义对国家利益的促进作用。他的创新之处在于讨论中国崛起后应该为世界提供一种什么样的道义思想,而且只有中国以"王道"超越美国的"霸道"才能真正实现崛起。[①] 但是,在国际政治实践中,我们找到衡量"王道"与"霸道"的客观的、公认的标准,可能并非易事。西方的政客和学者一般不认为中国有能力提出比自由民主更高层次的道义体系。

(三)将道德因素从理论框架中抽象掉

结构现实主义、新自由制度主义、温和建构主义被认为是主流国际关系理论中的三大体系理论,它们的产生是美国政治学行为主义革命在其国际关系学分支中的表现。科学主义理论仅仅将客观实在作为研究对象,对其进行观察和检验。华尔兹的结构现实主义以大国之间的权力分配作为自变量,将任何无法进行客观观察和测量的观念因素抽象掉。罗伯特·基欧汉(Robert Keohane)的新自由制度主义将国际制度的普及性、制度化的程度视为可以观察和测量的客观因素,将自由主义意识形态及其普世布道从理论中抽象掉。建构主义者关注语言、规则、规范、认同、共有文化对于国际政治的影响,但它们的道德和价值观色彩非常淡化。尽管温特的建构主义具有明显的自由主义价值观特征,但他的理论是以规范和共有文化这样的客观性观念作为自变量,排除了对自由主义道德这样的主观性观念的讨论。建构主义受到了英国学派理论的影响,二者强调共有文化的作用,但建构主义更多地体现了美国科学主义理论的特征。

(四)质疑或否认道德因素在国际政治中的作用

霍布斯认为,所有的人类行为都是由自私自利的欲望所推动的,人是一种渴望权力、无休止地追求权力的动物,纯粹利他的或仁爱的行为和欲

---

① 详见阎学通:《大国领导力》,北京:中信出版社,2020年。

望根本就不存在。① 他的政治哲学长期以来被认为是非道德和反道德的,强调政治与道德的分离,他的自然法主张建立在人性恶和利己主义的假定的基础之上。不过,他也没有否定人类可能有一定的道德感和道德反思能力,在某些情况下可能会达成最低限度的道德共识。

米尔斯海默的进攻性现实主义基本上否认道德对于国家利益和国际政治结果的积极作用。物质实力是影响国家行为的唯一自变量,历史上扩张的对外政策往往会收获巨大的红利,而道德往往会使国家战略错失良机。霸权国推广自由主义理念将会消耗自身的国力,导致过度扩张和无休止的战争,以至于威胁本国国内的公民自由。②而崛起国无论多么讲道德都不会消除其他国家的恐惧。不过,米尔斯海默并不是鼓吹美国不讲自由主义道德,而是反对以自由主义道德作为维护美国霸权的支柱,警惕将自由主义作为普遍性道德推向海外对美国利益产生的灾难性影响。

西方国际关系理论对道德的讨论和争论已经是远远不够的。古代中国的哲学家对权力和道德重要性的争论以及道德具体内容的论述,要远远比西方哲学家和国际关系学者更为深刻。古代中国的对外关系就是将这些哲学所讨论的世界观与道德理想付诸实践,我们更有必要进行研究。

二、研究设计:一个不完美的初步尝试

国际关系理论中的各个学派对道德的作用一直有较明显的分歧,主要是因为道德的作用很难进行实证检验以得到答案。历史上不同国家所主张的道德价值观大相径庭,道德标准在不同的历史阶段也有极为明显的变化,不同学者也会以截然不同的道德观来叙述同一个历史事件。更为重要的是,道德在国际政治中的作用,难以与其他因素的作用分离开,最主要的就是物质力量的作用。例如,一方在战争中打败另一方既可能是因为强大的物质力量,也可能是因为强大的道德力量,当两个国家之间

---

① [英]霍布斯:《利维坦》,黎思复、黎廷弼译,北京:商务印书馆,1996年,第72、94页。
② [美]约翰·米尔斯海默:《大幻想:自由主义之梦与国际现实》,李泽译,刘丰校,上海:上海人民出版社,2019年。

缺乏公认的道德标准时我们就难以判断谁有更强大的道德力量。历史上并不容易找到物质力量稳定的情况下某一种普遍性道德发生变化影响国际政治的案例。又如,我们需要对比不同国家和地区的案例才能知道,主导国在拥有多少物质力量的情况下对外输出自己的道德价值观才会有利于自身的国家利益及国际秩序的稳定。

基于上述关切,我们在选择案例的时候要考量四个问题:第一,我们应该能够有效控制案例中的物质力量的变化,至少某个国家的物质力量在一定时期内呈现稳定的变化趋势,这样可以清楚地知道道德因素究竟起到了什么作用。第二,要被研究的国家或政权,它在某个时间范围内的意识形态政策和道德体系应该是比较一贯的,只是坚持其道德的程度有所不同。如果它前后采用了两种截然不同的道德体系,那么就不太容易进行实证研究。第三,某个区域体系在某个时间范围内应该有各国普遍接受的道德标准,否则道德就成了规范意义上的问题而不在实证研究能解决的范畴之内。第四,案例中的道德应该对今天的中国有一定启示意义,同时在此基础上获得的规律性认识应兼具对不同地区不同国家的普适性。基督教道德观虽然在西方世界被普遍接受,但它强调对外普世布道,甚至不惜发动十字军东征以消灭异教国家。今天的中国没有条件和意愿重复西方列强的以殖民和屠杀实现崛起的路径,而且今天中国与历史上的几个主要王朝建立之初的几十年很相似,并非国际体系内最强大的行为体,都是先发展经济、后发展军事,等到实现国富民强后再重建国际秩序。

如果从中国古代的历史经验中选择案例,那么我们应该选择统治时间较长的政权,而且这个政权的物质力量应该在相当长的时间内有稳定的变化规律。更重要的是,为检验道德的作用,所选时段内的统治者应该曾经调整过道德政策。符合这两个要求的时间段,一个是西汉,另一个是唐朝。西汉初年以黄老道家思想治国,对内"省苛事,薄赋敛,毋夺民时",对外"贵柔""守雌";汉武帝则调整指导思想,采取"外儒内法"路线,对内"霸王道杂之","德刑兼用",对外"图制匈奴"。两种意识形态衍生出了两种道德伦理,指导内外政策。唐朝的官方意识形态前后更加具有一贯性,唐朝是儒学的兴盛时期,道教被奉为国教,尊儒崇道的指导思想被皇帝和宰相遵守。唐朝对内强调儒家的"民惟邦本",也贯彻道家的"无为"思想,"镇以清静","薄赋敛,宽刑罚"。唐朝对外以儒家礼制思想为基础,对少数民族采取羁縻政策,与周边政权建立封贡关系,"抚九族以仁"①。而它对外坚持宽容、反对妄自尊大,则是继承了老子的"大邦者下流"思想;针对突厥采取"静以抚之","然后养威伺衅,一举可灭"②的策略则是受到了《道德经》"将欲取之,必固与之"的启发。唐朝的内外意识形态在武周时期遭到了破坏,对国家利益和外交战略造成影响,但这为我们检验假设提供了便利。经过权衡,我们倾向于选择道德政策前后较为一贯的唐朝作为案例。

在研究一个国家或政权的对外道德发生变化时,我们也应该关注其国内政治的变化。外交是内政的延续,历史上几乎所有的国家或政权对内对外意识形态和价值观体系一定是相互统一的。一个国家很难在对外事务中采用与国内政治意识形态体系相抵牾的另一套道德价值体系。③古代中国从汉朝开始,治国指导思想始终是稳定的,即为儒法合流。汉初、唐初、明初为了"休养生息"、恢复经济,均适度推崇道家思想。这决定了中国的对外道德价值体系基本上也是稳定的,即强调礼制、等级、怀柔、和谐,对周边强敌采取积极防御方针。唐朝时期对外政策的变化也是源于国内政治的动荡。

---

① 吴云、冀宇校注:《唐太宗全集校注》文告编·帝范·君体篇,天津:天津古籍出版社,2004年,第595—596页。

② [宋]司马光编著:《资治通鉴》卷第191,唐纪七,[元]胡三省音注,北京:中华书局,1956年,第6020页。

③ 例如,资本主义在初期阶段对内采取种族主义政策,对外进行殖民扩张;第二次世界大战之后摇身一变,对内鼓吹"政治正确",掩盖其阶级本质,对外则输出自由民主"普世价值",掩盖对其他国家金融剥削的本质。又如,法西斯国家对内专制独裁,对外肆意侵略扩张。社会主义国家对内消灭剥削阶级,主张各民族一律平等,毛泽东时期的中国对内对外奉行革命主义,改革开放之后的中国则努力改善与西方世界的关系,改革与开放是相互依存的。

三、实证分析——道德政策与唐朝的国际秩序

笔者选择从初唐到盛唐(618—765年)的东北亚国际秩序作为案例,主要是因为这一时期唐朝的物质实力一直在稳步上升。这样物质实力这个变量就得到了控制。如果这一时期唐朝的道德政策出现了变化,并且其国家利益和战略成果受到影响,那么道德因素的作用就得到了检验。而在物质实力不稳定的情况下,我们就无法检验道德的作用。

我们将这一时期分为三个阶段,唐高祖—唐太宗—唐高宗前期、唐高宗后期—武周时期,以及唐玄宗时期。唐朝的内政外交道德体系不是以某一个学说作为其基础,而是基于儒法道三种学说,它们共同服务于唐朝的内外两个等级秩序。但统治者也曾失德,给国家利益造成严重损失。

关于唐高祖—唐太宗—唐高宗前期的对外政策,我们在第四章、第五章已经进行了详细的讨论,这里不再赘述。唐朝初年在崛起过程中,通过联盟、分化等战略手段,坚持先礼后兵原则,成功应对来自突厥的威胁与战略包围。朝廷羁縻周边少数民族和政权,使其"以夷制夷",在西北、东北方向寻找和培植关键的"战略支点"。唐高宗时期,唐朝的疆域范围达到顶峰,涵盖中原与漠北草原。初唐对外恪守王道外交准则,主持国际正义,公正对待周边民族和政权,一视同仁地联合遵守礼治规范的国家,以惩罚违反礼治规范的国家,妥善安置被征服的民族。

(一)唐高宗后期—武周时期的内政外交失误

唐高宗晚年时,武则天掌握朝廷实权。武则天为了打压和整肃李唐宗室的政治势力,开始采取尊佛抑道的政策。早在唐朝时期,儒释道三教尚未合一,佛道之间为争夺意识形态的主动权彼此斗争。唐朝建立之初,朝廷将道教列为三教之首,佛教的几大主流教派影响受到打压,华严宗、天台宗以及法相宗的哲学理论遭到明显的制约。武周革命前后,将佛教作为意识形态工具,以此削弱李唐宗室的影响力和合法性。这一时期,佛教的社会地位得到空前提升,成为独立的思想系统,佛教与儒道分庭抗

礼,并且主动向道教挑战,与道教争夺意识形态的主导权。①武则天推动佛教政治化,僧人能够出任官职,参与政治,高于道教之上。儒家的传统思想也成了武周革命的障碍,儒家关于三从四德、男尊女卑的说教遭到武则天的冲击。武则天任用酷吏对付官员,那些敢于以儒家说教反对她当皇帝的大臣遭到无情诛杀。

不过,佛教政治化也带来了一些问题。佛教对现世生活中的问题并不能提供解决方案。历史上大多数统治者将佛教作为统治工具,一旦不符合统治需要即采取灭佛政策。而武则天对佛教的虔诚,对儒道的贬抑,使得国家的政治价值出现缺位,而且武则天推崇的《大云经》《华严经》不擅于为内政外事提供指导思想,这使得武则天未能继承唐太宗和唐高宗两朝处理与周边政权关系的经验。②她破坏了唐朝积累的德行和信用,给国家利益带来了很大损失。696年李尽忠反叛事件发生之后,唐朝北方的地缘战略遭遇重创,武则天积极反省过错,重新调整内外意识形态政策。697年,她调整崇佛抑道政策,转而采用佛道并举。③同一年结束了酷吏政治,分化和拉拢新儒学势力。④

1. 武后失信与突厥复国

唐太宗、唐高宗时期对突厥遗民的政策是比较成功的,妥善安置遗民,设立羁縻府州,保证了北疆半个世纪的稳定,但唐朝毕竟不可能让所有的突厥遗民都真心归顺。突厥内部一直有一些对唐朝不满的贵族,他们筹划伺机谋反,但由于唐朝的施加恩惠,这些人得不到突厥民众的支持。7世纪70年代末,漠北局势出现急剧变化。与唐太宗、唐高宗比较,武则天的对外政策有很多缺乏远见之处,国内政治斗争使得她的对外政

---

① 范玉凤:《从佛教文化视角看武则天的历史位阶》,《山西师大学报》(社会科学版),2005年第6期,第142—144页。

② 类似论述参见崔明德:《隋唐民族关系探索》,青岛:青岛海洋大学出版社,1994年,第258页。

③ 闫彩虹:《武则天与道教》,《新西部》(理论版),2016年第9期,第83—84页。

④ 韩宏韬:《唐代武则天科举改制的政治动因》,《南通大学学报》(社会科学版),2018年第1期,第95—100页。

策缺乏道德水准。她排斥李唐忠臣,处处反其政治观点而行之,因个人私利而耽误了国家大计。

679年,以阿史德温傅为首的部分突厥贵族举兵反叛,拥立阿史那伏念为可汗。唐朝派出名将裴行俭应敌,裴行俭使用离间之计,成功招安阿史那伏念为可汗并承诺保其免死,叛乱暂时平息。然而,在朝廷中,裴行俭长期以来不支持武则天弄权,因此武则天故意不听裴行俭的建议,最终将阿史那伏念斩首。武则天的失信政策引发了严重的后果。唐太宗当年宽容对待颉利可汗,使得原东突厥地区维持了半个世纪的稳定。而武则天杀死已经投降的阿史那伏念的做法,则激起了突厥出现更强的反叛动机。武则天认为事情不可收拾,遂急忙为阿史那伏念平反,但为时已晚。682年,东突厥颉利可汗的近亲阿史那骨笃禄反叛唐朝,并宣布重建突厥政权,史称后突厥。

683年,唐高宗病死,唐中宗即位,武则天开始正式执掌最高权力。武则天为了改朝换代,大肆屠杀镇守边疆的名将,导致唐朝国力被大大削弱。684年,武则天镇压了在扬州起兵造反的徐敬业,受徐敬业牵连,武则天又杀死了正在漠北抗击后突厥的程务挺等多位大将。五年之后,百济名将黑齿常之被酷吏迫害致死,从此漠北再无能征善战之将。武则天任命武氏亲族和宠臣、僧人率军出征,他们不仅不懂军事,而且掠夺作恶,导致唐军惨败且丧失民心。之后的数次战争中,唐军胜少败多。

比较而言,唐太宗、唐高宗时期,北疆草原地区一直处于朝廷的有效行政管辖之下,设置了单于都护府统治漠南地区,安北都护府统治漠北地区。武则天的政策失误,导致两都护府逐渐形同虚设。后突厥不断向南扩张,唐中宗即位后,北疆草原地区已基本上脱离了朝廷的有效管辖。为了抵御游牧民族,朝廷在北部地区设立节度使制度,最终导致了藩镇割据局面的产生。武则天政策造成的后遗症长期存在。

2. 契丹被逼反叛与粟末靺鞨建国

武周革命前后,朝廷一直面对着北方的不稳定局势。696年,另一政治事件使得武周的地缘政治形势急转直下。契丹人的两位首领李尽忠和

孙万荣,因遭到汉族将领的羞辱,挑起反对武周的叛乱。李尽忠领导叛军
在东硖石谷设计击溃了朝廷派来镇压的官军。这次反叛事件的爆发,本
来并非武则天本人的责任,但她应对叛乱的过程中道义尽失,一错再错,
从而酿成严重的政治后果。

首先,武则天任人唯亲,用人失察。她任命武懿宗为主将镇压叛乱,
但武懿宗畏敌如鼠,而又生性残暴,经常杀良冒功。[①]其次,武则天拒绝
采用剿抚并用的策略,经常对少数民族首领进行侮辱性和报复性的改名,
这是武则天的原创。例如,她将突厥首领默啜改名为斩啜,将李尽忠改名
为李尽灭,将孙万荣改名为孙万斩。但这种措施只能发泄情绪,对于解决
问题不能起到任何积极作用。最后,武则天不注重积累信义,过度拔高给
周边少数民族的首领的册封封号,但却又不及时兑现。这降低了册封的
有效性,降低了朝廷的威信,使得其他少数民族拒绝配合朝廷镇压叛乱。

契丹的叛乱虽然只持续不到一年,但是影响极为深远。第一,突厥默
啜可汗坐收渔利,趁机捞取政治利益,不仅进攻契丹,也对武周阳奉阴违。
默啜"拥兵四十万,据地万里,西北诸夷皆附之,甚有轻中国之心"[②]。第
二,这次叛乱还造成了另一个民族后来与李唐之间的矛盾。粟末靺鞨本
来臣属于高句丽,高句丽灭亡之后其贵族被迁徙到营州附近。粟末靺鞨
贵族总想寻找机会回到旧地。李尽忠、孙万荣攻陷营州后,粟末靺鞨贵族
首领逃回其故乡牡丹江流域。武周朝廷派遣追兵,但败还。698年,粟末
靺鞨首领大祚荣在今天的吉林敦化自立为"震国王",该政权即渤海国的
前身。第三,契丹叛乱和震国的建立,使得武周和唐朝在相当长的时间内
失去了对辽西地区的实际控制权,安东都护府名存实亡,直到唐玄宗时才
重新恢复运作。唐朝疆域实际上大大缩减。后来的渤海国究竟是独立王
国还是唐朝下属的地方政权,难免存在争议。

不过契丹叛乱事件可能也对武周朝廷产生了一定积极作用,促使武

①都兴智:《略论契丹李尽忠之乱》,《东北史地》,2008年第2期,第33—36页。
②[宋]司马光编著:《资治通鉴》卷第260,唐纪二十二,[元]胡三省音注,第6535页。

则天尚能够反思自己的过失。契丹叛乱发生一年之后,武则天完全结束了酷吏政治,任命狄仁杰为宰相。同一年,重新立李显为太子,武氏奸佞在政治上遭到打击。之后的八年里,武周政治呈现温和开明的气氛,北部边疆没有再出现危机。

(二)唐玄宗恢复对北方草原和东北疆域的政治影响

唐玄宗执政后,首先在政治上对武周进行拨乱反正,同时弥合唐中宗时期的政治分裂,消除政治动荡。开元年间,君明臣贤,内政安定。他采取了尊儒抑佛、大力扶植道教的政策,对道士的优待远超初唐时期,鼓励道士参政,授予其高级官职。他把《道德经》列为诸经之首,"用矫时弊",甚至地位高于儒家经典之上,这样做有明显的政治目的。① 相反,对于佛教,他在执政初期采取了严格限制和全方位打击的政策,颁布一系列禁令,纠正武则天时期的政策。不过,他并没有采取灭佛的政策。在执政后期,他调整了态度,提出儒佛道"三教合一"的政策,转而利用佛教服务于其统治。②

在对外政策上,唐玄宗努力恢复朝廷的战略信誉,在北方草原以突厥为战略支点,在东北方向以新罗为战略支点。总体而言,唐玄宗对武周对外政策的调整是比较成功的,但北方草原地区并未再次纳入唐朝的行政控制,朝廷对草原的影响力远不及初唐时期。在东北方向,朝廷大大拓展了疆域,超过了初唐;但安史之乱之后,唐朝国力衰落,实际统治疆域大大缩小。

四、理论贡献与政策启示

古代中国的崛起,与世界历史上的其他地区的国家的崛起,有不少相似之处。中央王朝的崛起的过程,其实就是有越来越多的周边民族和政

---

① 薛平拴:《论唐玄宗与道教》,《陕西师大学报》(哲学社会科学版),1993年第3期,第86—87页。

② 黄霞平:《论唐玄宗与佛教》,《船山学刊》,2010年第3期,第154—156页。

权与其建立等级制的藩属关系的过程。①历史上,不是每一个周边民族或政权都愿意与中央王朝建立藩属关系,并非自动的过程。中央王朝不可能回避使用武力,某些周边政权要在与中央王朝进行讨价还价和利益交换之后才愿意加入等级制秩序之中。②历史上,汉、唐、明、清四个典型的王朝在崛起时,周边政权都曾组建过不同程度的制衡性联盟。在这种情况下,中央王朝必须通过结盟的战略来进行反制。战争手段的成本是巨大的,而且成果是不显著的,中央王朝为了让更多的周边政权支持自己,它要首先为这些政权提供一定的安全保护,以树立良好的信誉。唐朝是一个典型的例子,它不仅建立了一个复杂的联盟,对周边少数民族进行有效管理或羁縻,而且在周边政权之间发生冲突的时候,它会尽量公平地调节它们之间的冲突。在击溃威胁之后,唐朝会尽力尝试妥善安排遗民。唐太宗、唐高宗时期虽然有较强的经济和军事实力,但他们仍然强调对周边民族的道德感化,最终确立了辽阔的疆域和较高程度的等级制国际体系。在中央王朝成功实现崛起之后,仍然要寻找"战略支点"以维持体系的稳定。只有坚持道德原则,才能保持周边国家对中央王朝的认同,维护其合法性权威。一旦道德原则遭到破坏,那么即使中央王朝有强大的实力,也难以避免周边政权和民族的离心离德,中央王朝会遭遇严重的政治损失。

　　唐朝的崛起也为我们提供了很多经验和教训,或许对今天的中国有所启示。第一,硬实力与软实力对于国家战略都非常重要。唐宋两朝都是文化繁荣的封建帝国,但宋朝硬实力很弱,因此无法保证国家利益。唐朝前期的经济和军事实力始终强大,但是一旦最高统治者在对外政策上

---

　　① 等级制并非古代中国或古代东亚的独有特征。邝云峰对中美两种"朝贡体系"进行了有趣的比较分析,指出美国要求其盟友承认其主导地位并且效仿其政治思想和形式,这与古代中国在朝贡体系本质上是相同的。Yuen Foong Khong, "The American Tributary System," *The Chinese Journal of International Politics*, Vol. 6, No. 1, 2003, p. 40. 有学者指出,衡量等级制程度的两个指标是主导国的实力优势地位及其合法性权威。刘若楠:《地区等级体系衰落的路径分析》,《世界经济与政治》,2014年第12期,第118—136页。

　　② 古代东亚并非总是等级制体系,很多时候并没有一个统一的、实力超过其他所有国家的"中心",有时中国是分裂的,有时是"弱中心",甚至中国之外还存在更强大的帝国。

不讲道德，也会给帝国带来巨大损失。唐朝的案例有效地检验了这个国际关系理论中长期争论的问题。古代中国人是讲实力的，儒法道思想都为国家积累物质实力提供策略，在研究古代中国对外关系时，必须首先讨论物质实力的重要性；但物质实力的增长并不意味着成功的崛起，成功的崛起在于获得了体系内更多的国家的追随和支持，实现从权力到权威的转化。中国古代的历史可以很好地支持物质和道德的二元论国际关系理论。

第二，中国自身的道德价值体系是复杂的，不是基于单独某个学说或学派。古代中国政权建立和维系的基础，实际上是依靠法家学说，只不过先秦以后的法家思想被隐藏在儒家学者的论述之中。法家强调统治过程中的强制力和权势，强调统治者应努力扩大和加强权势。"德法同治"才能维护帝国的强盛。发展经济实力、用战争消灭威胁是建立封贡或藩属的等级制关系的基础。但统治者还要建立一套意识形态以论证政权的合法律性和合道德性。儒家思想为中国的道德提供了强大的话语叙事并且以"礼"的形式体现出来，道家思想则在物质实力不足的情况下提供斗争智慧。唐朝时期，儒释道三足鼎立、此消彼长、相互融通，到北宋时"三教"合流。中国的道德体系不像西方那样用几个简单的口号可以概括，中国的道德首先要求"修己"，而不是用口号去改变别人。

第三，古代中国从来不会将自身的道德价值观强加给其他国家，从不搞普世布道。这是中国与某些西方国家之间的重要区别。我们既要从中国的经验中总结出某些具有普遍性的道理和规律，也要看到中国历史和中华价值体系的特殊性。从唐朝及之后历朝的历史可以看出，中央王朝对其他政权采取的各种政策，包括册封、征伐、妥协，目的都是以维护自身安全为最高原则。但中国从来不输出意识形态，不要求以其他国家接受自己的道德价值观作为保证自己安全的条件。儒家倡导"内圣外王"，"修己"以"安人"。朝鲜半岛、渤海国、日本都是主动学习中国的先进文化，而中国则尊重它们的自主选择，保持一种道德上的灵活性。现在中国的国际关系学界有一种观点，认为中国应该向世界提供一种比西方的自由、民主更高级的价值观,或者中国应该明确自己的"核心价值观"并在其他国家推广。但上述观点或许值得商榷,因为历史上的中国并未这么做。尊重其他国家的自主选择其实是政治共同体或命运共同体中的最高道德,也是我们最明智的政策。

第四,内政与外交是统一的,要想有成功的对外政策,一定先有良好的内部统治与治理。一个国家的对外道德体系一定要以内部的道德体系为基础,二者不可能相脱节。唐朝虽然被誉为古代中国封建社会的辉煌时代,但是内部经常出现政治动荡,这破坏了对外政策的连续性。初唐和盛唐的几次皇位继承过程中均发生了政变,导致国家不稳定。武则天发展经济是很成功的,但武周革命造成了当时内部思想的动荡,以至于对外政策失德失信,使得国家遭受损失。

第五,与本书第五章的讨论相一致,古代中国经常会根据自身实力大小调整道义政策。初唐和盛唐时期,中国有能力影响和塑造朝鲜半岛和东北亚的国际秩序,历史上实力相对弱小的时期中国则不会作出过度的道德承诺。我们不讨论和评价美国道德体系的内容本身,但今天的美国的确正在犯下一系列战略错误,例如将自由、民主作为普遍性道德盲目输出到全世界,在国力下降和不足的时候试图扮演道德急先锋的角色,以及大搞双重标准损害自己的信义。这些战略错误均导致美国国力被消耗,以至于国家呈现越来越明显的衰落迹象。冷战之后的美国只能算是一个霸道国家,完全不讲王道。

今天中国的崛起,与历史上任何国家的崛起过程,都有极其明显的不同。我们须坚持"以史为鉴",但要做到避免庸俗地借鉴历史,以从中国的历史经验中寻找一些具有普遍意义的规律。

第七章
中西世界秩序的宪制冲突:文明"遭遇"视角的分析

任何一种文明都不是孤立存在的,难免会与各种异质文明遭遇,使得自己进入一个更大的格局。这也就是一部分学者谈到的"遭遇论"的问题。历史上,中国与其他文明曾经有两次遭遇,彼此在遭遇中不断认识、相互塑造和改变。第一次是农耕文明遭遇游牧文明,第二次则是中华文明遭遇西方文明。第一次遭遇其实并没有涉及普遍性与特殊性的争论问题,因为农耕文明毫无疑问就是比游牧文明更加进步和优越的。当第二次遭遇发生的时候,中西两种世界秩序的冲突则显得更为激烈,中国认识西方经历了一个艰难曲折的过程,西方认识中国则似乎更为艰难。

中国不少国际关系学者、哲学学者以及一部分历史学者,一直在试图化解中西方两种世界秩序观碰撞中产生的分歧,提供学理论证。很多努力是难能可贵的,但是问题至今并没有解决。国际形势似乎正在朝向悲观的方向发展,这是很多人估计不足的,也是我们不愿意看到的。这或许是两个原因造成的。中西方两种世界秩序观的冲突,本质上是背后的两种宪制秩序的冲突。仅仅就事论事地从国际层面讨论问题,似乎是在隔靴搔痒。很多学术同仁一直在进行争论和辩论,但是往往局限在同一个圈子之中或者有相似价值观的群体之间。如果我们扩大争论和辩论的范围,每位学者直面回应并且不回避那些与自己价值观不同的学者创造和使用概念,或许最终可以形成某些重叠性的共识。这样做有利于我们摆脱理想主义,至少对解决当下面临的问题能提供有益的帮助。

一、"通三统"：从国内政治延伸到世界秩序

公羊学中有一个重要理论，叫"通三统"，即孔子说的"周监于二代，郁郁乎文哉！"[①]意思是周朝的礼仪继承了夏朝和商朝的传统，因此创造了丰富多彩的文明。政治哲学家甘阳先生借用这个理论，论述了当代中国的"通三统"：孔夫子的传统、毛泽东的传统和邓小平的传统，是同一个中国历史文明连续统。[②]当然，这只是他的一家之言，"三统"的内容是什么，自古以来有各种不同的解释。

如果我们假定一个国家的国内政治必然可以决定它的对外关系，那么中国这个历史文明共同体具有的高度的历史连续性，也会深刻影响它的对外关系。中国的世界秩序观取决于它的宪制基础，不讨论这个问题就可能使今天的国际关系研究陷入理想主义。我们也可以将其概括为三个"统"，即作为权力合法性来源的"统系"，作为国家结构和政治权力产生逻辑的中央集权"大一统"以及作为治理实践过程中形成的最高价值追求的国家统一。朝贡体系经常被用于描述古代中国主导的国际体系，天下体系或天下秩序等概念也广受热议。但如果没有上述三个"统"作为宪制基础，历史上的中国就不会是一个实力强大的国家，也就不可能长期存在这样一个我们今天熟悉的朝贡体系或天下秩序。

"统"反映的是国家在"时"和"空"中的唯一合法地位，即政治家用来论证政权在世代相继的历史序列中和现实政治格局中合理合法地位的理论，反映了政治家在时间上连续性的意识和政权在空间上展延性的意识。[③]中国历史上任何一个王朝建立后，其首要的意识形态任务是论述自己在一个连贯的"统系"中的合法性地位，继而为实现国家统一而努力。中国的政治权力继承，非常强调时间上的"统"，表现为新朝不否定旧朝。

---

①［汉］班固撰：《汉书补注·哀帝纪第十一》，［唐］颜师古注，王先谦补注，北京：商务印书馆，1959年，第341页。
②甘阳：《通三统》，北京：生活·读书·新知三联书店，2014年，第5页。
③王培华：《正统论与中国文明连续性》，《社会科学辑刊》，2002年第1期，第95—97页。

新朝即使推翻旧朝，也必须承认旧朝的"正统"，承担起存续"正统"的历史责任，否则新朝不具有合法性。时间之"统"是空间之"统"的前提，如果新朝否定旧朝，就会导致无理由继承前朝全部疆土，进而导致国家分裂的危机。宋、元、明、清以及1911年建立的中华民国事实上都继承了这种合法性论述的方式。

大一统原则及其基础之上的国家统一，使得"天下"成为真实存在的秩序。当大一统原则遭到破坏或者国家统一无法实现时，"天下"毫无疑问就会成为乌托邦。但这两个概念需要区分，儒家所说的大一统与疆土的统一两个概念大体上是不相关的。[①]只不过近代时期梁启超、顾颉刚、傅斯年、杨向奎等人将其重新诠释为"大统一"。大一统的原意指的是君王对道德的遵守以及天道对君王权力的约束，后来逐渐发展成为一个关于国家宪制结构的特有概念，即整个社会有一个至高无上的政治权威，地方政府的权威来自中央的授予。统一指的是政治权威在某个地域范围之内的唯一性。例如，历史上并不是每一个朝代都实现了国家的统一，但即使是分裂时期，每个政权一般也会采取大一统的宪制。尽管大一统并不一定保证国家统一，但是历史上只有采用大一统的王朝才能有效动员资源，最终实现统一。

国家统一是中华民族的最高价值追求，统一可以减少战争，促进人口的增长，提高生产力；但是超大规模国家治理难度较大，维持几百年之后最终难以避免走向衰败和分裂。分裂时期的民众渴望统一，这就为中国的再次统一奠定基础。不过，孔子和孟子其实都没有讨论过国家统一的问题，他们并没有意识到自己的理想只有在国家统一的前提下才有可能实现。荀子轻描淡写地谈论过："君者，国之隆也。隆一而治，二而乱。"[②]"权出一者强，权出二者弱。"[③]国家统一成为中国历史的主流其实是在中华民族几千年的治理实践中逐渐形成的意识。儒家学说一直是落后于政

①　姚中秋：《"大一统"理念辨析》，《学海》，2008年第6期，第30页。
②　梁启雄著：《荀子简释》第十四篇，《致士》，北京：中华书局，1983年，第187页。
③　梁启雄著：《荀子简释》第十五篇，《议兵》，第193页。

治实践的,只不过是在实践之后才提供理论上的补充。

上述三个相互联系、相互贯通的"统"构成了中国对外关系的宪制基础。我们今天讨论中国的对外关系,仅仅考察它与历史上的天下观是否有延续性其实是不够的,因为天下观或世界观仅仅是表现。更重要的是要领悟中国对外关系的宪制基础的延续性,这才是本质问题,否则我们不仅难以发现中西方文明遭遇过程中与客观事实发展情况相符合的规律,而且可能会因为无法准确把握现实世界的发展方向而感到苦恼,甚至产生强烈的挫折感。

二、第一次文明遭遇:"天下主义"是否曾经"断裂"?

第一次文明遭遇并没有触及对中国宪制传统的冲击,但是研究第二次文明遭遇的学者使用了与第一次遭遇有关的概念。关于天下体系、天下秩序以及天下主义观念是否贯穿于中国古代历史,以及它与民族主义的关系,学术界尚且有很多争论。赵汀阳的天下体系理论、许纪霖的新天下主义和刘擎的新世界主义是代表性的论述,但是中国学者也提出了一些与之相对的观点。

赵汀阳先生较早地从哲学角度对"天下"观念进行了系统的论述,并且在中外学界引发了较大的反响。"天下无外"原则先验地预设世界是一个整体政治存在,天下不是一个关于中国的特殊概念,而是一个关于世界的普遍概念。天下体系只有内部性而没有外部性,任何外部性都总能够被划为内部性,任何尚未加入天下体系的国家或地区都可以被"化"入天下的共同存在秩序。从天下去理解世界,就是以整个世界作为思考单位去分析问题,从而超越现代的民族国家思维方式。[1]天下观念意味着中国思想里不会产生西方那样界限清晰、斩钉截铁的民族主义。中国的民族主义是引进西方观念的现代产物,是建立了现代民族国家以来形成的

---

[1] 赵汀阳:《以天下重新定义政治概念:问题、条件和方法》,《世界经济与政治》,2015年第6期,第4—6页。

新传统。[①]

许纪霖教授的新天下主义希望激活中国古典传统的天下理念以超越狭隘的民族国家利益诉求,生成一种近乎天下一家的政治情怀。他宣称自己的理论建立在普世文明而非任何特定的文化之上,不仅试图超越中国古代那种中国中心主义的天下建构,而且超越长期由西方国家主导的不平等的民族国家间秩序。和赵汀阳相比,许纪霖更为明确地反对中国特殊论、国家主义、中西对立思维以及等级性。他认为,中国传统的天下主义在其精神上既是世界性的,也是等级性的,而新天下主义只保留了世界性的天下,抛弃了等级性的天下。[②]

刘擎教授试图通过对传统天下观念进行新的阐述,来构建一种和平公正的、求同存异的世界秩序。他试图继承天下观念中的开放与包容的要素,摒弃其中的华夏中心主义成分。他使用的是新世界主义这个术语,希望赋予天下观念以新的内涵,使之适应世界的新变化,实现天下理想在当代的复兴。他尤其强调,每个民族文化中都有普遍主义的世界想象,这是对一个世界的各自表述,它们可以通过对话相互影响和改变,而不只是在现存的自我理解和自我主张之间达成"重叠共识"。[③]

上述几位学者都认为中国古代确实存在这样一种具有包容性的、普遍意义的、超越特定族群的世界观,只不过近代或当代中国融入民族国家体系之后失去了这样的"无外"精神,因此他们希望中国人重拾这样的传统品质,但是也有一些学者并不赞同。葛兆光先生认为,历史上的中国人并不总是保持天下主义的世界观,某些时期中国的天下主义被民族主义掩盖。例如,宋朝时期出现了边界和敌国的意识,据此他认为中国近代的

---

① 赵汀阳:《"天下体系":帝国与世界制度》,《世界哲学》,2003年第5期,第9页。

② 许纪霖:《新天下主义与中国的内外秩序》,《知识分子论丛》,2015年第1期,第3—25页;许纪霖:《新天下主义:对民族主义与传统天下主义的双重超越》,《探索与争鸣》,2016年第5期,第62页。

③ 刘擎:《寻求共建的普遍性:从天下理想到新世界主义》,《知识分子论丛》,2015年第1期,第54—63页。

民族主义更多的是来自于中国自己的历史。①胡键老师则不认为上述"断裂"的发生时间是近代或者宋朝时期,而是认为发生于秦朝。他认为中国人真正的天下主义观念和天下体系仅仅存在于先秦时代,家天下的天下主义与大一统的天下主义有本质的区别。秦统一之后的"天下"已经变得封闭起来,事实上成为一种民族主义的工具,不再是一种世界意义的秩序。②

(一)被夸大的历史"断裂"

天下体系或者天下主义观念背后的宪制基础是大一统原则。大一统不是后人理解的"大统一",统一更多的是客观实践的结果,不一定取决于主观愿望。但大一统在中国历史上是一脉相承的,如果一个政权内部的权力都不统一,就不要奢谈这个政权有统一整个中国的能力。大一统的原意是尊崇一个"政教之始",也就是说尊崇一个最高的政治权威。西周和秦朝之后中国的基本宪制原则是一样的,地方权力都是来源于最高政治权威的授予。在西周,天子是"政教之始",天子分封诸侯使其权力获得合法性,天子有权力镇压诸侯的反叛行为。例如,周成王在位时,商纣王之子武庚发动叛乱,史称"三监之乱"。周公果断镇压叛乱,并封微子为宋国国君,管理殷商旧地。又如,西周末年,鲁国发生政变,周宣王出兵讨伐鲁国,重新确立鲁国国君。周天子通过命卿制度保证对诸侯国军队的直接控制。正如孔子所说,"天下有道,则礼乐征伐自天子出;天下无道,则礼乐征伐自诸侯出。"秦之前的大一统结构是基于宗法制和分封制而形成的,而秦的大一统结构则是基于官僚制和郡县制而形成的,两者的共同点是都实行中央集权。③秦始皇统一中国就是要恢复政出于一的大一统结构体系。

① 葛兆光:《宋代"中国"意识的凸显——关于近世民族主义思想的一个远源》,《文史哲》,2004年第1期,第5—12页。
② 胡键:《"天下"秩序:一种文化意象》,《学海》,2017年第4期,第195—203页。
③ 林尚立:《大一统与共和:中国现代政治的缘起》,《复旦政治学评论》,2016年第1期,第11页。

《诗经·小雅·北山》中提道:"普天之下,莫非王土,率土之滨,莫非王臣。"但是夏商周时期社会发展水平不高,最高统治者没有能力统治和管理自己名下的所有土地。正如有学者指出的,先秦时期社会生产力低下,交通不便,只能靠血缘和亲缘来对农耕社会进行简单、便利、有效的政治治理。夏商周的宪制都基于或源自对"家"的想象,"家天下"和宗法制是当时社会历史条件下成本较低且唯一现实可行的宪制架构。① 西周"褒封"先圣王、"存二王之后"的做法,不是因为西周统治者多么敦厚仁慈、道德高尚。只有通过对庞大的血缘组织加以整合利用,才能消除不稳定因素,起到"以藩屏周"的作用。② 西周时期以黄老之术为主导的治国思想和帝国统一时期以儒法学说为主导的治国思想并不是割裂的。黄老之术的"无为而治"适合的是中华文明诞生初期的客观历史条件,可以提高诸侯治理地方疆土的积极性。随着生产力和治国能力的发展进步,秦朝时期的统治者已经有能力直接管理"普天之下"和"率土之滨","国天下"可以比"家天下"更有效地保证大一统和动员全国性的资源,这种过渡成为历史的必然。汉朝建立初年,刘邦对郡县制能否维护大一统和政权的稳定仍有怀疑,"汉惩秦之孤立,于是大建庶孽而为诸侯"③。经过几十年的宪制论战之后,郡县制和儒法政体最终取代了分封制。

夏商周的"家天下"和秦朝之后的"国天下"是大一统宪制原则在不同时期的表现形式,但"国天下"比"家天下"更有利于实现和延续国家的统一,也是保证天下体系和朝贡体系得以绵延不断的首要原因。"天下"不是凭空产生的,它的存在和延续取决于中心力量的强大。只有当中国统一的时候,才可能造就万邦来朝的局面,中国越是强大,它与周边行为体之间的等级政治关系就越真实。只有当中国处于统一的状态,中国人才有底气说自己是最文明的群体,才有可能以一种自信的姿态"怀柔远人",才

---

① 苏力:《大国宪制:历史中国的制度构成》,北京:北京大学出版社,2018年,第80—81页。
② 晁天义:《"大一统"含义流变的历史阐释》,《陕西师范大学学报》(哲学社会科学版),2021年第3期,第51页。
③ [明]方孝孺:《深虑论》。

有能力对弱小的民族"厚往薄来"。当中国呈现分裂状态或者遭受外敌入侵时,形式上不会存在一个天下体系,周边政权不会来此朝贡或者不知道向谁朝贡,饱受战争之苦的民众也不可能有天下主义的世界观。如果近两千年的中国历史都是春秋战国时代的面貌,会有多少人始终抱有一种"无外"的心态去包容异国和异族呢? 换个角度说,正如第四章所论述的,历史上中国周边一些强大的部族和王国,它们最担心的就是中国的统一,因此它们经常会试图阻挠中国的每次统一和崛起。今天我们之所以还能够回忆和提及天下主义这个概念,首要原因是我们历史上多数时候是一个在大一统宪制原则基础之上的统一国家。

中国古代的确也有民族主义,例如在东晋、宋朝、明朝等并未实现"华夷一统"的时期,但是不应将民族主义的权重夸大。例如,已经有学者用大量的史料证明,宋朝时期的民族主义意识是由当时政治情势的特殊性而产生的,和前朝相比宋人的天下观、正统观和夷夏观并未发生实质性变化,其继承性远远大于突变性。以北宋石介的《中国论》和欧阳修的《正统论》作为论据,并不能证明北宋民族主义意识强烈的依据,因为这样类似观点的文献在春秋战国、三国两晋南北朝时期也存在,历史上凡是华夏与周边族群冲突较为激烈的时代都是如此,很容易找到大量的文字作为证据。[①] 如果我们讨论这些概念时不能结合历史的语境,那么就会犯典型的"以论带史"错误。

(二)天下主义和民族主义的辩证关系

中华民族自古以来既有夷夏一家的思想传统,也有夷夏之辨、夷夏大防的主张,包容性的天下主义和排他性的民族主义两种观念长期共存是客观存在的事实。赵汀阳和许纪霖将中国人的世界观说成是完美的,将西方说成是狭隘的,这种观点是见其一未见其二。秦朝统一之后,中国成

① 王灿:《北宋"正统""夷夏""中国"诸观念问题新探:以士大夫言论为中心》,《北京社会科学》,2018年第2期,第48—59页。

为一个"内含天下的国家",但我们所说的"天下"是广义上的,指与中国有交往的整个世界。①中国的疆域处于不断扩大的趋势,"天下"的范围也在不断扩大,外夷入侵中国是每一个朝代都会面临的问题。天下主义和民族主义是古代中国针对不同问题的解决方案的一体两面。一些问题只能用天下主义的方式来解决,另一些问题只能用民族主义的方式来解决。如果采用国际关系理论中最近比较流行的关系主义视角,这可能会更容易理解。中国具体在什么时候表现为天下主义和民族主义取决于中国和周边特定行为体之间的关系。

即使在今天中国的对外关系中,我们一点都不缺乏天下主义、国际主义和世界主义的理想。例如,中国政府在20世纪50年代提出的和平共处五项原则,70年代提出"一条线、一大片"战略,90年代提出建立国际政治经济新秩序的主张,21世纪初提出和谐世界的理念。面对领土争议,中国政府几十年来采取温和态度,并且从儒家和道家经典中寻找依据。中国为"一带一路"沿线国家提供高质量、可持续的基础设施,为最不发达国家免除债务,甚至无偿给予大量的外援,与古代中国"厚往薄来"的理念高度相似。"人类命运共同体"其实就是天下秩序的清晰再现。未来中国不仅会为周边国家提供经济公共产品,也可能会提供安全公共产品。

同样,民族主义也不是一个中国到了近代才有的概念,而是从古到今一直都有的概念。虽然形式有所变化,但是精神是相似的。在先秦时期,民族主义表现为夷夏之辨、夷夏大防。秦朝之后,民族主义在某些时期较为明显,表现为对恢复国家统一的渴望。在今天,民族主义表现为在中国国家主权和核心利益遭受外部侵犯时的坚决回击,是对西方国家不允许中国实现统一和自力更生的被动反应。这是一个防御性的概念,保留了中国古代民族主义的一部分特征,且与西方很多学者所界定的民族主义概念截然不同。刘擎教授认为天下主义既有好的一面,也有坏的一面。同理,狭隘自大的民族主义当然是应该摒弃的,中国历史上的民族主

---

① 李方:《试论唐朝的"中国"与"天下"》,《中国边疆史地研究》,2007年第2期,第16页。

义也有很多合理的成分,主张中国回到传统并不意味着要求中国放弃一切合理的民族主义诉求。

新天下主义和新世界主义主张的"不同文化之间的对话"并不能保证中西之间避免宪制冲突。暴力和冲突在过去和现在的国际关系中是客观存在的,并不是民族主义主观塑造的结果。相反,没有必要的民族主义,就没有中华民族的维系,统一也无法长存。试图用天下主义的方式来解决只能用民族主义方式才能解决的问题,这不仅与历史发展的脉络不符,对于今天来说也会显得具有理想主义色彩。例如,唐朝采取了最具开放性和包容性的对外政策,但不能自动化解高句丽、突厥、吐蕃等强敌环伺的局面。即使在强大的清朝,康熙和雍正皇帝为了抵御准噶尔汗国的进攻,也曾经一度下令修缮长城。面对沙俄、廓尔喀、浩罕汗国的入侵,以及准噶尔汗国、西藏分裂势力的叛乱,朝廷选择坚决回击和镇压。最近有学者指出,明清两朝的"自主限关"政策具有其合理性,它在一定程度上延缓了西方殖民主义者血腥东扩的步伐,但是这个政策在执行中有很多失误,没有改变西方殖民者觊觎中国的野心。①

总之,认为古代中国只有天下主义而没有民族主义,难免会陷入理想主义不能自拔;反之,认为古代中国只有民族主义而没有天下主义,这样的主张将会导致陷入虚无主义的陷阱。

三、第二次文明遭遇:打通中西方世界秩序观共识的困难

第一次文明遭遇已经成为历史,赵汀阳、许纪霖和刘擎试图解决中国在第二次文明遭遇中遇到的价值困境。西方有的学者指责赵汀阳的理论具有浓厚的中国中心主义和威权主义色彩,尽管赵汀阳反复表示这并非他的本意。许纪霖以批判国家主义、新左派和新儒家而著名,他反对民族主义和中国例外主义,呼吁中国人变得更加开放和包容,接受西方的自

---

① 中国历史研究院课题组:《明清时期"闭关锁国"问题新探》,《历史研究》,2022年第3期,第4—21页。

由、民主和法治等政治倡议。他说得非常直白:"任何一种文化自觉,不能建立在与世界主流文明对抗的立场,那是自取灭亡、自取其辱的错误选择。唯有积极融会到主流文明之中,不仅参与,而且改变,方能在世界主流文明之中,创造出一种真正具有正面价值的特殊模式。"[1]有很多学者试图打通中国传统的儒家思想与西方自由主义政治理念,但许纪霖的新天下主义和刘擎的新世界主义是并不多见的试图打通中西方之间的世界秩序观的哲学理论成果。

上述三位学者都是具有高度理想主义的,我相信很多人很早就看到了这一点。但是他们的观点一直在吸引学术同仁进行讨论,关键并不在于他们的逻辑是否严密以及主张能否实现,而是在于这种打通中西方世界秩序观的努力本身的确是可贵的。赵汀阳、许纪霖和刘擎是中国知识分子群体中对西方最抱有善意的学者,尽管他们的观点不能得到所有人的赞同,但是可以作为一个讨论的起点。的确,这个问题是很难解决的,但这是一个我们绕不开的、必须直面的问题。任剑涛教授曾经指出,新天下主义这种理想性的国家间秩序构想,与西方国家建构的理想化的"世界"秩序,并无实质性区别。[2]许纪霖试图用中国古代的概念打破中国的民族主义和国家主义叙事,这是他的一种论述策略。他的初衷是良好的,目的是让自己的观点获得更多中国人的认可。他希望调和中国的传统与当代西方主导的世界秩序之间的矛盾,双方在对话中彼此借鉴优点,解决今天人类世界面临的共同问题。

然而,许纪霖教授的理论构建并未取得预期的效果。外国人看到他们的理论论述之后,绝大多数人的反应是恐惧和担忧。他将天下作为一个理想的政治伦理秩序,似乎将中国看作是世界上唯一的普世文明和救世主,具有无可置疑的道德品质。为了让更多中国人接受其观点,他将天下主义和民族主义两个概念对立起来,并且多次贬低西方世界观。那么

---

[1] 许纪霖:《特殊的文化,还是新天下主义?》,《文化纵横》,2012年第2期,第21页。

[2] 任剑涛:《"天下":三重蕴含、语言载体与重建路径》,《文史哲》,2018年第1期,第13页。

这样做难免会给西方人留下这样一种印象,即他试图用中国的规范和规则取代西方的规范和规则。海外学者指出,虽然许纪霖本人是一个自由主义者,但天下主义毕竟是一个源于中国古代朝贡体系等级秩序的经验,西方人难免会因对朝贡体系的刻板印象而产生恐惧感。如果天下是一种普遍主义理想,那么这种向西方人提供中国方案的冲动可能会让他们认为中国试图同化他们。① 具有讽刺意味的是,尽管许纪霖的新天下主义旨在克服和取代民族主义,但它以中国中心论来批判西方,在第三世界国家的被压迫的民众看来,这等于用中国的民族主义来反对西方的民族主义,并不能证明中国能提供一种比西方更好的秩序。他创造这个理论的初衷并不是给西方或者第三世界国家的民众看的,而是要告诫中国人摒弃中国特殊论,但是他的整个理论建构却体现了鲜明的中国特殊论色彩,传播到海外一定会引起不太正面的反响。这种论述技巧和策略非常像当年的康有为借公羊学的三世说为维新变法制造理论基础。但结果是,反对清朝的人指责康有为的思想变得落后,清政府也不承认他是忠臣。

曾经有很多中国读者认为许纪霖的论证暗含一个显而易见的西方自由主义陷阱,只不过他用中国式的概念进行了包装。他对西方的态度显得非常矛盾,一方面将中国人胸怀变得狭隘的责任归咎于从欧洲引入民族主义,但另一方面认为今天西方的价值代表了普世价值,中国应该接受这种普世价值。新天下主义最为理想之处在于,它认为中国人只需要重启传统价值观就可以解决今天中西方之间的矛盾和分歧,但它忽视了中国传统价值观既有和西方相通的一面,也有难融的一面。中国古代的天下秩序观从来没有排斥民族主义的存在,而且民族主义并非完全没有合理性,二者在不同的条件下会共存或此消彼长。

最后,许纪霖的理论还存在某些逻辑问题。中国和西方对世界秩序理解的分歧,并不在于是否保留了等级性。因为今天美国主导的世界秩

---

① Sinan Chu, "Whither Chinese IR? The Sinocentric Subject and the Paradox of Tianxia-ism", *International Theory*, Vol. 14, No. 1, 2022, pp. 70–71.

序本身也是等级性的,尤其是美国的联盟体系本身具有高度的等级性特征。正如第二章所揭示的,国际政治的等级性不是中国独有的现象。有海外中国学者指出,即使我们接受许纪霖的还原论主张,即将所有问题都归咎于民族主义,但仍然不能推导出这些问题一定可以通过非民族主义的思维方式来解决。许纪霖没有回答新天下主义所提出的具体实践与现有的政治和制度安排有何不同,因此他的理论更像是一个戴着"天下"帽子的理想主义。①

四、两种世界秩序观背后的宪制冲突

今天我们可以清晰地看到,中国与西方(主要是美国)之间的冲突正在呈现加剧趋势,表面上看是双方对世界秩序的理解的分歧,但本质上其实是双方的宪制冲突。中国国内一些思想家试图打通两种世界秩序观,但被证明并非易事。真正解决中国在第二次文明遭遇中遇到的困难,取决于理论上能否打通朝贡体系与天下秩序背后的大一统和国家统一与西方自由主义这两种宪制秩序,但目前没有哲学学者和国际关系学者直面这个问题。

第一次文明遭遇并不触及对中国宪制传统的讨论,因为即使少数民族成为中原的统治者,他们依然会接受中原的宪制秩序。例如,魏晋南朝"得国不正",削弱大一统原则,使得国家内部权力分散、缺乏军事动员能力,每个王朝的统治时间非常短暂。而北方胡人汉化之后采取中央集权政策,最终实现了国家统一。本章提到的部分哲学学者试图借用与第一次文明遭遇有关的概念分析第二次文明遭遇,但是却回避中西方两种宪制秩序的分歧,因此他们的努力是徒劳的。

有学者认为,中国文明是"最外在于西方的",是和西方文明"最相异的"。② 至于双方究竟相异在何处,笔者简单地归纳为三点:中国和西方

---

① Sinan Chu, "Whither Chinese IR? The Sinocentric Subject and the Paradox of Tianxia-ism", p. 68.

② 甘阳:《通三统》,北京:生活·读书·新知三联书店,2014年,第14页。

国家政治权力产生的法理逻辑不同,对于商业要素流动的控制程度不同,以及两种文明内部世俗权威和宗教权威的关系不同。凡是试图消除双方价值观分歧的哲学学者,最终都绕不开上述三个问题,必须要回答哪一方是普世文明;哪个文明应该被融入另一个普世文明之中,以及谁应该同化谁的问题。许纪霖教授对此语焉不详,也可能是有难言之隐,他认为普世文明指的是中国与西方之间得以和平共处的公约数,是它们重叠共识的那部分。[①] 他一开始说天下主义是普世的,西方民族主义是狭隘的,但是之后又说中国应该接受西方提出的很多主张,融入普世文明。

资中筠先生有一句话非常犀利地揭示了中美两国宪制秩序的巨大差异:"美国这个国家本身是谈出来的,不是打出来的。"[②] 如果按照这种观点,那么中国古代的确找不到任何一个王朝是通过"谈"的方式建立起来的,即使有也是非常短命的。今天美国要求中国必须接受它的宪制逻辑,才能融入美国主导的国际社会。美国人在讨论中美关系时,首先关注的是中国内部的政治秩序而不是中国的对外行为,尤其是强调不允许中国大陆使用武力统一台湾,否则就是破坏了美国所说的"基于规则的秩序"。美国没有任何一个官员或者某个政府文件曾经说过或写过它"支持中国的统一",因为美国人认为中国的统一不符合他们对于国家权力逻辑的理解。按照西方的宪制逻辑,"中国在晚清瓦解以后如果分裂成很多国家,方才是符合逻辑的,就像当年的奥匈帝国和奥斯曼帝国一样。中国版图现在跟清朝几乎是一样的,这对于西方人来说很不可思议、很不正常"。[③] 虽然今天的世界秩序从"天下"变为"万国",中国已经成为威斯特伐利亚主权国际体系中的一员,但是中国自身在很多方面并没有发生变化,最明显的一点是中国仍然是一个中央集权的大一统国家。

西方很多精英未能准确预测过去几十年中国政治制度的发展方向。比如,很多人相信中国最终会完全接受西方的宪制秩序,甚至这种观点在

① 许纪霖:《特殊的文化,还是新天下主义?》,《文化纵横》,2012年第2期,第23页。
② 资中筠:《美国十讲》,桂林:广西师范大学出版社,2013年,第7页。
③ 甘阳:《通三统》,北京:生活·读书·新知三联书店,2014年,第20—21页。

西方的学术界和政策界几十年来一直是主流，但是这种秩序构想完全没有考虑到中国历史中三个"统"的巨大力量。当然，今天的中国并不是毫无保留地继承自己的文化传统和政治遗产，而是取其精华、去其糟粕。如果没有西方现代工业文明的催化，没有马克思主义思想的传入，中华文明也无法在近代以后重新焕发生机活力，从而走出一条中国式现代化发展的新道路。①

很多西方人只看到了中国人努力学习西方的一面，但是没有看到中国也有坚守自己的一面。"师夷长技以制夷"是中国很早的传统，但是中国永远不会变成"夷"。比较而言，中国人对于西方先进文明的借鉴和吸收的动力，要强于世界上其他文明。近代的中国人知道自己落后了，因此开始学习西方的好东西。清朝士大夫和知识分子开眼看世界，清政府搞洋务运动，都比包括日本在内的任何非西方国家要早。到了19世纪末，中国人已经进行了深度的思想启蒙，在此基础上1911年中国建立了亚洲历史上第一个共和国，几乎照搬了西方的宪法和政治制度，尽管后来发现水土不服以至于根本无法运行。中华人民共和国成立后，中国人学习西方先进科学技术的速度和效率是惊人的。中国人没有最先发明出来原子弹，但是却很快能学会制造和使用原子弹。中国人没有最先发明出来计算机，但是却可以用计算机做成很多别的创新。中国人最擅于融会贯通，把西方先进的东西和中国传统文化结合起来，实现国家的强大和民族的复兴。

五、本章小结

今天中国面临的国际环境已经发生变化，通过与西方"求同"以缓解战略压力的策略已经无法继续奏效。今天双方之间的"异"已经无法继续掩盖，我们应该调整叙述方式，不再无视分歧的存在，而是明确告诉对方

---

① 王立胜、晏扩明：《"儒家传统—共产主义"文明新形态：中国道路对人类文明新形态的现代探索》，《文化纵横》，2022年第3期，第84页。

应该如何处理分歧。笔者在此提出一个不太理想主义的理论的建构方向：分清楚中国民族主义中的合理成分与不合理成分，既扬弃天下主义，又扬弃民族主义。我们应客观公正地评价民族主义，而不是带有某种既定的感情色彩，同时要向西方国家明确什么是中国合理的民族主义诉求。只有在西方国家接受这些诉求的前提下，中国才会耐心地与西方进行跨文化的普遍主义的对话，践行新世界主义的理念，解决当今世界各国面临的共同问题。

对于中国的哲学学者来说，不应仅仅努力做到理论逻辑本身的自圆其说，更应该坚持实践是检验真理的唯一标准这个最高原则。各派学者应该直面回应并且不回避那些与自己价值观不同的学者创造和使用的概念，或许最终可以形成某些重叠性的共识。各说各话的方式无法调和彼此的分歧，不能让我们摆脱理想主义，也无法解决我们当下面临的困难。如果哲学家无法解决这些问题，那么就不应指责实践家没有突破。

第八章
超大规模国家的特殊性：真命题还是伪命题？

谈到中国的特殊性问题，规模是一个不应被忽视的分析维度。很多政治学者、经济学者和社会学者经常讨论和比较不同国家的治理模式，如韩国模式、新加坡模式，以及可能的中国模式；但是韩国、新加坡这样的国家和中国比起来都太小了。中国是世界人口第一大国，国土面积世界第三，接近整个欧洲。国家的规模不同，很可能会导致治理模式的不同。

按照柏拉图和亚里士多德的说法，城邦的规模不宜过大，须以万人为上限，否则难以培养人的政治性格。我们也可以联想到地球上的生物体，它们的体积都有一定限度，体型太大会导致供血系统不能提供足够的动力。超大规模国家治理起来肯定不如族群结构相对单一的民族国家的治理更为容易，这一点不难理解。如果仅以治理效率和民众个体的福祉作为考量，那么国家太大确实会产生很多问题。从简单的逻辑分析，超大规模国家的民众须至少向省和国家两级政府纳税，以保持其各自的有效运转，而绝大多数民族国家的规模大致相当于前者的一个省，因此民众只需要向一级政府纳税。在西方人看来，中国能够在最近两千年的多数时间保持统一状态，维持其超大规模，这是违反常识的、不可思议的。由此产生了各种关于中国特殊论的学理叙述。

黄仁宇先生最早提到了中国的治理规模问题，他认为中国官僚机构的技术手段的不足,使得庞大帝国的有效治理面临较多挑战与制约。①泮伟江认为,随着铁路系统、公路系统、电子通信系统在过去40年的迅速发展,中国的人口、地区性资源等生产力要素被更快、更好地连接起来,中国的体量规模的潜力才真正被释放出来。但与此同时,中国正在从一个超大规模社会转变成为一个超大规模的复杂社会、超大规模的风险社会。虽然中国的各种"规模优势"正在显现,但是同时各种不确定性也在增加,带来了大量的风险和挑战。②周雪光的观点更为直率。一个国家的规模越大,其管理规模也就越大,国家治理的负荷就会更重,困难会更多。虽然中国地大物博、人口众多,但是从国家治理角度来看,治理规模所导致的组织复杂性和沉重负荷是无法避免的挑战。民众在社会生活、政治诉求上的日益多元化,也会使得国家治理面临更多挑战。即使技术治理手段的进步也不能缓解治理规模带来的压力。③不过,从另一个角度来说,国家规模也会为治理提供确定性。在中国古代,北方出现自然灾害时,可以调运南方的粮食来赈灾,反之亦然。一方有难、八方支援,使得中国社会形成一个超稳定的系统,一般只有两三百年才会爆发一次大的社会动乱。

　　这里可能会涉及一些疑问,即如何界定大规模、超大规模? 世界上哪些国家算得上是超大规模国家? 规模大是否是这个国家引以为傲的理由? 李路曲教授认为,"中国是一个超大型国家,所以中国很独特"这个命题是不能成立的,因为国家规模这一量性差异方面的独特性不能等同于国家政治结构的特质和功能方面的独特性,"超大型国家"这个量性现象与中国"很独特"这一质性现象之间并没有直接的逻辑关系。甚至他指出,过度强调这种独特性将会导致极端化倾向和"种族中心主义"倾向。④关于这个问题的讨论,各方会见仁见智,但无论如何上面的论述暗

---

① 详见[美]黄仁宇:《万历十五年》,北京:生活·读书·新知三联书店,2006年。
② 泮伟江:《如何理解中国的超大规模性》,《读书》,2019年第5期,第3—11页。
③ 周雪光:《国家治理规模及其负荷成本的思考》,《吉林大学社会科学学报》,2013年第1期,第5—8页。
④ 李路曲:《关于比较政治学几个基本问题的认识》,《社会科学战线》,2020年第6期,第209页。

示了一个很多学者真正关心的问题,即什么样的国家结构和政治制度才适合超大规模国家的长期稳定存在,关于中国特殊性的争论也是针对这个问题的。

一、超大规模国家的讨论:国际政治视角的必要性

如果我们仅仅讨论国家内部的治理,那么确实很难说超大规模国家具有明显的特殊性。从治理成本考虑,小型国家或者族群结构相对单一的民族国家更有存在的合理性,因为它的治理成本更低,民众税负更低,民众的利益诉求不会很复杂,民众和政府之间的互动会较为容易,而且这也确实符合我们的直观经验。例如,欧洲绝大多数国家是小国,除了南欧以外,其他欧洲国家的社会治理水平普遍比美国这样的大国更高,但是这是否意味着大国没有存在的合理性,或者大国应该采取与小国一样的治理模式呢? 答案显然不是那么简单,因为我们还要考虑到国际政治的因素,尤其是国家间竞争的因素。

比较政治学的学科特点是擅于研究国家之间的共同性问题,不擅于研究特殊性问题,但是这并不意味着特殊性确实不存在。国际政治和国内政治是相互影响和相互塑造的,很多国内政治问题并不是孤立产生和存在的,而是受制于国家在国际体系中的地位以及它承受的来自体系层面的压力。研究国内政治的学者不应忽视来自国际政治的各种因素的约束,要避免仅从国家内部视角讨论如何保护民众的权利和促进福祉。例如,国际体系中实力最强的国家,即霸权国,有更多义务为其他国家提供各种形式的援助,而实力接近于霸权国的国家为了提高自己的影响力也会努力提供援助。这种行为会影响到它们的内部政治,甚至可能引发不同政治力量之间的争论。此外,规模大的国家,民众诉求的差异性会更大,因此可能会面临更大的分裂风险,这一定会影响其内部政治结构的特质和功能。

国际关系学者也应该避免将自己的研究领域与国内政治问题割裂开来。绝大多数西方主流国际关系理论家没有注意到国家规模对其政治结

构的影响,正如阎学通教授所说,"他们将蚂蚁和大象的内部结构看作是一样的"。举一个显而易见的例子,美国和梵蒂冈的国家政治结构不可能是一样的,我们不能不承认特殊性的确存在。很多研究国际政治的学者可能忽视了一个国家的国内政治制度对于国际竞争能力的决定性影响,超大规模国家必须采取与之适应的政治制度,才能使得规模的红利发挥出来。很遗憾的是,今天很多中国的国际关系学者总是喜欢从"术"的角度谈论中国的对外政策,很少意识到中国的政治制度以及内部治理才是真正的"道"。选择什么样的模式和发展道路,并且与时俱进地调整方向和路线,关乎我们的对外战略能否成功,甚至关乎能否最终实现崛起和复兴。

接下来,我们要讨论两个层次的问题,二者是相互关联的。第一,较大的规模有利于国家在国际竞争中保持优势,至少规模因素比科学技术、政治制度这样的因素更关键。第二,为了保持规模较大的国家的稳定延续,国家需要采取必要的中央集权政治制度。或者说,集权模式的大国在国际竞争中要比分权模式的大国处于更有利的地位,它不仅可以维系政治的稳定,而且可以弥补在科技方面的缺陷。

二、国家规模如何影响世界政治的发展进程

实际上,我们简单回顾一下近现代世界史,国家规模是导致各国崛起和兴衰的最重要的自变量。先发国家并不能总是保持科技上的优势,后发国家很容易学习模仿。特定的政治制度既非国家兴衰的充分条件,又非必要条件,历史上的崛起大国并不局限于某一种政治制度。英国的殖民扩张、美国的内战、大英帝国的瓦解、德国的两次统一与分裂,以及苏联的解体,这些重大事件均涉及各国规模的变化,它们深刻地影响着欧洲和世界格局的发展方向。

英国人之所以维持了两个世纪的世界霸主地位,主要靠的是整合领土、分裂对手。18世纪初,英格兰合并苏格兰。18世纪中叶,相继打败法国和荷兰。庞大的殖民地保证了英国国内政治的温和特征,因而没有发

生疾风骤雨式的革命。相反,英国1763年打败法国并剥夺其大片殖民地之后的20年,法国就爆发了大革命。到19世纪中叶,英国殖民地的总面积超过3000万平方千米,是清朝的两倍。有学者进行了统计,1840年英国的财政收入高达5200万英镑,按贸易汇率折合3.46亿两白银,这个数字是当时清政府的数倍。① 通过这些比较,就不难理解为什么英国的侵略军队可以在两次鸦片战争中轻易打败清朝,迫使其割让香港岛和九龙。

英国人的逻辑是实力逻辑,英国人治理世界的方法是分而治之。英国之所以能成为大国,就是因为它面对的欧洲是一个破碎性的板块。通过扶弱抑强,让欧洲内部无休止地内耗。它尤其擅于变换盟友、不计前嫌,为了维护自己的利益而表现得铁面无私。如不能制衡,那也要从大版图国家中分裂出小国来制造这种均势制衡。② 近代以来,西方很多先哲孜孜以求的一个梦想就是建立大规模的统一国家,启蒙运动以来无数思想家设想过统一的方案。很多政治领袖也都渴望一统欧罗巴,但是封建制传统之深厚和郡县制传统之缺乏使得这一梦想始终未能实现。③ 直到今天,欧洲一体化水平停滞不前,因此欧洲的国际影响力依然有限。

不过,很遗憾英国的超大规模并不是持久的,它没有在殖民地的民众中成功培养出一种对宗主国的绝对忠诚情怀。20世纪上半叶,它的殖民地和自治领纷纷独立,英国地位一落千丈。尤其是1947年它失去了印度这个最大的殖民地,日不落帝国最终瓦解。今天的英国并没有消除国家继续分裂的危机,英国前首相伊丽莎白·特拉斯(Elizabeth Truss)曾经对苏格兰和北爱尔兰的独立运动采取空前强硬的政策。

在中国历史上,国家规模也是决定历史整体发展方向的重要自变量。秦国之所以能统一中国,一个非常关键的地缘政治原因是强大的晋国的

① 徐焰:《从清GDP世界第一的讹传说起》,《环球时报》,2016年3月1日,https://opinion.huanqiu.com/article/9CaKrnJUcjt.

② 张文木:《论正在崛起的中国及其治理世界能力的预备》,《中央社会主义学院学报》,2017年第4期,第31—32页。

③ 范勇鹏:《统一性、联邦制与美国制度中的"封建性"因素》,《东方学刊》,2019年第4期,第3—4页。

分裂。清朝学者全祖望评春秋五霸时认为"齐一而晋四也"。假如晋国不分裂,那么秦朝的军队就很难东出函谷关,最有可能统一天下的应该是雄踞中原的晋国。在秦国开启统一战争之前的80年,即公元前316年,它已经成功将巴蜀之地整合进入秦国,获得大片肥沃的土地。秦国实际控制的土地已经接近当时六国的总和。此外,秦国通过商鞅变法削弱了贵族势力,确立了中央集权的政治体制,大大提升了对内治理与对外战争的能力和效率。

行为体维持较大的规模,需要有与之适应的宪制。姚中秋将中国古代解决超大规模共同体宪制的实践过程总结为三次转变:第一次是从尧舜禹禅让制向夏朝家天下的转变,使得统治范围不再局限于极其狭小的范围;第二次是殷周之变,周武王通过分封制扩大了统治范围和治理人口的数量;第三次是周秦之变,秦始皇确立了维持整个帝国政令统一的法度。[1] 即使在秦朝之后,中国历史上每一次实现统一的过程,其实都是一次比较彻底的社会革命。只有通过革命,才可以打破不合理的社会秩序、重建社会的公平正义。革命促进了民众的生产积极性,因此历史上每次中国实现统一之后,经济都会迅速发展,几十年之内人口可以增长数倍,农业和商业长期保持高度繁荣。

文扬先生曾经提出一个非常生动的概念,他认为中华民族是世界历史上独一无二的真正"广土巨族"。俄罗斯帝国是通过快速的军事扩张而形成的,没有经历过上千年的民族融合,只有广土,不是巨族,因此苏联解体之后很难再次统一和复原。奥斯曼帝国持续六百年,成为历史上最强大、最成功的伊斯兰帝国,但最终还是分崩离析。[2] 印度国内族群众多,至今没有实现整合,因此经济发展受到限制。美国虽然是世界人口第三大国家,但美国内部正在呈现内乱的趋势,原来的族群政策和治理模式无法继续奏效。

---

① 姚中秋:《超大规模国家的治理之道》,《读书》,2013年第5期,第62—63页。
② 文扬:《天下中华:广土巨族与定居文明》,北京:中华书局,2019年,第38—43页。

　　施展在《枢纽》一书中解释了为什么中国可以成为一个超大规模国家，而欧洲一直四分五裂。他认为主要原因在于地理因素基础上的财政结构差异。欧洲地理破碎、人口稀疏，而中国的中原地区辽阔平坦、农耕区连片、人口稠密。在欧洲，任何一个政权都很难低成本地获得足够规模的财政资源，从而对其他区域性政权获得压倒性优势，所以欧洲的大一统在瓦解之后就没有再恢复过。而在中国，中央政府征税的难度远远小于欧洲，统治的成本也低于欧洲，中央政府能够从中原地区低成本地调集资源，并且任何一个区域性的力量都不可能与之抗衡。①

　　到了近现代历史，虽然中国积贫积弱、科技和军事能力落后，但是中国至少有三次是凭借自身的超大规模挫败了外敌入侵的企图。第一次是19世纪末帝国主义列强试图通过在中国划分"势力范围"将中国瓜分，但是由于中国规模太大，它们只能在一部分重要城市强占租界与租借地，不能将整个中国彻底变为殖民地，中国因此幸免于亡国灭种。第二次是持续14年的抗日战争。日本人其实很清楚中国的规模和体量，不敢轻易发动全面侵华战争，因此试图通过蚕食的方式逐渐控制和占领中国。它先占据东北，然后在华北扶植伪政权策划"自治"，将中国肢解成几块土地，最后再发动全面侵华战争。白崇禧将毛泽东《论持久战》的核心思想总结为"积小胜为大胜，以空间换时间"。而毛泽东更在意的是，当时中国必须有一个最高权威，才能协调领导全局，从而将超大规模的空间优势发挥出来，这就是中国共产党为了民族大义选择与国民党进行合作的原因。第三次则是中国与美国之间的两次直接军事遭遇，即朝鲜战争和越南战争，我们分别称之为抗美援朝和抗美援越。中国将自己广大的国土作为亚洲各国抗击美国侵略扩张的大后方。

　　可能有人认为，中国基于规模优势所取得的成就并不足以称为奇迹。因为不仅中国的发展模式有奇迹，世界上其他国家也都有自己的奇迹，例如18世纪以来的英国、19世纪到20世纪的美国、20世纪中期以来的日本

---

　　① 施展：《枢纽》，桂林：广西师范大学出版社，2018年，第55—62页。

和德国、东亚"四小龙"、越南以及印度。不过,这样的观点经不住几个简单的质疑。上述国家各自的奇迹分别维持了多久?历史上哪个国家奇迹的存在时间可以与中国的历史一样久远?历史上哪个国家在奇迹破灭之后可以再次展示奇迹?即使在今天来看,哪个国家实力的上升速度可以与中国相比?因为目前世界上只有中国正在缩小与美国的经济和综合国力差距,其他国家与美国之间的经济和综合国力差距都在变得越来越大。

三、为什么超大规模国家只能采取中央集权的政治制度?

周雪光教授是中央集权治理模式的批判者。他认为,在中央集权的治理形式中,全国要服从中央,这意味着中央政府必须承担起来自全国范围的压力和问题,中央政府难以统筹兼顾应对各种始料未及的问题。而在分权结构中,特定领域中的责任和压力由各个层次的地方政府承担,责任和压力也会被分解到不同层次。[1] 不过,对于超大规模国家来说,如果没有中央集权,结果可能会更糟糕。这就好比一个演奏乐团的规模越庞大,对指挥家的能力的要求就越高;一个电影的拍摄演员越多,导演就应该被赋予越大的权力。回顾世界历史可以发现,凡是规模较大的帝国最终都会崩溃,中国历史上每一个王朝的存在时间是有限度的,今天的印度、美国这样规模比较大的国家也面临着分裂的危险。中国的特殊之处在于,分裂之后还可以再次统一起来,而历史上没有其他任何国家和文明可以做到这一点。此外,如果我们从国家间战略竞争的视角思考问题,中央集权就更为必要。

一个民族要想成为"广土巨族",必然经历帝国阶段,否则不可能在疆域和人口上有足够的规模。在帝国条件下,经过长期的文化统一,各个族群才能融合成为一个巨族。[2] 从逻辑上讲,超大规模国家的长期稳定存在,应该具备一个强大的中央集权政府、较为弱势的地方政府和贵族势

① 周雪光:《国家治理规模及其负荷成本的思考》,《吉林大学社会科学学报》,2013年第1期,第5—8页。
② 文扬:《天下中华:广土巨族与定居文明》,北京:中华书局,2019年,第40—41页。

力，以及扁平化的平民社会结构。陶希圣在《中国政治思想史》一书中将秦朝之后的中国历史分为王权时代、士族时代、王权再建时代。[1] 王权国家有足够的财政和军事能力铲除割据势力，它会很容易消灭那些王权力量较弱、贵族力量较强的政权，从而实现整个天下的统一。

秦国率先完成王权制改革，并且辅之以官僚制、郡县制，这种制度提供了强大的力量，因而统一了贵族力量很强的东方六国。当然，秦制并不稳定，对地方实际控制力很弱，因此二世即亡。直到汉武帝时期才探索出来一条实现长久稳定的政治模式，即儒法政体、君臣共治以及"大一统"之下的基层社会自治。东汉末年和三国时期，曹操和诸葛亮都想建立寒门庶族为主导的统治秩序，但是最后统一中国的晋朝却是一个纯粹的士族政权。这种皇帝弱、士族强、中央弱、地方强的体制在多个维度上都是极其不稳定的。结果是内部礼崩乐坏、分裂混乱，不能抵御北方外敌入侵，而且改朝换代频繁。最终，南北朝时期的北方政权实现了王权再建，确立了稳定的统治秩序并且统一了南方。宋代革除了唐朝末年以来的各种弊政，中央集权政治完全确立，此后中国就再也没有出现过分裂的状态，而且稳定的王权政治使得内部叛乱和政变几乎不再发生。大一统原则在多个层面得到了落实。民国初年，当时的中国政府也曾经搞过联邦制、议会制，与中国的集权传统背道而驰。但结果却是既不能保证人民群众的基本权利，也不能保证边疆的稳定和祖国的统一。中华人民共和国成立后，中国的宪制设计才回到了历史正轨，政治秩序恢复了稳定。

印度也是一个比较大的国家，我们可以把它和中国进行比较。印度在1947年独立后，尼赫鲁积极效仿苏联的计划经济模式，优先发展重工业与国营经济，并且制定和实施"五年计划"，但是直到今天，印度的工业和国防力量依然很弱。这主要是因为印度是通过非暴力方式脱离英国殖民统治的，没有通过社会革命消除种姓等级制度，各种利益集团的关系依然错综复杂。印度政府很难推动基础设施建设，更不能集中力量做成全

① 陶希圣：《中国政治思想史》，北京：中国大百科全书出版社，2011年。

国性的大事。正如张文木所说,英国人对印度殖民统治的结果是将印度从内到外、从物质到精神、从宗教到社会都碎化了。英国人给印度留下了一个没有希望的未来,英国要想将来重返印度洋,就不能让印度坐大。[①]

不过,最近印度出现了一个风格全新的领导人,就是现在的总理莫迪。莫迪不仅非常擅长于发展经济,而且自2014年上台之后,通过印度教民族主义意识形态对民众进行动员,努力再造印度国族身份认同。[②]他保持了强势的执政风格,使得印度经济发展迅速,国防力量大为增强。为了推动国家的整合,他甚至取消了印度宪法中给予印控克什米尔地区的"特殊地位"。正是这个原因,美国政府经常指责莫迪违反"人权",甚至有的美国人不断翻旧账,狠批莫迪在担任古吉拉特邦首席部长期间采取的民族政策。[③]但莫迪及其下属每次在面对指责时,都不甘示弱,并且强硬回击美国。不过,印度加速国内政治整合,对周边国家并非有利。最近几年印度军事实力明显提升之后,它在对外政策上越来越展示出咄咄逼人的态度。

我们接下来讨论美国,或许读者会觉得更有意思。美国的联邦制和分权制实际上保留了很多封建制的特征,今天已经成为美国政治制度的深层危机之一。[④]这非常像中国古代的那些王权较弱、贵族势力较强的政权。在这样的政权中,的确容易出现各种人才。正如葛剑雄所说,乱世和分裂时代更容易出英雄,呈现百家争鸣、学术繁荣的局面。[⑤]但是从行为体之间竞争的角度考虑问题,古代这样的政权几乎无一例外都在竞争中被淘汰。

---

① 张文木:《大国崛起的历史经验》,《东南亚南亚研究》,2018年第1期,第8—9页。

② 谢超:《论印度人民党的右翼民粹主义动员策略及效果》,《南亚研究》,2021年第4期,第110页。

③ Ria Chakrabarty, "It's Time to Condition Aid to India," *Foreign Policy*, August 15, 2022, https://foreignpolicy.com/2022/08/15/india-united-states-military-security-aid-human-rights-ndaa/.

④ 范勇鹏:《统一性、联邦制与美国制度中的"封建性"因素》,《东方学刊》,2019年第4期,第3页。

⑤ 葛剑雄:《统一与分裂:中国历史的启示》,北京:商务印书馆,2013年,第204—209页。

　　实际上,美国的政治制度并不具备普遍意义或普世意义。美国的民主政治体系是与它的国际环境和相对实力相适应的。一旦国际体系层面的因素出现了变化,美国的国内政治也会受到影响。美国的独立、建国和扩张过程非常与众不同。它的地理条件非常优越,南北是较弱的邻国,东西有两大洋作为保护带,在此基础上形成了一个高度分权的政治体系。相对安全的环境、辽阔的国土使得美国国内政治共识程度较高。在这种自然条件下,美国的宪法使得民主制突破了人口数量和地理距离约束,维持了较大规模,但联邦和州的权力关系问题一直没有解决。

　　19世纪60年代的内战其实是美国宪制弊端的一次总爆发。因为美国宪法第十条修正案明确规定联邦的权力是由州授予的。林肯上台后强调联邦不能分裂,主张联邦先于州,并且用战争来回应南方各州脱离联邦的努力。内战之后,美国南北双方仍然通过和解的方式消除分歧。1868年美国宪法第十四条修正案首次限制州权力,美国联邦政府权力大增,这是一个重要转折点,美国开始在世界范围内崛起。这就是法里德·扎卡利亚(Fareed Zakaria)的政府中心型现实主义研究的内容。

　　历史上,美国国内政治体制的演变,总是与国际结构的变化密切相关。第二次世界大战时期,为了更好地进行战争动员,美国的中央集权达到高潮。冷战时期,战争一直没有爆发,美国政府从未处于全面的战争动员状态。但越南战争期间,总统从国会那里拿走了很多权力。此外,美国为了与苏联争夺意识形态吸引力,默许了本国的民权运动。这种话语逐渐演变成为美国的"政治正确",促进更多移民的涌入,削弱了美国白人的政治影响力,为今天的政治极化和无休止的权力斗争埋下伏笔。今天的美国不是内战时期那种州与州之间的矛盾,而是种族矛盾、社区矛盾,美国政府能力不足、疲于应对。

　　然而,今天美国面临的来自国际体系和外部环境的压力,已经使得原来的政治制度的运行出现了麻烦。美国过去几十年可以通过美元的霸权地位和强大的金融资本对全世界发展中国家进行剥削,获得巨额财富来消弭国内的贫富差距和种族矛盾,从而维持美国民主制度的稳定。但金融危机后美国自身受到削弱,对国际秩序控制力逐渐下降。同时金砖国家等新兴经济体的崛起,美国认为自己处于一个"不公平"的国际贸易体系之中。美国控制国际财富的能力下降,国内财富变得有限,使得国内掩藏的各种分歧日益激化,政坛斗争不断。

在这个背景下,特朗普于2016年当选美国总统,之后他对中国发动贸易战,其真正目的就是要修改国际规则,使得它更符合美国的利益需要。贸易战的本质就是要改变国际财富的分配规则,让美国人获得更多的财富,以便缓和民众的不满,从而使得民主制度按照原来的方式继续运作下去。特朗普也对包括欧洲在内的多个国家发动了贸易战,他确实是以服务于美国人自己的利益为目的,但是事情并不是完全按照美国人和特朗普的意愿发展。中国也有强大的经济实力,对美国进行了有效的反击。为了对中国进行战略对抗,美国就需要强化总统的行政权力,以提高战略资源动员能力。这样做又会违反美国人倡导的各种传统价值观,侵犯到各类利益团体的利益,结果就是美国内部政治斗争更加激烈。[1]

从特朗普时期开始,美国宣布对中国开展遏制政策和所谓战略竞争,这反过来也在塑造美国内部的经济政策,国际体系层面的因素正在迫使美国内部出现变化。美国长期以来一直宣称尊重自由市场经济,美国是所有发达国家里面最不愿意采取"产业政策"的国家,并且认为它带有明显的共产主义和社会主义色彩,但是为了对中国采取科技遏制政策,美国两党开始支持政府采取产业政策,尤其是为半导体等关键行业的发展提供支持,以便保持相对于中国的竞争优势。即使是共和党也逐渐接受"大政府"的政策主张。[2] 又如,在特朗普对中国发动贸易战期间,美国很多

---

① 2018年,《纽约时报》曾经刊登一篇题为《美国是否太大而无法治理?》的有趣文章,认为在这个拥有超过3.25亿人口的极其复杂的社会,无论谁被选为总统,人们都有可能对立法和政府表现出永久的不满。Neil Gross, "Is the United States Too Big to Govern?" *The New York Times*, May 11, 2018, https://www.nytimes.com/2018/05/11/opinion/sunday/united-states-too-big.html.

② 莫雨:《应对中国竞争,美国开始拥抱产业政策?》,美国之音,2022年1月28日,https://www.voachinese.com/a/us-revival-of-industrial-policy-in-response-to-china-challenge-20220127/6415448.html.

人批评美国政府权力的扩张。

历史上美国从来没有认为自己面临过真正意义上的大国竞争。因为在美国人看来,一战之前的英国,二战时期的德国、日本以及冷战时期的苏联,这些国家从来不是它的竞争对手。美国的人口、资源以及创新能力相对于这些国家始终处于绝对优势,但是今天情况完全不同,这是美国人历史上第一次意识到正在和另一个国家进行一场长期竞争,而且他们感觉到正在面对一种前所未有的不确定性。美国宪法虽然在政治实践中通过增加修正案扩大了联邦政府的权力,但它依然没有解决当美国处于长期的大国竞争情况下联邦政府和总统的权限问题。

特朗普虽然担任四年总统,但是美国受制于分权制衡体系,他的很多政治目标没有实现,并且将其归咎于"深层国家"利益集团的阻挠。面对这个局势,最近一个新的政治思潮正在保守主义者之中兴起,叫作"欧尔班主义"。它与美国传统的价值观有很大差别,主张加强总统权力、严厉限制移民、改革司法体系。这种思潮的出现说明相当数量的盎格鲁—撒克逊血统的美国人的种族和宗教危机感正在增加,他们希望修改原来的政治制度,之前的多元民主价值观已经不再是共识。接下来的几年你会看到,美国政治的运作模式将会发生巨大的变化。美国只有建立一种更为集权的体制,才能使得庞大的合众国避免走向分裂。"欧尔班主义"是共和党右翼提出的一种设想,但并不意味着美国通向集权体制的道路只有这一种,未来也许会出现一个不那么具有法西斯主义的妥协版本。各种方案之间殊途同归,但在集权体制确立之前政治斗争会异常激烈,因为美国宪制的重大修正和调整将会影响很多人的既得利益。简单地说,体系层面的因素是火,美国内部的危机是柴。

世界上的超大规模国家,要想长期维持并存在下去,必须依赖中央集权这个统治方式,至少是一个必经阶段。它不是充分条件,但是一个必要条件。这个道理看似只适合于中国,但实际上它是普遍性的,适合于全世界很多非单一族群的国家。今天的印度和美国都在进行改变,这种改变的方向显然违反它们以前倡导的自由民主原则。与美国不同,中国自古以来就是一个备战体制。防御工事、战略资源、人口布局都由中央政府统一进行规划、分配与实施。即使在今天,这种具有两千年运作历史经验的体制仍不难应对各种形式的来自外部的政治和战略压力。虽然中国的创新能力依然落后于美国,但中国强大的国企力量可以通过规模优势有效地与美国进行竞争,并且可以以空间换时间学习世界上先进的科学技术。

四、本章小结

如何平衡统一与活力、国家安全与民众权利、中央政府与地方政府的关系,是政治学要探索的永恒命题。在大国竞争时代探索超大规模共同体的治理之道,维持持久的政治稳定与优良的治理秩序,国内政治学者和国际政治学者必须通力合作、取长补短、相互借鉴,才能为国为民提供有益的见解。根据中国历史经验可以简单地总结出超大规模国家维持持久稳定的两个基本途径:一是加强中央政府的权力与权威,二是增加国民的同质性并减少异质性。

有的学者假定世界各国同是"民族国家",彼此没有本质差异。但事实上,较大规模国家和较小规模国家内部的族群结构有很大不同,较大规模国家的国情又各不相同,这决定了每个国家应该采取适合自己的独特的治理方式。正所谓"彼之蜜糖,汝之砒霜"。美国今天的社会动荡和政治极化,主要是因为19世纪的内战并不彻底。林肯总统领导合众国的军队打败了南方分裂势力,维护了国家统一,但是内战之后南北双方通过相互妥协的方式解决问题,没有确立统一的认同与信仰,为今天的"身份政治"和族群对立持续加剧埋下伏笔。美国资本家为了攫取利润,竭力引进移民,因为外来劳动力相对廉价。而这些移民并不真正认同盎格鲁—撒克逊文化,并且深受白人歧视。这就导致了各种社会问题,不仅移民不满,本地的白人也不满。从根本上说,美国今天的一切社会问题的原因,在于政府的软弱,它既不能对民众进行政治教育,又无法抑制资本家的贪得无厌。虽然美国国内一部分政治力量开始反思过去的治国路线,但至今尚没有任何人能为解决美国面临的问题提供可行的方案。

中国应该总结和吸取苏联和美国两种族群模式的教训。苏联采取的"大拼盘"模式的族群政策毫无疑问是失败的。它给每一个公民都贴上一个低于国族的"民族"标签,使得民族(族群)意识高于国族意识,甚至宪法规定各加盟共和国有权自由退出苏联。这种制度安排最终导致苏联的解体,产生了不可挽回的后果。比较而言,美国采取的"大熔炉"模式的族群政策曾经是比较成功的,但今天情况已经发生了较大变化。美国内战之后,黑人奴隶制被废除,多元主义使得美国社会长期保持活力、开放性和吸引力,但是当多元主义成为美国资本家的剥削性的经济议程的一部分的时候,积极的多元主义就会转变成为消极的"身份政治",不仅导致下层阶级对收入现状的不满,也导致了本土族群对移民政策的不满。美国的种族隔离虽然在政治上是"不正确"的,但实际上在不同的社区中、在不同的工作单位中均存在明显的隔离和歧视现象。从更本质的层面来说,上述问题的原因在于美国资本的力量太强大,而政府的力量太弱。政府受制于资本的力量,没有能力调和各个族群和利益群体之间的分歧,既不能保证下层阶级的经济利益,也不能保证本土族群获得必要的工作机会。今天的美国正在面临着和当年苏联一样的危机,即主体族群占全体人口的比例很快将会下降到50%以下。

中国应该采取适合自己的族群模式,即在政治、经济、文化、社会等各方面促进国内各个族群交融一体,逐渐强化中华民族的国族认同和国民意识,淡化族群认同,推进中华民族一体化和繁荣发展。[①] 正如第六章所分析的,中国古代有非常成功的实现族群融合的政策经验,朝廷不仅强制主体民族支边援疆,而且欢迎少数族群来中原生活,鼓励不同族群之间通婚。朝廷一般不会允许某个族群长期固定生活在某个区域,除了元朝之外,从来不会给某个特定的族群贴标签或者人为强化其族群属性。中国政府可以借鉴古代的经验,让每一个族群都可以获得较强的社会流动性,

---

① 胡鞍钢、胡联合:《第二代民族政策:促进民族交融一体和繁荣一体》,《新疆师范大学学报》(哲学社会科学版),2011年第5期,第1页;马戎:《中国民族问题的历史与现状》,《云南民族大学学报》(哲学社会科学版),2011年第5期,第15—20页。

实现全面而自由的发展,从而不断铸牢中华民族共同体意识。当然,只有政府可以成为实现上述任务的主体,不应像美国那样过度相信资本和社会的自发力量。

　　一旦考虑规模因素,我们对世界制度史的看法便会发生颠覆性的转变。前人认为中国近代衰落之因,恰恰包含着今日发展奇迹之因;过去所认为的西方兴起的条件,恰恰在今天造成了普遍的政治危机。[①] 当然,本书并不是要论证美国的制度一定不比中国好,或者美国一定会在大国竞争中居于下风,而是说美国的传统价值观在多大程度上可以容忍维持这种大国竞争所需要的集权制度安排,以及美国从现行体制过渡到集权的过程中如何不发生大的内乱。也许美国未来可以找到实现制度创新的办法,但从根本上说,它应该设法缓和与中国、俄罗斯的关系,尊重其他国家的核心利益,这样就可以减少在战略竞争中的投入,从而将更多的资源用于改善国内民生,缓解内斗之苦。与庞大的中国对抗,必将给美国人民自己带来沉重负担,导致美国传统制度遭到重大改变。

---

　　① 范勇鹏:《统一性、联邦制与美国制度中的"封建性"因素》,《东方学刊》,2019年第4期,第3页。

第九章
世界政治中围绕普遍性和特殊性的斗争:现在与未来

当今世界政治的主线,其实就是围绕普遍性和特殊性的斗争。中国与美国及西方世界之间分歧的焦点,其实就在于谁有权定义普遍规则以及双方各自在多大程度上可以保留自己的特殊传统和利益。美国内部的政治斗争也是如此,一方认为继续维持普遍主义的"世界帝国"更符合美国的利益,另一方认为应该强调特殊主义,以重新界定美利坚民族的身份。今天我们熟悉的普遍性,其实是美国金融资本家定义的普遍性,他们赎买本国知识阶层进行理论包装,之后通过葛兰西路径传播到世界各国;但是这种普遍性极其不稳定,在美国内部以及全世界各个层面都隐藏着矛盾,美国自身在世界中的可能衰落以及金融资本家在美国政治中的衰落将会导致矛盾的爆发。

一、主流国际关系理论:从和谐范式到冲突范式的变化

过去相当长的时间里,主流国际关系理论的各个流派倾向于为未来的国际关系提供乐观的预测。现实主义国际关系理论或者主张两极稳定论,或者主张单极稳定论。还有人认为核武器使得大国之间的战争变得不可能。自由主义理论则认为国际制度、相互依存和民主制度三大因素有助于减少冲突、促进合作。建构主义理论认为,国际规范的扩散、共同的身份认同使得国际政治朝向积极的方向转变。不过,今天的世界似乎并没有朝着上述预期的方向发展。

权力转移理论是现实主义国际关系理论的一个重要分支,它认为介于两极格局和单极格局之间的大国权力转移是最为不稳定的状态。格雷厄姆·艾利森(Graham Allison)将这个现象称为"修昔底德陷阱",认为在过去1500年的世界历史中一共发生过16次权力转移,其中只有4次没有发生大规模的战争。[①]艾利森是一位对中国非常友好的学者,他后来又专门研究了中国历史,认为自己发现了一个很好的大国合作竞争的案例,即宋辽"澶渊之盟"后保持了一百年的和平。[②]但是,他没有注意到的是,宋辽双方打了25年的大规模战争才换来了和平,而且和平并没有一直维持下去,宋朝并没有一直遵守盟约,最后依然决定进攻辽。世界历史上,还有几个例子很典型,19世纪的英国和法国是当时世界上最强大的两个殖民国家,但它们基本上没有发生战争;20世纪英美权力转移过程完全是和平的;20世纪80年代,美日这两个经济实力最强的国家之间发生的矛盾从来没有迹象升级为军事冲突。但上述案例对今天的中美关系难有启示,读者很容易解答其原因。

自由主义理论对美国实际政策行为的影响力远超现实主义,美国从19世纪中叶与中国开始往来之后,其对华政策一直是以自由主义为基础的。自由主义国际关系理论内部有很多派别,但都是以最终实现对全世界的经济和价值体系改造为目的。有一个观点一针见血,美国将中国看作其迈向世界帝国的垫脚石,中国之于美国犹如印度之于英国。只有让中国这个规模庞大的行为体成为美国的附庸,美国才可以实现对世界经济的掌控。[③]美国人认为自己的价值观是绝对普遍性的,不承认其他民族有任何特殊性。美国长期以来假定中国可以被改造成为一个基督教国

---

① 详见[美]格雷厄姆·艾利森:《注定一战:中美能避免修昔底德陷阱吗?》,陈定定、傅强译,上海:上海人民出版社,2019年。

② [美]格雷厄姆·艾利森、王辉耀:《超越"修昔底德陷阱"? 从"澶渊之盟"到共商气候变化》,观察者网,2021年4月12日,https://www.guancha.cn/GrahamAlison/2021_04_12_587062_s.shtml.

③ 强世功:《中美"关键十年":"新罗马帝国"与"新的伟大斗争"》,《东方学刊》,2020年第3期,第1—22页。

家,它对中国的一切友好政策都是希望中国放弃自己的特殊性。美国过去40年对中国采取"接触"战略,其背后的理论假定是中国最终会自发地全盘接受美国的价值观和政治制度。然而,今天美国精英普遍对中国感到失望,他们认为美国在1949年第一次"失去"了中国,今天再次"失去"了中国。美国的自由主义者没有准确预测世界的发展趋势,美国通过控制中国来影响世界的初衷并未实现,反而中国正在成为一个实力强大的、生机勃勃的、独立自主的国家,因此美国人将其称为"威胁",并且开始对中国进行遏制。

冷战结束以后,美式资本主义在全球占据主导地位,马克思主义范式不再被认为是主流国际关系理论中的一支。在西方国家和中国的国际关系学科培养体系中,与之相关的课程很少被讲授。但是2008年全球金融危机爆发之后,马克思主义思想和理论逐渐在书店、媒体、课堂、学术期刊上恢复了生命力。在马克思主义的视野中,过去几十年美国和西方的经济发展很大程度上依赖于中国崛起期间中国人所作出的牺牲。西方国家将劳动剥削外包给中国的农民工,将环境污染外包给所有第三世界国家,从而一方面保证利润率不会下降,另一方面维持西方国家国内的所谓"劳工标准"、减少阶级矛盾。[1]但是这种状况不可能长期维持下去,因为中国要逐渐改善国内民生、保护劳动者权益、治理环境污染,同时中国也要努力提升在国际分工和世界市场中的地位,摆脱在全球生产链中的依附式发展模式。[2]此外,利用美元霸权和金融资本的优势,美国可以在本土不生产太多产品的情况下,通过在岸和离岸的方式从信贷中赚取高额利润,但是金融危机大大削弱了华尔街的力量。美国发动贸易战的本质并不是要孤立于世界,而是要重新确立贸易规则,继续剥削其他国家。

最为本质的角度,则是中国和西方国家之间的宪制冲突。几乎所有

---

[1] Alex Lo, "China to America: No Way to Treat the Guy Who Saved Your Life," *South China Morning Post*, Dec 21, 2021, https://www.scmp.com/comment/opinion/article/3160584/china-america-no-way-treat-guy-who-saved-your-life.

[2] 陈子烨、李滨:《中国摆脱依附式发展与中美贸易冲突根源》,《世界经济与政治》,2020年第3期,第21—43页。

的国际关系理论都没有谈到这个问题,但是它最能清楚地揭示当今世界政治的矛盾。中国的宪制是大一统秩序,地方政府是中央政府的派出机构。在古代中国的农耕社会中,民主从来不是一个现实和可能的宪制选项,从一开始就注定无法操作。① 古希腊以城邦为单位,人们彼此熟悉,有相似的利益诉求,而且大量奴隶的劳动保证了公民有足够的时间参政。而中国不仅地域广大,东中西部差异明显,而且各地的方言都不同,只有官员可以用官话来沟通。表面上看,中国似乎是特殊的,但是对于所有的超大规模国家而言,这个规律是具有普遍性的。在罗马帝国时期,民主制和贵族制就难以维系了,只能采用君主制。美国之所以能搞选举,是因为全国都是广大的平原,资源分布均匀而且之前从未开发,极少数人可能就是喜欢生活在落基山脉或者内华达的沙漠中。试想如果当年不是乾隆皇帝下令屯垦戍边,新中国在全国各省成立生产建设兵团,会有多少老百姓主动愿意去偏远地区过着艰苦的生活? 今天中国和西方世界之间的一切分歧,都可以源于这种宪制冲突,如香港问题、台湾问题、国企补贴问题、人权问题等等。过去我们可以通过共同的经济利益缓解分歧,但这种深层次的价值矛盾是无法消除的。

二、生态位构建理论与中美"求同存异"的困难

中美建交之后,尤其是冷战结束之后,中美关系可以用"求同存异"一词描述。之所以能"求同",是因为双方有很多共同利益;之所以要求"存异",是因为中国希望保留自己的特殊性。美国是一个特殊的霸权国,它并没有像历史上大多数霸权国那样,通过建立殖民地、持续诉诸暴力来维护其霸权地位。美国擅于采用复杂、精巧、隐蔽的"和平演变""接触诱导"方式,以低成本的方式维护其"世界帝国"体系。② 这个"世界帝国"以普遍性为旗帜,但实际上服务的是美国自己的特殊利益。不过,从21世纪

---

① 苏力:《大国宪制:历史中国的制度构成》,北京:北京大学出版社,2018年,第448页。
② 强世功:《中美"关键十年":"新罗马帝国"与"新的伟大斗争"》,《东方学刊》,2020年第3期,第1—22页。

初开始,美国对外发动的两场战争加速了自身衰落,增加了社会矛盾与政治极化。美国已经无法继续以原来的相对温和的手段来维持霸权体系。2018年,特朗普对中国等很多国家发动贸易战,标志着美国正在试图颠覆第二次世界大战之后它自己创立的国际经济体系。在这个背景下,中美"求同"正在面临较大困难。

"存异"实际上也非常难。中国为了维护自身的安全、稳定,必须坚决捍卫自己的核心利益,而美国越来越不允许中国这么做。早在2012年,中国就提出过"以相互尊重、互利共赢的合作伙伴关系为基础的新型大国关系"这个说法,用以描述中美关系。但是美国人一直拒绝接受使用这个说法,理由是他们认为中国没有澄清什么叫作"相互尊重"。更直率地说,美国做不到尊重中国界定的核心利益。据说,曾经有一位美国外交官对"求同存异"这个说法表示不满,他声称中国应该去解决"异",而不是把"异"存起来。还有另外一个相似的词,叫作"和而不同"。中国的儒家思想提倡"恕道",或者"己所不欲,勿施于人";但是美国是基督教文化,讲究传教,要求对方接受它的价值,也就是"同才能和"。

那么,为什么美国拒绝尊重中国的特殊性呢? 约翰·欧文(John M. Owen)通过生态位构建理论(Niche Construction Theory)给出了解释。[1] 在自然界中,生命体不仅接受自然的选择,同时也会对周围的生态环境进行主动改造,以改变自身的选择压力。例如,蜘蛛结网改造了环境,为自然选择创造了新的机会。牙齿大的海狸擅于建造水坝,水坝可以为海狸提供繁殖优势,长此以往,牙齿小的海狸就会消失。同理,国家也可以看作是生命体。美国从第二次世界大战中吸取的教训是,自己不可能成为一座安全孤岛。二战之后,美国建立自由主义国际秩序,通过马歇尔计划援助欧洲国家,并且扶植日本经济。表面上看,美国这样做的目的是促进民主价值观推广、建立多边联盟,它似乎是要建立一个普遍性的自由主义乌

---

[1] John M. Owen, "Two Emerging International Orders? China and the United States," *International Affairs*, Vol. 97, No. 5, 2021, pp. 1415–1431.

托邦。实际上,美国的目的没有那么高尚,它就是为了维护自己的安全。欧洲、日本虽然距离美国遥远,但是关系到美国的切身利益,只有和美国政治制度一样的国家越多,它才会感到越安全。

虽然美国是一个以两党制为特征的所谓自由民主国家,但是它的内部总是存在各种反对力量,如左翼和右翼的社会运动。美国担心其他国家的社会运动对美国形成示范效应,因此总是积极介入其他国家的内政。美国对欧洲和日本的援助不是出于利他主义,而是利己主义,是要努力确保本国资本家希望看到的和平。正如杜鲁门所说:"和平、自由和世界贸易三者密不可分。"类似地,克林顿也将安全、繁荣和民主三者联系在一起。实际上,美国的对外政策并不是无条件地推广所谓自由民主,而是服务于它自己的利益。如果某个国家在民主选举条件下左翼政党可能会上台执政,那么美国就会联合这个国家的右翼独裁者推翻左翼的民选政府。但如果右翼过于强大,美国也会与这些国家的中左翼政党讨价还价,甚至共产党也会成为美国拉拢的对象,例如二战初期的欧洲。此外,美国也擅于使用软实力来改变其他国家的制度,约瑟夫·奈(Joseph S. Nye, Jr.)说得很清楚,软实力指的是用文化和价值观来影响、同化和塑造其他国家的能力,软实力的目的是改变其他国家的选择使之服务于美国的利益。[1] 美国出钱邀请其他国家的知识精英去美国学习,也是为了让这些人将来回国后可以影响本国的政治发展。

但是今天,情况又发生了变化。在对华"接触"时代,美国希望改造中国的政治制度,通过驾驭一个全面自由化的中国,实现对世界经济秩序的牢固掌控,巩固美国的霸权地位。与美国人的预期相反,中国的宪制传统为中国的政治结构提供了一个非常坚硬的外壳,美国资本势力无法征服中国,美国对华"接触"不仅无法改变中国,反而会让中国的相对实力不断增长。相反,美国内部的政治结构正在变得脆弱。金融危机之后美国的

---

① Joseph S. Nye, Jr., *Soft Power: The Means to Success in World Politics*, New York: Public Affairs, 2004, p. 11.

民粹主义力量上升，主流建制派愈加认为美国的民主正在面临被颠覆的危险。美国担心其他国家的政治制度变化会影响到美国，对此感到更为敏感。此外，华尔街在美国政坛的影响力开始衰落①，而且美国的经济能力大大下降，它不能再像以前那样干预他国内政和发动战争。在此背景下，美国从攻势转变为守势，不再继续对外推广普遍性，而是维护自身的特殊性。中国成为全球化的最大受益者，美国既不能在世界贸易组织的体制内约束中国的经济行为，又不能通过贸易战的方式延缓中国的经济发展速度。在这种情况下，美国一部分精英选择通过改变全球化的形态以限制中国的发展，也就是国务卿安东尼·布林肯（Antony Blinken）所说的"塑造中国战略环境"。

三、美国重构全球化与"塑造中国战略环境"的尝试

今天的美国认为自己的政治制度已经变得非常脆弱，但是它与中国之间的经济依赖关系决定了不可能通过冷战的方式削弱中国。因此它提出了一个新策略，希望重塑全球化的面貌，以影响中国发展的外部环境。全球化未来有六种前景：区域集团化、去全球化、美国主导的再全球化、中国主导的新全球化、现有全球化模式的不稳定延续，以及现实主义秩序主导的"全球大脱钩"。② 由于前四种不太可能实现，未来全球化的发展方向将会是最后两种模式中的一种，二者之间的转换将会决定世界秩序的面貌。

（一）四种不太可能实现的前景

区域集团化和原子化是不可能实现的。吉尔平曾经预测"随着经济上占据主导地位的国家的衰落，世界经济可能会分裂成区域贸易集

---

① 翟东升：《中国不必接棒美国扮演全球化的新旗手，但要抓住新风口》，观察者网，2020 年 5 月 28 日，https://www.guancha.cn/DiDongSheng/2020_05_14_550357_s.shtml.

② 参见 Aaron L. Friedberg, "The Growing Rivalry Between America and China and the Fu-ture of Globalization," *Texas National Security Review*, Vol. 5, No. 1, 2021/2022, pp. 113–119, http://dx.doi.org/10.26153/tsw/21612.

团"。① 但是,今天的世界经济体系远远比50年前更加复杂。计算机、电子产品、自动驾驶汽车、先进武器、飞机发动机这样的高科技产品,其供应链非常之长,涵盖很多发达国家、发展中国家。没有任何一个国家或地区可以提供如此之长的供应链,欧美国家不能凭借一己之力完成其生产。

去全球化是可能的,但其结果将是非常危险的。全球化和相互依赖并不能消除东西方之间在政治制度和意识形态之间的分歧,美国不满足于非西方国家仅仅在经济上保持开放政策。美国将输出民主价值观和在非西方国家策动"颜色革命"作为获得更多经济利益的关键步骤。这导致美国在全世界树敌过多,加剧地缘政治紧张。目前美国和西方国家已经切断了与俄罗斯的几乎一切经济联系。未来美国很可能会变本加厉支持"台独"活动,引发中美两国的冲突和战争,与之伴随的是金融制裁和海上贸易的中断。这对于中美两国来说都是灾难性的。

美国主导的再全球化也可能是未来发展的趋势,但这已经越来越难以实现,因为当前以世界贸易组织为中心的国际贸易体系已经岌岌可危。一方面,美国自身正在相对衰落,同时美国霸权体系正在衰落,美国已经没有能力单独支撑起全球化,甚至美国正在成为多边规则的破坏者,尤其是经济危机后美国经济模式对世界其他国家的示范作用正在下降。另一方面,美国不断侵犯中国核心利益,干涉中国内政,拒绝接受"求同存异"原则,使得中国警惕继续进行自由化改革对自身经济和政治体系带来的安全威胁。更重要的是,美国国内的贫富分化和政治极化使得它无法振兴自己的经济,而且没有能力迫使中国完全遵守美国制定的游戏规则,中国也不会放弃自己的合法权益以损害自身的长远发展。

中国主导的新全球化是未来世界很可能的发展方向,但是短期内不会实现。虽然美国的相对实力正在衰落,但是和整个西方世界相比,中国的经济实力和政治影响力依然很有限。西方国家依然在主导国际规则的

---

① Robert Gilpin, *U.S. Power and the Multinational Corporation: The Political Economy of Foreign Direct Investment*, New York: Basic Books, 1975, pp. 259–261.

制定,它们在国际秩序中依然有较强的话语权。20世纪中叶之前,西方国家用了几个世纪的时间在全球范围内推动强权扩张和基督教的传播,第二次世界大战结束后,它们通过各种法律程序和国际制度,将这些殖民成果进行合法化。广大发展中国家虽然强烈反对不合理的国际经济政治秩序,但是它们缺少使之改变的筹码,甚至不得不长期依附。

(二)两种可能实现的前景

由于各方对于如何改革世界经济秩序缺乏共识,现有全球化模式可能在未来一段时期内仍然会勉强延续,约翰·欧文称之为得过且过的(muddling)全球化。[①]但这种状态是非常不稳定的,潜伏着各种危机。第一,虽然中国经济增速正在放缓,但是中国仍然正在缩小与美国之间的经济实力差距,未来10—15年内中国可能会成为世界第一大经济体。特朗普称发动对华贸易战就是要逆转中国经济实力的上升,但是这个目的根本没有实现。拜登政府的思路与之不同,它不寻求直接打压中国的发展,而是试图提高美国的竞争力,获得相对于中国的更快发展,但是目前效果不佳。第二,尽管中国高科技产业遭遇美国的严厉制裁,但是依然发展迅速,很多领域的科技产品已经达到世界领先水平。中央全面深化改革委员会审议通过了《科技体制改革三年攻坚方案(2021—2023年)》,全国人大常委会修订了《科学技术进步法》,完善国家创新体系。[②] 第三,美国将供应链武器化,试图迫使中国在各种领域对美国作出让步,同时中国也利用自己的供应链优势对美国进行回击,双方均担心供应链安全问题。第四,美国不断对"台独"势力发出错误信号,对台湾当局增加武器出售,在台湾海峡制造不稳定性,增加了中国实现国家统一的急迫感。为保证经济安全,中国政府正在加快构建"以国内大循环为主体、国内国际双循环

---

① John M. Owen, "Two Emerging International Orders?" pp. 1415–1416.

② 光明日报:《新修订的科技进步法,这些变化很重要!》,2022年1月6日,https://epaper.gmw.cn/gmrb/html/2022-01/06/nw.D110000gmrb_20220106_1-16.htm;中国经济时报:《精准发力 打赢科技体制改革攻坚战》,2021年11月29日,https://jjsb.cet.com.cn/show_521027.html.

相互促进的新发展格局",其实质是增加对内需和新兴经济体的依赖以推动未来增长,减少对美国和其他西方市场的依赖,以减少未来西方对中国经济制裁带来的损失。①最后,也是最重要的一点,俄乌战争爆发之后,西方对俄罗斯的毁灭性金融制裁已经开了一个危险的先例,这严重损害了西方国家几十年来积累的信誉,未来它们也很可能会对中国采取同样的行为。

鉴于现有全球化模式存在严重的不稳定性,美国可能试图增加自己的安全感,使用一种更加激进的方式来重建对其有利的国际秩序。和贸易战相比,这种方式将会产生更大的风险和破坏力。这样做的结果就是现实主义秩序主导的"全球大脱钩",贸易和相互依赖不再用于维护和平,而是用于斗争和对抗。具体来说,美国可能试图让世界分裂成两个集团:一个是所谓的自由民主国家组成的阵营,另一个是非自由民主国家组成的阵营。前者包括欧美发达的工业国家,也包括亚洲和拉美的部分发展中国家。一些非自由民主国家也会被纳入其中,如越南、新加坡。②范亚伦(Aaron L. Friedberg)认为,通过经济秩序的重组,美国可以将原本布局在中国的供应链环节转移到其他发展中国家,这样做将会具有战略意义。第一,即使中国经济继续以比西方国家更快的速度增长,西方国家仍然可以共同对中国施加影响,它们将会更加紧密地协调针对中国的技术转让和出口管制政策。第二,西方国家可能会组建"贸易北约",对中国维护国家核心利益的行为进行报复。③第三,通过供应链的转移,西方国家的安全感将会增加,届时它们会再次对中国发动贸易战,那个时候中国反击的筹码将会大大减少,最终迫使中国修改贸易和工业政策,甚至在涉及核心

① Alicia García Herrero, "What Is Behind China's Dual Circulation Strategy?" *China Leadership Monitor*, September 1, 2021, https://www.prcleader.org/herrero.

② Aaron L. Friedberg, "The Growing Rivalry Between America and China and the Future of Globalization," pp. 117–118.

③ Finbarr Bermingham and Cissy Zhou, "British, US China Hawks Call for 'Nato for Trade' Against Beijing," *South China Morning Post*, June 28, 2021, https://www.scmp.com/news/china/diplomacy/article/3138948/british-us-china-hawks-call-nato-trade-against-beijing.

利益的问题上作出让步。① 这是全球化的另一种形态,但全球主义已经
死亡,被现实主义的对抗理念取代。它不同于美苏冷战初期的那种"两个
平行市场",未来中国与西方国家之间的贸易和投资流动将继续,但它们
将受到西方国家的限制和监管。斯蒂芬·沃尔特(Stephen M. Walt)更明确
地指出,未来的世界既不是一个以美国为中心的"自由秩序",也不是一个
以中国为中心的秩序,而是中美两个大国都将领导世界上一部分国家,将
价值观相似的国家纳入自己的阵营。中美两国甚至将会竞争技术标准,
数字领域也将会被分割开来。也有很多发展中国家会试图避免在二者之
间选边站,一些国家会试图通过挑拨中美关系来获取更大的利益。②

表5　全球化未来的六种前景

全球化未来的六种前景	成为现实的可能性	对美国的影响	对中国的影响
区域集团化	完全不可能	/	/
去全球化	可能	战争	战争
美国主导的再全球化	很难	美国继续维持世界霸权	损害中国的发展权和根本利益
中国主导的新全球化	暂时不会	美国衰落	中国主导世界秩序
现有全球化模式的不稳定延续(得过且过的全球化)	依然有可能	美国的不安	中美差距缩小
现实主义秩序主导的"全球大脱钩"	越来越有可能	西方国家共同对中国施加压力	延缓中国科技的发展

对于美国和其他西方国家来说,全球大脱钩而非现有的全球主义秩
序,才是它们与中国博弈的理想均衡状态;但是两种秩序转换的成本是巨
大的,在转换的过程中美国将会面临极大的痛苦,并且会招致风险。第
一,即使美国和其他西方国家将某些关键产业的生产环节转移出中国,它
们依然无法实现与中国的完全脱钩。非高科技领域的相互依赖也是中国
的重要经济筹码,如钢铁、大豆。中国高素质的劳动力和庞大的市场都是

---

① Richard A. Clarke and Rob Knake, "The Internet Freedom League," *Foreign Affairs*, Vol.
98, No. 5, 2019, p. 185, https://www.foreignaffairs.com/articles/2019-08-12/internet-freedom-
league.

② Stephen M. Walt, "The Ukraine War Doesn't Change Everything," *Foreign Policy*, April
13, 2022, https://foreignpolicy.com/2022/04/13/ukraine-war-realism-great-powers-unipolarity/.

不可替代的。第二,美国政府的权力有限,从法律上讲它有权力要求在华企业离开中国,但实际上几乎做不到,美国国内利益集团的强大力量将会阻止政府这样做。供应链转移的过程将会增加经济的不确定性,导致民众的不满和内部矛盾的增加。第三,欧洲不太可能会支持美国这样做,因为它们顾及自己的经济利益。第四,尽管现有的全球化秩序存在严重的不稳定性,但是美国仍然会优先选择运用其"结构性力量"(即其在国际金融和知识生产中的主导作用)来尽可能地使国际规则更加有利于自己,尽管效果很有限。最后,也是最重要的一点是,美国目前还有一部分精英并未放弃对美国实力和地位的美好愿景,他们仍然相信美国有强大的创新力,期待美国有机会再次振兴,因此认为没有必要采用一种高风险的方式来对付中国。[1]

四、基欧汉—考克斯全球主义秩序的退化与美国霸权性质的转变

在讨论了全球主义未来前途的基础之上,我们将会进行更加理论化的分析。前面说到,美国霸权的特殊之处在于,一方面可以组建庞大的联盟体系,另一方面有能力阻止对手试图与其他国家结盟,这才是问题的本质所在。美国的霸权分为两个方面,即物质霸权和文化霸权。前者表现为通过货币、贸易、多边制度对世界各国的显性控制,后者表现为通过思维方式、文化教育、意识形态对世界各国的隐性控制。美国的主流学者都是从前一个角度对美国霸权进行正面论述,批判学者则是从后一个角度进行负面论述,但二者实际上相辅相成,共同揭示美国霸权的本质。

现代美国的霸权是威尔逊、罗斯福通过理论和实践缔造的。葛兰西(Gramsci Antonio)从阶级斗争的视角讨论了文化霸权概念,资产阶级维系

---

[1] Fareed Zakaria, "The New China Scare," *Foreign Affairs*, January/February 2020, https://www.foreignaffairs.com / articles / china / 2019–12–06 / new-china-scare; Ryan Hass, *Stronger: Adapting America's China Strategy in an Age of Competitive Interdependence*, New Haven, CT: Yale University Press, 2021.

其统治的关键在于培养自己的舆论制造者,广泛招募精英,用温和方式实现阶级等级的合法化。资产阶级的霸权并不是来自经济、政治或文化中的某一个领域,而是来自这些领域的相互结合和补充。[①]

从冷战后期开始,自由主义和全球主义逐渐推广开来,1989年的美苏马耳他峰会标志着东西方政治共识的形成。在美国主导全球化的过程中,三位最知名的自由主义学者基欧汉、约瑟夫·奈、约翰·伊肯伯里(G. John Ikenberry)系统论述了全球化时代的美国霸权。罗伯特·考克斯(Robert W. Cox)继承了葛兰西主义思想。如果说葛兰西讨论的是资产阶级如何通过思维和社会网络实现了在非暴力基础上的统治,那么考克斯则分析了美国如何通过经济、政治、军事和意识形态力量之间的相互作用,塑造其他国家和人民对美国的认同。

基欧汉和奈的复合相互依赖理论借用制度经济学更深入地探索权力、利益、制度和合作之间的关系,通过这种路径可以解释中美之间的各种多渠道联系,以及双边关系中的各种复杂议程。中国的原材料、工业生产能力和市场对于美国来说都是不可替代的,是美国维持霸权的关键条件。这就如同当年印度独立后,大英帝国的全球地位迅速衰落和被取代。复合相互依赖降低了双方结盟对抗的必要性,美国在亚太的联盟都是双边的,没有北约那样的多边联盟体系。中国"有一千条理由把中美关系搞好",美国也在小心地维持着与中国的关系。伊肯伯里则认为,美国的霸权虽然不是完美的,但是比历史上的霸权更加成功,其他国家虽然不是美国的平等伙伴,但可以从中得到丰厚回报。中国之所以不愿意制衡美国,也不愿建立新的秩序,是因为那样做的成本太高。

奈提出的软实力指的是用文化和价值观来影响、同化和塑造其他国家的能力。具体来说,指的是同化其他国家、左右和改变其他国家的愿

[①] Thomas Meaney, "The Unlikely Persistence of Antonio Gramsci," *The New Republic*, March 30, 2022 Issue, https://newrepublic.com/article/165617/antonio-gramsci-live-resist-book-review-unlikely-persistence.

望、吸纳其他国家效仿和依赖美国的文化和价值观的权力。① 奈的软实力和葛兰西的文化霸权表达的是同一个逻辑,只不过前者是从美国视角对这个现象的正面表述,后者是从反面进行批判式的表述。文化霸权是一种隐形的力量,大多数人将其视为"常识",因此不会注意到它,更不会抵抗它。② 考克斯揭示的是美国霸权对其他国家的文化上的隐形控制。

复合相互依赖、自由主义国际制度、文化霸权三大力量,使得中国的知识分子和战略家产生了思维定式。中美之间的经济联系规模之大、利益交织之深、思想融合之广,使得一些旧有的知识和观念持续积累,作用于认识主体,深刻影响认识主体的利益偏好、思维方式和心理预期。美国编织了一套涵盖两国的精英网络,推动了两国精英之间的相互了解,进而影响两国社会的各个阶层。与美国保持友好关系往往可以使自己在很多方面获得更多的机会。即使在各种客观条件发生变化的情况下,思维定式仍然会长期存在。"中美关系是中国外交的重中之重"的外交方针在实践中变成了中国"必须依赖美国"。美国已经塑造了一种话语环境,使得中国人受到了潜移默化的影响,尤其在人文研究领域更为明显。

然而,如果中国持续崛起,美国实力相对衰落,并且美国内部矛盾不断加剧,那么上面的情况最终将会改变。美国维护霸权的方式可能有很多种,不一定是通过基欧汉—考克斯的路径,在必要情况下它也会回到现实主义大国政治的逻辑。今天美国自身的行为正在破坏与其他国家之间的相互依赖,损害美国的文化霸权,一部分人主张不再继续使用一系列复杂的政治、经济和文化安排来使美国的行为合法化。仇外心理、种族主义和反智主义,以及切断与其他国家的人文交流,破坏了奈所说的软实力,也损害了葛兰西和考克斯所描述的文化霸权。美国已经开始限制中国在全球政治中的影响力,阻止中国成为经济和技术强国,与盟友建立供应链

---

① Joseph S. Nye, Jr., *Soft Power: The Means to Success in World Politics*, New York: Public Affairs, 2004, pp. 19-24. 中国很多人在使用这个概念的时候,似乎认为软实力和上述行为无关,甚至将这个概念扩大到所谓"城市软实力""个人软实力",与奈的本意大相径庭。

② Antonio Gramsci, *Selections from the Prison Notebooks*, New York: International Publishers, 1971.

联盟和贸易联盟,这最终将会打破中国精英的思维定式。

　　美国目前正在踌躇,在多种战略选择之间徘徊。这主要是因为美国政客依然对中国这个庞大的文明型国家感到陌生,不知道对华政策的目标是什么。特朗普对自由主义秩序的颠覆只是一个初步和莽撞的尝试,并未达到既定目的,而且给美国自己的利益带来了巨大伤害。未来美国政治精英不会完全抛弃特朗普的思想,而是会在他的基础上思考如何有效维护美国的相对实力和霸权利益。拜登政府的战略也是模糊的和不成熟的。竞争只是对美中关系的一种描述,本身并不是目标。乔治·凯南1947年制定的对苏政策提出了明确的目标,美国过去几十年对华接触政策也有明确的目标,但是拜登政府的对华政策至今没有明确其目标是什么,主要是因为美国塑造和影响中国的能力正在削弱甚至不复存在。由于美国相对实力正在下降,美国为应对中国所能调动的资源是非常有限的,任何一种战略都会面临较大风险。正如新美国安全中心首席执行官、前参议员约翰·麦凯恩的外交政策顾问理查德·方丹(Richard Fontaine)所说,在这种情况下任何总体战略都可能是在浪费资源。①

　　美国将采取什么手段打压中国,将会直接影响中国的战略选择。美国联盟体系给中国带来的军事压力还不足以使中国完全放弃争取中美相对友好关系的努力,因为中国并不想与美国进行战略军备竞赛,而且核武器时代大国之间爆发战争的可能性非常低。然而,如果美国建立了针对中国的经济联盟体系,那么全球主义秩序将会遭受更大的破坏。美国下决心推动全球大脱钩很有可能会导致中国进行针锋相对的回应。阎学通曾经指出,中美关系之所以不同于以往的大国关系,第一个原因是核武器,第二个原因是全球化和经济相互依赖。② 如果现在美国试图终结全球化,并且将相互依赖武器化,那么中美关系就不会具有特殊性,而是与

---

① Richard Fontaine, "Washington's Missing China Strategy," *Foreign Affairs*, January 14, 2022, https://www.foreignaffairs.com/articles/china/2022-01-14/washingtons-missing-china-strategy.

② 阎学通、米尔斯海默:《中国能否和平崛起?》,观察者网,2013年12月3日,https://www.guancha.cn/YanXueTong/2013_12_03_189543.shtml.

历史上崛起国和守成国的关系别无二致。正是因为相互依赖,过去30年的中美大国关系没有表现为不同阵营之间的对抗。更直率地说,中国希望尽量"求同",因此一直对美国采取让步和温和的政策。然而,一旦全球化被全球大脱钩取代,相互依赖不复存在或者大大削弱,那么地缘政治对抗就可能会重新出现。

五、美国的踌躇与中国的战略选择

今天的美国正在对它的全球战略设计感到犹豫,并且这种犹豫与美国内部的政治斗争相伴相生、互为因果。美国的初衷是通过全球化巩固其"世界帝国",但是今天它自己正在被全球化反噬,正在面临着重构全球秩序的艰难选择。未来美国是选择以基欧汉—考克斯方式维持其霸权,还是决心将国际秩序退回到吉尔平和米尔斯海默描述的大国竞争或战争时代? 二者都将会有较大成本和风险,美国和西方世界将会在二者之间进行徘徊。

过去40年中美有一定的共识,因此可以"求同",这是因为美国与历史上曾经的霸权国均不同,而中国是自古以来爱好和平的国家,并且社会主义制度的本质决定了它不会进行扩张。两个国家均有特殊性,因此中美关系与历史上所有的崛起国—守成国关系有较大不同,但是美国精英的态度已经出现了较大变化,甚至原本是美国全球主义坚定支持者的现任财政部部长珍妮特·耶伦(Janet L. Yellen)也改变了看法。她在一次演讲中说,美国的目标应该是实现"自由而安全"的贸易,保证自己的地缘政治影响力,与"可信赖"的国家重新安排供应链网络。[1] 这意味着,美国很多人已经不再认为贸易和经济是双赢的活动,而是将脱钩和供应链中断作为武器,阻止中国获得半导体等重要战略物资,甚至组建经济联盟对抗中国。在这种情况下,全球化的性质就发生了变化,尽管相互依赖依然存

---

[1] Janet L. Yellen, "Way Forward for the Global Economy," U.S. Department of the Treasury, April 13, 2022, https://home.treasury.gov/news/press-releases/jy0714.

在，但是它将服从于安全和现实主义对抗的逻辑。某一个大国努力减少对对手的依赖，同时试图保持对手对自己的依赖。大国知道自己一定会付出代价，但它希望对手付出的代价会更高。这种情况下，中美关系就与以往的崛起国—守成国没有本质区别了，美国将会用地缘政治对抗取代原来的普遍贸易政策。

不过，美国的智库对于是否应该与中国脱钩依然有很多分歧和争论。即使在脱钩派内部，关于目标也有很多争论。限制主义者认为中美双边技术关系是一场零和博弈，不能高估中国的科技潜力，因此他们倡导广泛的技术脱钩。合作主义者认为美国应该对自己的创新能力感到自信，限制中国的技术发展不仅行不通，而且会导致美国浪费开支，甚至走向威权民粹主义。中间派则一方面认为中国是美国的长期挑战，但也反对夸大中国的技术威胁，他们主张"小院高墙"式的部分技术脱钩而不是彻底的技术对抗，同时在某些领域继续与中国进行合作。[1] 每一种观点背后都是代表某个集团的利益。要提醒的是，事实发展可能并不符合美国人的愿望，制造业回归和供应链回流将会导致美国资本家必须雇佣更多的移民，以保证较低的劳动力价格，这必然将会加剧外来人口与本土白人之间的种族矛盾，导致美国内部变得更加脆弱、政治极化加剧。美国的民主很可能面临被自己反噬的危险，因此当内部矛盾激化到一定程度的时候，美国将会被迫再次与中国合作。

苏东剧变的时候，邓小平同志曾经提出"冷静观察、稳住阵脚、沉着应付"的方针，现在我们面对世界之更大变局，可以继续坚持这项策略。我们须针对各种不确定性做好多手的准备。中国一直坚持开放包容、互联互通的多边主义倡议，但是美国试图推动孤立主义或小圈子主义，使得中国正在被动地卷入一个彼此隔绝的世界体系之中。今天的世界已经发生

---

① Jon Bateman, "U.S.-China Technological 'Decoupling': A Strategy and Policy Frame-work," Carnegie Endowment for International Peace, April 25, 2022, https://carnegieendowment.org / 2022 / 04 / 25 / u. s. – china–technological–decoupling–strategy–and–policy–framework–pub–86897.

范式性变革,中国应该认真思考未来世界分裂成为两个部分的可能性。如果某些国家继续坚持阻挠中国的统一大业,中国就应该为最坏情况做好准备。

第七章曾提到,中国古人所说的"天下"有两种含义:一种将"天下"等同于中国的实际范围,即"内含天下的国家";另一种涵盖了中国周边的所有国家。今天的中国要学会在两种"天下"秩序之间切换自如。我们应对西方国家保持开放态度,积极参与国际大循环,但也决不能放松内循环建设。历史上的中国一直自成一体,今天的中国有独立完整的现代工业体系,是全世界唯一拥有联合国产业分类中所列全部工业门类的国家,而且具有发达的基础设施和快速高效的物流体系。我们完全有能力为未来的各种不确定性做好充分准备,在局势有变时尽可能地减少两种秩序转换时产生的剧烈震荡。

面对被动全面脱钩的可能情况,中国须避免战略设计上的思维定式。中国不会主动建立军事联盟,也不会介入西方国家的内政,而是推进以"一带一路"倡议、亚洲基础设施投资银行、二十国集团、10+3合作机制为基础的多边经济合作和以上海合作组织为基础的多边安全合作。"双循环"新发展格局要求中国必须继续做大做强国有企业,维持规模上的竞争优势。在全球秩序可能分裂的情况下,很多国家可能会试图保持中立或者左右逢源,美国会施压其他国家不要与中国进行经济合作。在这种情况下,中国须与一部分国家确立可靠的政治关系,提供更多的安全产品,帮助他们减少对美国的依赖,这样做才能保证这些国家不怕被美国讹诈和恐吓,愿意参加中国主导的经济循环体系。第二次世界大战期间,美国转向国际主义政策也有一个逐步的过程,中国实现这个转变势在必行,但不可能一蹴而就。为此,有学者建议,相比于改革开放以来中国更加重视与西方国家的合作,中国今后要将推动南南合作放在突出位置,搞好全球"农村"地带的团结合作。中国的对外战略安排要把主要精力放到推动建设以亚洲及其周围地区为依托的新的全球性体系。按照轻重缓急可以分为三环:第一环是中国周边的东亚、中亚和中东,第二环是亚非拉广大发展中国家,第三是西方传统工业化国家。[①]

在逆全球化的背景下,世界中有三个重要部分仍然和中国有普遍性,我们应予以重视。第一,我们可以更多地向其他发展中国家展示中国与它们之间的普遍性,尤其是考虑世界上贫穷地区人民的所想所需,在这些国家解构美式自由民主道德价值观,并且提供一种更为高级的核心价值观。第二,中国与俄罗斯虽然有共同的战略利益,但是在价值观层面双方的共识比较有限,这将会限制彼此的全方位合作。俄罗斯现在已经转型成为世界保守主义意识形态的大本营,中俄两国政府应该促进知识分子之间的交流,发现和创造普遍的知识。第三,西方世界不是铁板一块,中国与西方社会中的积极力量依然有相当多的普遍性。与美国相比,欧洲依然是相对积极的力量,中国在学习美国的语言文化之外,也应该积极学习欧洲国家的语言文化。在美国内部,中国与美国的建制派以及各种新兴政治力量之间均存在共同利益,保持人文交流依然有重要意义。

中国文明一直能延续至今,就是因为我们的内外政策始终兼具包容性和原则性,既有开放意识,也有斗争意识。过去几十年,我们似乎认为全球化是不可逆的定局,但是今天我们处于变局之中。变局之中更应有斗争意识,我们的国际关系学科、国际关系理论要与时俱进。我们的理论就是要解释好为何斗争、如何斗争,只有坚持斗争意识,才能保证理论供给。正如习近平总书记所说:“要发扬斗争精神,敢于斗争、善于斗争,根据形势变化及时调整斗争策略,团结一切可以团结的力量,调动一切积极因素,不断夺取具有许多新的历史特点的伟大斗争新胜利。”[②]

[①] 程亚文:《构建“新三环”:面对全面脱钩可能的中国选择》,《文化纵横》,2022 年第 3 期,第 30—39 页。

[②] 2020 年 9 月 8 日,习近平总书记在全国抗击新冠肺炎疫情表彰大会上的讲话。

第十章
结论：普遍性和特殊性的现实意义

关于普遍性和特殊性问题的争论，在很多学科都会出现。不同的研究领域、不同的视角或不同的价值体系，都会导致截然不同的回答。森林里看不见两片完全相同的树叶，但所有树叶仍旧是树叶。[①] 有的经济学者可能认为中国的发展模式没有特殊性，或者不应该有特殊性，但是从国际政治学视角来看，逻辑就会大不相同。我们应该辩证地看问题。我们承认中国具有特殊性，并不意味着中国应该拒绝一切来自其他国家的可能成为普遍性的经验。我们承认中国经验具有某种普遍性，并不意味着应该盲目向其他国家推广这种普遍性，而是应该尊重其他国家的特殊性。我们讨论这个可能有争议的问题的时候，也应尊重不同的观点，尽可能地以历史事实作为讨论的基础。

一、寻找中国真正的普遍性与特殊性

当下国际体系和国际秩序的突出特征是中国正在崛起，中美两国正处于同一个体系中。理解中美两国各自的宪制传统和政治遗产的异同，对于理解今天国际秩序中的冲突与合作至关重要，也是我们把握未来国际秩序发展走向的关键。中美两国的价值观在一些方面是相同的，在另外一些方面则是有明显分歧的。寒竹先生曾经总结中国道路的特殊性与

---

① 刘擎：《中国有多特殊》，北京：中信出版社，2013年，第11页。

普遍性，我们改变一下角度也许会有不同的发现。

中国和美国都是具有平等精神的民族。在西周和春秋时期，中国基本上是一个封建等级社会。鲁国的"初税亩"改革和秦国的商鞅变法，直接瓦解了封建贵族制度的经济基础——井田制。秦始皇统一中国后，规定"黔首自实田"，将土地私有制推广到全国范围。古代中国和欧洲的一个重要区别是，前者土地可以自由买卖，后者不可以自由买卖。商品经济的发达以及土地的自由买卖促进了社会的流动性和平等性，贵族阶层逐渐被消灭。劳动者不是在贵族的土地上耕种，而是在自己的土地上耕种，大大提升了生产效率。科举制度使得每个平民获得平等的上升机会，官僚系统中的任何职位都是不可世袭的。而欧洲直到文艺复兴时期才有大量农奴离开庄园去城市工作，贵族制度逐渐被强有力的王权制度取代。就继承制度而言，汉武帝开始颁布推恩令，贵族的家产被诸子均分，几代之后最终成为平民；而古代欧洲则一般采取嫡长子继承制，有利于贵族爵位的代代传承。美国的清教精神以平等意识为特征，美国是最早提出"人人生而平等"的西方国家，将个人主义发挥到极致，试图实现社会效率最大化。

中国和美国两个民族都有强烈的商业精神。秦始皇统一中国之后，消除了封建割据，建立了一个统一的商品市场。欧洲在中世纪时期，不仅各个国家之间关卡林立，而且每个国家内部的封建割据也非常严重，频繁的战争阻碍了商品和人员的自由流动。中国历史上凡是大一统时代，商品经济都非常发达，各种要素的流动非常频繁。宋朝时期中国出现了世界上最早的汇兑业务，即"飞钱"，后来又出现了世界上最早的纸币"交子"。中国古代出现了人口达到数十万甚至上百万的巨大规模的商业城市，遍布于东部和西部、南方和北方，并且形成了高度发达的社会分工。当国家统一和强盛的时候，城市的商品经济和农村的小农经济相得益彰；当国家分裂和衰败的时候，商品经济遭到破坏，小农经济无法得到政府的扶植因而走向封闭和凋敝。中华人民共和国改革开放之后，中国人的商业精神被迅速激发出来，中国的商业精英遍布世界各地，形成强大的网络,借助于全球化的有利条件在较短时间内实现了国家的富强。中美两个国家都是天然的统一大市场,也是世界上的两个最善于经商的民族,彼此形成了极其密切的利益互补关系。

正是因为中美两国都具有强烈的平等精神与商业精神,美国很多汉学家据此认为中国的民族性格和历史传统在很多方面与美国是相似的,甚至觉得中国与美国痛恨的欧洲旧大陆截然不同。因此,不少美国精英想当然地认为可以通过"接触"政策推动中国商品、资本与价值观的进一步自由流动,最终使得中国与美国的政治制度殊途同归。然而,事实证明,这并没有成为现实,主要是因为很多人忽视了中美之间历史传统的重大差异。

第一,中国古代有强大的"抑商"传统,并且一直延续到今天。私有制的发展一定会导致贫富分化,这在世界各国都是普遍性的规律。城市商品经济的繁荣使得一部分商贾富可敌国,农村自然经济的发展使得豪绅用各种办法兼并他人的土地。中国世俗政治不仅意味着将宗教力量排除出政治权力核心,还意味着商业和政治必须是分离的。历朝不允许商人介入政治之中,商人只富不贵,其财产权利得不到保护,甚至随时会被查抄。这种传统延续到今天,意味着必须有一个不会受到各种利益集团干扰的"中性政府",并且各级政府官员不允许直接或间接从事商业活动。这种政商关系模式与美国有极大不同,因为美国的官员本身就是资本家的代理人,资本家要求政府必须保证资本和其他生产要素的自由流动,并且在全世界推广这个原则以获取更多利益。虽然中美两国相互取长补短、求同存异,但是在这个问题上有根本分歧,可能永远无法达成共识。两国都希望影响和塑造国际秩序,使之更加接近自己的历史传统,并且保证各自政治制度的安全。基于长历史的视角,我们不会轻易说中美关系中哪一方是变量,哪一方是常量。

第二,中国古代有国家干预经济的传统,并且一直延续到今天。中国古代的小农经济是黄河和长江流域最基本的农业组织形态,家庭成为中国农业生产的基本单位和基层自治组织,有利于社会的稳定和国家的治理。古代中国的农民比欧洲中世纪的农奴更加自由,有更高的社会流动性,也有更高的生产效率,但是土地私有制自然发展之下容易形成土地兼并,导致贫富分化和社会动荡,因此历代王朝为了维护社会稳定都强调抑制兼并。另外,小农经济的过于分散不利于抵御外敌,因此必须有强大的中央集权来保证资源的有效动员。还有就是很多政治学家和历史学家多次讨论过的,中国古代多灾多难的地理条件和北方游牧族群侵略的危险,使得国家必须集中力量规划和建设大型工程,如治理黄河、兴修水利、建造长城。与中国不同,美国更像是一个资本家联合体,与其说是一个国家,不如说是一个公司。美国的自然地理条件是独特的,使得它形成了高度分权的政治体系。美国意识不到,中国国家干预经济是一个符合中国特殊国情的宪制传统,他们将其理解为中国在国际贸易中的不正当竞争手段。美国资本家认为中国强大的国有经济阻碍了他们的利益最大化,美国对华政策的战略目标就是最终要求中国取消国有经济,将中国变成依附于美国的一个"分公司"。此外,对于当今世界上的后发国家来说,它们面临着西方先发国家的剥削,为了实现现代化它们很自然地会考虑学习中国的强国家模式,这不可避免地会引起美国的担忧。

第三,中国古代处理与周边国家关系时体现了多元主义和包容性,这是中国国内价值体系的延伸,并且一直延续到今天。中国一直以道义原则规范自身,而不是要求其他政权和国家接受自己的价值观,从来不会通过输出道德价值观来保证自身的安全。在儒家学说中,孔子强调"修己"以"安人","己所不欲,勿施于人";孟子论证"强恕"之道,即"勉力于恕道",也就是推己及人、相互尊重、和平共处。在道家学说中,老子主张"贵柔""守雌",庄子倡导"内圣外王"。唐宋明清时期,中国的价值观和生活方式的确对朝鲜半岛、渤海国、日本形成了很大辐射,但这是它们根据自己的需要进行选择性的学习,中国始终尊重它们的自主选择。与中国人信奉中庸之道不同,美国人笃信争强好胜的战略文化。中国有很强的包容性,而美国坚持以推广自己的价值观来维护霸权秩序。中国主张"和而不同",而美国实际上主张"同才能和"。正是因为如此,基督教通过扩张的方式影响力遍及全世界,而儒家学说的影响力仅仅在中国范围之内。中国是多元主义的真正践行者,而美国资本家为了降低劳动力成本和攫取利益,在国内倡导多元主义和大力引进移民,但对外则是基于自由主义一元化的零和逻辑,不惜发动战争。

正如本书所述,很多同仁曾经试图揭示古代中国和当代中国的对外关系的特殊性,但是他们的理解并不到位。这是因为,第一,他们并未将中国国内的宪制传统与对外战略行为联系在一起,而是孤立地看待对外关系问题。第二,他们没有考虑到中国的特殊性只在中美两种截然不同的文明共存的情况下才有意义,单独讨论中国或美国主导的国际体系和国际秩序是否特殊其实没有意义。第三,他们很少讨论中美两国应对与自己价值观和历史传统不同的国家的方式及其相关异同。当然,笔者现在也只是进行了一个粗浅的分析,也许这是一个可能的研究方向。

研究中国的特殊性有很多现实意义。首先,我们应该树立基本的战略自信。中国有世界上最大的人口规模、广阔的疆域、很大的战略纵深。中国今天的经济制度和政治制度深植于中国的历史传统,没有任何力量可以改变中国的发展方向。特朗普对中国发动贸易战,但结果是没有获得任何好处。其次,我们要客观合理看待中美之间的对立统一关系。中美两国在价值观上的相通性使得二者有共同的利益,尤其是双方精英之间相互信任、相互认同,积累了很多共识和情感,但两国在历史传统上的三个差异深刻地影响到了它们对于国际秩序的分歧。未来两国之间的冲突和合作将长期并存,我们在处理与美国的关系时既不应软弱,也不应冒进。最后,也是最重要的一点,讲清楚中国的特殊性,目的是消除其他国家对中国的误解和疑虑。我们要通过梳理中国几千年的历史,讲清楚中国的内政和外交及其背后的文化和制度基因。正如习近平总书记指出:"落后就要挨打,贫穷就要挨饿,失语就要挨骂。"现在,中国的国际关系学者对于解决"有理说不出"和"挨骂"问题责无旁贷。

研究中国的普遍性也有很多现实意义。我们要学会合理地展示中国与其他国家之间的普遍性,以此服务于中国的战略利益。例如,中国在某些方面和欧洲之间有不少共同性,甚至多于欧美之间的共同性。古代中国有很强的国家干预经济的传统,也就是社会主义传统。欧洲大陆在近代也形成了强国家传统,在今天有一定的社会主义性质。今天的中国在社会平等、社会福利、应对气候变化等方面与欧洲有一定共识,美国则日渐趋于反智主义和孤立主义。拜登对欧洲的承诺难以持续,因为他本人在美国国内不受欢迎,中国要做好与欧洲在价值观上进行合作的准备,共同反对单边主义和伪多边主义。中国在讲述自己的故事时,一方面要让西方了解我们的历史和现实发展道路为何特殊,另一方面在必要的时候要展示与西方的普遍性,尤其是在社会发展、环境保护、个人权益保护等方面取得的巨大进步。

中国毫无疑问是历史上列强侵略的受害者,但是我们也要知道,中国不是唯一一个遭受欺侮的国家,世界上曾经有很多国家沦为完全意义上的殖民地。今天中国已经摆脱了这种痛苦,成为一个实力强大、人民比较富裕的国家,但还有很多国家正在遭受西方的剥削压迫。在今天美国试图分裂世界、孤立中国的背景下,我们应该考虑如何增进与其他发展中国家的政治共识,将彼此的共同命运联系起来,更加积极地建立国际政治和经济新秩序。以前这只是我们的主张,现在已经变得更加迫切了。

最后要提及的是,今天的美国内部的政治力量正在分化组合,情况和以前非常不同了。过去我们可以与美国的政商学界精英保持频繁的交流,寻找彼此之间的普遍性,实现求同存异,但今天这种办法已经不能维系两国关系的稳定,因为美国上层精英对社会的影响力正在削弱。我们应密切关注美国的变化,探索各种新兴政治力量与中国之间的共同价值观以及对国际秩序的相似认知。例如,有的政治力量反对不必要的价值观输出,有的政治力量认可中国扶贫减贫政策的成就。同时,要警惕美国政治的纳粹化。原来在美国意识形态居于主导地位的中左力量,现在正遭到政治极端势力的攻击,这使得他们伤害中国的能力正在削弱,因此中国要不断评估对美政策并且进行必要的调整。

二、普遍性与特殊性之争与中国国际关系理论的未来前景

中国国际关系理论的自主知识体系未来很有可能产生与美国比肩的影响力,因为中国实力地位及影响力正在不断上升,而且提出了一套与西方国家有很大差异的国际秩序的主张。中国学者的任何理论创新,都有较大机会得到美国和其他西方国家同行的密切关注,并且对第三世界的同行产生示范作用,但是有一个问题将会绕不开,就是关于普遍性和特殊性的争论,而且这个争论以后可能会更加明显地呈现出来。

有的同仁可能认为,中国不需要创建中国特色的国际关系理论,只需要借助于西方理论来理解世界,足以服务于中国的战略和国家利益。实际上这种观点背后反映的哲学是中国不存在任何特殊性,既然没有特殊性,那么非西方理论就是一项无法完成的任务甚至伪命题。有的同仁致力于倡导和创建普遍性的理论,将中国学者的原创性理论作为整个国际学术体系的一部分,不仅可以解释中国,也可以更好地解释西方国家和其他国家。这种观点实际上也并不认为中国有太多的特殊性。有的同仁则强调美国和西方的理论仅仅具有地方性的意义,并不具有普遍性意义。那么,反观中国,我们的理论是只能解释自己,还是可以比西方理论更加具有普遍性意义,未来我们仍然需要回答。

我们当下面临的问题是,中国的特殊性可能被高估了,或者没有被正确地找到。例如,很多人将现实主义国际关系理论视为一个"西方"理论,将现实主义所描述的事实视为西方历史所特有。这种观点将现实主义与和平对立起来,强调中国对外关系的非现实主义与和平特征。然而,我们也应该注意到,现实主义者并不推崇战争与扩张,相反很多时候现实主义理念是维护和平的必不可少的路径。各国的对外政策不可避免地受到现实主义普遍规律的支配,违背这个规律会受到惩罚。美国很多智库专家和政策制定者违反现实主义主张的原则,结果是损害美国的国家利益。无论是在古代和现代的欧洲,还是在东亚和伊斯兰世界,我们都可以看到现实主义理论的强大解释力和持久生命力。直到今天,"争权力、求和平"

依然是大国政治的主线,这个道理并无价值偏见。将现实主义理论作为攻击的靶子去建构"非西方"理论的努力很可能是徒劳的。

自由主义国际关系理论则具有鲜明的西方特色,更准确地说是美国特色。自由主义国际秩序是美国国内独特的社会结构和价值体系的对外延伸。在美国实力超群的时代,国际秩序显示出鲜明的自由主义特征;当美国相对实力下降和霸权衰落时,自由主义秩序则难以维系,这就是我们今天的直接感受。比较而言,美国的现实主义者对于武力的使用持审慎态度,而自由主义者的侵略扩张倾向较为明显。美国对外政策的四种"主义"实际上都是自由主义在不同条件下的运用,而自由主义对外政策的成功取决于美国的强大实力。美国精英具有强烈的反对现实主义的情结,但是违反现实主义原则的对外政策总是会给美国的国家利益带来损失。

要注意的是,对一个国家的独特性和普遍性的讨论应该是基于客观实证主义。将自己文化和文明的优越性强行升级为普遍性,往往会错误地指导本国的对外政策,给本国利益带来相当大的伤害。美国就是典型的例子,中国不应犯同样的错误。西方一些知识精英不断强调他们文化和文明的优越性,推广基于基督教的价值观和意识形态。中国如果试图复制这样的模式就会掉入"黑格尔陷阱",阻碍寻找真正具有普遍意义的客观规律。此外,还有一种过度的学术倾向,就是将特殊性延伸到方法论的层面。中国特色的思维、概念、理论都是有意义的、可行的,但中国特色的方法论则是伪命题。知识的成果可以服务于不同的国家,但知识背后的方法论则一定是普遍性的。

中国国际关系理论是否有生命力,关键要看它能否解释现实问题,以及是否预测了现实世界的发展方向。过去十几年来,中国国际关系学者的理论创新取得了丰硕的成果,很多前人的努力和付出得到了很多国际同行的认可和赞赏。不过,我们不能回避这样一个问题:我们的理论是否反映了现实世界中最重要的现象和最本质的问题? 中国国际关系学者的理论创新,一般依赖于从儒家思想中获得启示,最新的原创性理论有:儒家天下主义、儒家王道理想、儒家共生主义、儒家和合思想、儒家关系主义,等等。然而,正如本书多次强调的,儒家思想在中国古代的政治中更多的是一种价值规范体系和道德话语体系,可能并不能反映客观现实的变化,尤其是并不能解释一个国家的战略行为的变化。在今天,我们的世界中最重要的现象和最本质的问题就是中国崛起及其引发的国际秩序的变化。可以清楚地看到,中美两个大国之间的关系并不是趋于妥协的、和合的、公平的、进化的,相反更像是一种不断冲突的、不断对抗的关系,本书通过宪制冲突视角进行了理论论述。我们自己的原创性理论不仅应体现规范性的价值追求,也应该更好地反映客观世界的变化方向,而不是与之相脱节。今天我们的理论创新面临的一个迫切任务是,应该对中美冲突的根源、性质提供理论上的解释,并且在此基础上提供某种可能的解决方案。稳定中美关系以及求同存异应该是我们追求的价值和目标,但是理论研究者不应回避和掩盖客观的冲突。

中国国际关系学科过去30年的发展,正好是冷战结束之后的30年。在此之前,我们缺少学术意义上的国际关系学。换句话说,中国国际关系学的发展,实际上深刻地受到了冷战之后世界全球化、自由化和美国化的影响。在这种条件下,很多人认为没有必要提出一种超越西方的国际秩序观,中国应该遵守而不是取代西方和美国主导的秩序和规则。而今天,情势已经大为不同,世界逐渐进入逆全球化、反自由化、去美国化的时代。美国相对实力的衰落、美国内部的政治极化斗争以及孤立主义和保护主义的抬头,正在严重冲击世界秩序,也不可避免地会冲击到中国的国际关系学科建设。更坦率地说,过去30年里,我们这个学科所积累的部分知识和创造的部分理论,在今天可能不再合乎时宜了。但这也会迫使我们进行反思,不仅要努力思考人类社会的终极价值,更要准确地把握现实世界的发展方向,这样才能不再迷茫,进而生产出更有影响力的成果。有一种可能不太准确的观点认为,中国已有的国际关系理论贡献,似乎与国家利益的结合程度不够紧密。的确,比较而言,美国的主流国际关系理论,无论是现实主义还是自由主义,一般都是以服务于美国的国家利益为目标。中国的国际关系理论最好应该反映出中国当下面临的客观形势、未来世界的变化趋势、中国的利益诉求以及对国际秩序的主张。此外,中国的国际关系理论往往回避国内政治制度层面的因素,这将会导致我们的理论有一种隔靴搔痒的感觉,没有触及国际政治中那些真正的本质性的问题。

最后,我们要讨论的是,中国国际关系理论的创新,是应该发生于西方学术体系之内,还是发生于西方学术体系之外? 前者大致对应于强调世界普遍性,后者大致对应于强调中国特殊性。其实韩国国际关系学科对我们来说已经有前车之鉴,一部分韩国国际关系学者努力得到西方同行的认可,因而不断迎合西方的学术评价体系,对西方的批判力度较弱;另一部分学者虽然对西方进行强有力的批判,但又过于强调特殊性,很少与西方同行进行对话,这样做仍然不能撼动西方的知识霸权。对于中国来说,我们解决问题的一个可能方案是,更加积极地与第三世界国家的部分学者合作,共同推动非西方国际关系理论的发展,并且努力将中国与第三世界之间的普遍性进行理论化。与韩国、印度、中东、非洲、拉美不同,中国历史上曾经是半殖民地但从未成为完全的殖民地,所以中国是整个非西方世界里面一个比较特殊的国家。去殖民化尚未成为联系中国和其他第三世界国家学者共同感兴趣的一个学术领域。过去一段时间及当下中国学者热议的话题是中国的崛起,但我们应该更多地探索中国与其他发展中国家之间的普遍性,更多地考虑第三世界其他国家的所想所需,认真地关心世界上弱势地区人民群众的生活状况。如果我们只是研究中国崛起并且只考虑中国的利益,那么就可能会复制考克斯警告过的霸权统治逻辑,或者说可能会复制西方的"衍生话语",而不能建立新的独立自主的话语。

参考文献

（按作者姓名首字母音序排序，古代文献按成书时间顺序排序）

一、中文文献

（一）著作

1.［英］爱德华·卡尔：《20年危机（1919—1939）：国际关系导论》，秦亚青译，北京：世界知识出版社，2005年。

2.［美］巴菲尔德：《危险的边疆：游牧帝国与中国》，袁剑译，南京：江苏人民出版社，2011年。

3.［英］巴里·布赞：《英国学派理论导论》，颜震译，北京：世界知识出版社，2018年。

4.［美］彼得·卡赞斯坦、罗伯特·基欧汉、斯蒂芬·克拉斯纳编：《世界政治理论的探索与争鸣》，秦亚青、苏长和、门洪华、魏玲译，上海：上海人民出版社，2006年。

5.［美］彼得·卡赞斯坦主编：《国家安全的文化：世界政治中的规范与认同》，宋伟、刘铁娃译，北京：北京大学出版社，2009年。

6.陈尚胜主编：《儒家文明与中韩传统关系》，济南：山东大学出版社，2008年。

7.崔明德：《隋唐民族关系探索》，青岛：青岛海洋大学出版社，1994年。

8.达力扎布:《明代漠南蒙古历史研究》,呼伦贝尔:内蒙古文化出版社,1997年。

9.达力扎布:《明清蒙古史论稿》,北京:民族出版社,2003年。

10.付百臣主编:《中朝历代朝贡制度研究》,长春:吉林人民出版社,2008年。

11.甘阳:《通三统》,北京:生活·读书·新知三联书店,2014年。

12.[荷]格劳秀斯:《战争与和平法》,何勤华等译,上海:上海人民出版社,2005年。

13.[美]格雷厄姆·艾利森:《注定一战:中美能避免修昔底德陷阱吗?》,陈定定、傅强译,上海:上海人民出版社,2019年。

14.葛剑雄:《统一与分裂:中国历史的启示》,北京:商务印书馆,2013年。

15.葛兆光:《何为中国:疆域、民族、文化与历史》,香港:牛津大学出版社,2014年。

16.寒竹:《中国道路的历史基因》,上海:上海人民出版社,2018年。

17.[美]汉斯·摩根索:《国家间政治:权力斗争与和平》,徐昕等译,北京:北京大学出版社,2006年。

18.[美]亨利·基辛格:《大外交》(修订版),顾淑馨、林添贵译,海口:海南出版社,2012年。

19.[美]黄仁宇:《万历十五年》,北京:生活·读书·新知三联书店,2006年。

20.黄枝连:《天朝礼治体系研究》(上、中、下卷),北京:中国人民大学出版社,1995年。

21.[英]霍布斯:《利维坦》,黎思复、黎廷弼译,北京:商务印书馆,1996年。

22.蒋非非、王小甫等:《中韩关系史》(古代卷),北京:社会科学文献出版社,1998年。

23.[德]康德:《康德著作全集》(共九卷),李秋零译,北京:中国人民大学出版社,2010年。

24.[英]昆廷·斯金纳:《现代政治思想的基础》,段胜武、张云秋等译,北京:求实出版社,1989年。

25.[法]勒内·格鲁塞:《草原帝国》,李德谋、曾令先编译,重庆:重庆出版社,2006年。

26.黎虎:《汉唐外交制度史》,兰州:兰州大学出版社,1998年。

27.李云泉:《朝贡制度史论:中国古代对外关系体制研究》,北京:新华出版社,2004年。

28.刘擎:《中国有多特殊》,北京:中信出版社,2013年。

29.刘子敏:《高句丽历史研究》,延吉:延边大学出版社,1996年。

30.[英]马丁·雅克:《当中国统治世界:中国的崛起和西方世界的衰落》,张莉、刘曲译,北京:中信出版社,2010年。

31.[美]尼布尔:《道德的人与不道德的社会》,蒋庆等译,贵阳:贵州人民出版社,2009年。

32.[美]尼布尔:《人的本性与命运》(上、下),成穷等译,贵阳:贵州人民出版社,2006年。

33.倪世雄、冯绍雷、金应忠:《世纪风云的产儿:当代国际关系理论》,杭州:浙江人民出版社,1989年。

34.秦亚青:《关系与过程:中国国际关系理论的文化建构》,上海:上海人民出版社,2012年。

35.饶宗颐:《中国史学上之正统论》,上海:上海远东出版社,1996年。

36.任晓:《中国国际关系学史》,北京:商务印书馆,2022年。

37.施展:《枢纽》,桂林:广西师范大学出版社,2018年。

38.苏力:《大国宪制:历史中国的制度构成》,北京:北京大学出版社,2018年。

39.孙卫国:《大明旗号与小中华意识》,北京:商务印书馆,2007年。

40.陶希圣:《中国政治思想史》,北京:中国大百科全书出版社,2011年。

41.汪晖:《现代中国思想的兴起》,北京:生活·读书·新知三联书店,2008年。

42.王正毅:《世界体系论与中国》,北京:商务印书馆,2000年。

43. 文扬:《天下中华:广土巨族与定居文明》,北京:中华书局,2019年。

44. 乌云毕力格、白拉都格其主编:《蒙古史纲要》,呼和浩特:内蒙古人民出版社,2007年。

45. 吴玉山编:《中国再起:历史与国关的对话》,台北:台湾大学人文社会高等研究院、东亚儒学研究中心,2018年。

46. 喜蕾:《元代高丽贡女制度研究》,北京:民族出版社,2003年。

47. [美]亚历山大·温特:《国际政治的社会理论》,秦亚青译,上海:上海人民出版社,2008年。

48. 阎学通:《大国领导力》,北京:中信出版社,2020年。

49. 阎学通:《世界权力的转移:政治领导与战略竞争》,北京:北京大学出版社,2015年。

50. [美]约翰·米尔斯海默:《大国政治的悲剧》,王义桅、唐小松译,上海:上海人民出版社,2008年。

51. [美]约翰·米尔斯海默:《大幻想:自由主义之梦与国际现实》,李泽译,刘丰校,上海:上海人民出版社,2019年。

52. 赵鼎新:《东周战争与儒法国家的诞生》,夏江旗译,北京:北京联合出版公司,2020年。

53. 赵汀阳:《天下体系:世界制度哲学导论》,北京:中国人民大学出版社,2011年。

54. 赵景芳:《美国战略文化研究》,北京:时事出版社,2009年。

55. 资中筠:《美国十讲》,桂林:广西师范大学出版社,2013年。

(二)期刊和媒体文章

1. [加拿大]阿米塔夫·阿查亚、董贺:《全球国际关系学与国际关系理论的中国学派:两者是否兼容》,《世界经济与政治》,2015年第2期。

2. 晁天义:《"大一统"含义流变的历史阐释》,《陕西师范大学学报》(哲学社会科学版),2021年第3期。

3. 陈尚胜:《试论清朝前期封贡体系的基本特征》,《清史研究》,2010

年第2期。

4.陈玉聃:《承上与启下:马基雅维利与霍布斯的历史身位》,《史学月刊》,2020年第9期。

5.陈玉聃:《何以化天下:对软权力论的反思》,《世界知识》,2017年第23期。

6.陈拯:《无问西东:古代东亚秩序研究的自我束缚与解脱》,《外交评论》,2020年第6期。

7.陈志刚:《对封贡体系内属国与藩部界定标准的探讨》,《东北师大学报》(哲学社会科学版),2009年第6期。

8.陈志敏:《中美新型大国关系的形态分析》,《中国社会科学院国际研究学部集刊》,2016年。

9.陈子烨、李滨:《中国摆脱依附式发展与中美贸易冲突根源》,《世界经济与政治》,2020年第3期。

10.程尼娜:《高句丽与汉魏晋及北族政权的朝贡关系》,《安徽史学》,2015年第4期。

11.程尼娜:《羁縻与外交:中国古代王朝内外两种朝贡体系》,《史学集刊》,2014年第4期。

12.程亚文:《构建"新三环":面对全面脱钩可能的中国选择》,《文化纵横》,2022年第3期。

13.程兆奇:《略论宋代的"恢复"情结》,《史林》,2001年第3期。

14.邸富生:《隋唐时期收复辽东的战争》,《中国边疆史地研究导报》,1990年第3期。

15.都兴智:《略论契丹李尽忠之乱》,《东北史地》,2008年第2期。

16.窦兆锐:《"日本中华思想"的理论建构与历史影响:以山鹿素行为中心的考察》,《社会科学战线》,2022年第3期。

17.范勇鹏:《统一性、联邦制与美国制度中的"封建性"因素》,《东方学刊》,2019年第4期。

18.范玉凤:《从佛教文化视角看武则天的历史位阶》,《山西师大学报》(社会科学版),2005年第6期。

19.高婉妮:《国际政治中的等级状态? 评国际关系中的等级制》,《国际政治科学》,2010年第1期。

20.葛兆光:《宋代"中国"意识的凸显——关于近世民族主义思想的一个远源》,《文史哲》,2004年第1期。

21.郭树勇、杨文萱:《大变局中国际格局的影响因素及其主要特点分析》,《毛泽东邓小平理论研究》,2020年第12期。

22.郭树勇:《探寻世界性权力转移的和平之路》,《国际观察》,2019年第2期。

23.韩东育:《"华夷秩序"的东亚构架与自解体内情》,《东北师大学报》(哲学社会科学版),2008年第1期。

24.韩宏韬:《唐代武则天科举改制的政治动因》,《南通大学学报》(社会科学版),2018年第1期。

25.韩昇:《白江之战前唐朝与新罗、日本关系的演变》,《中国史研究》,2005年第1期。

26.胡鞍钢、胡联合:《第二代民族政策:促进民族交融一体和繁荣一体》,《新疆师范大学学报》(哲学社会科学版),2011年第5期。

27.胡键:《"天下"秩序:一种文化意象》,《学海》,2017年第4期。

28.胡钟达:《明与北元:蒙古关系之探讨》,《内蒙古社会科学》,1984年第5期。

29.花勇:《国际等级体系的生成、功能和维持》,《国际政治科学》,2011年第3期。

30.黄朴民:《儒家的军事文化传统与何休的战争观念》,《军事历史研究》,1999年第2期。

31.黄霞平:《论唐玄宗与佛教》,《船山学刊》,2010年第3期。

32.贾庆国:《"山穷水尽"还是"柳暗花明"? 再议中美关系》,《国际观察》,2022年第2期。

33.江湄:《从"大一统"到"正统"论:论唐宋文化转型中的历史观嬗

变》,《史学理论研究》,2006年第4期。

34.蒋戎:《辽朝与高丽朝贡关系浅析》,《东北史地》,2008年第6期。

35.李德山:《唐朝对高句丽政策的形成、嬗变及其原因》,《中国边疆史地研究》,2004年第4期。

36.李方:《试论唐朝的"中国"与"天下"》,《中国边疆史地研究》,2007年第2期。

37.李开盛:《利益、身份与外交政策》,《国际论坛》,2010年第2期。

38.李路曲:《关于比较政治学几个基本问题的认识》,《社会科学战线》,2020年第6期。

39.李绍明:《清初平定准部扰藏和抵御沙俄侵略的斗争》,《西南民族学院学报》(哲学社会科学版),1979年第1期。

40.李晓燕:《中国明代战略文化与儒家文化的一致性研究:与江忆恩商榷》,《世界经济与政治》,2008年第10期。

41.李扬帆:《未完成的国家:"中国"国名的形成与近代民族主义的构建》,《国际政治研究》,2014年第5期。

42.李扬帆:《涌动的东亚:明清易代时期东亚政治行为体的身份认同》,《国际政治研究》,2010年第3期。

43.李云泉、齐廉允:《宋朝高丽观中的战略安全意识》,《山东师范大学学报》(人文社会科学版),2007年第5期。

44.梁利:《从"联丽制辽"到"联金灭辽":论10—12世纪东北亚的战略格局及宋朝的战略对策》,《河南大学学报》(社会科学版),2005年第2期。

45.林尚立:《大一统与共和:中国现代政治的缘起》,《复旦政治学评论》,2016年第1期。

46.刘擎:《寻求共建的普遍性:从天下理想到新世界主义》,《知识分子论丛》,2015年第1期。

47.刘若楠:《地区等级体系衰落的路径分析》,《世界经济与政治》,2014年第12期。

48.刘岳兵:《论日本近代的军国主义与儒学》,《中国社会科学院研究生院学报》,2000年第3期。

49.刘正寅:《试论中华民族整体观念的形成与发展》,《民族研究》,2000年第6期。

50.栾凡:《北元与高丽的外交关系及其文化情结》,《社会科学战线》,2014年第3期。

51.马戎:《中国民族问题的历史与现状》,《云南民族大学学报》(哲学社会科学版),2011年第5期。

52.倪乐雄:《儒家战争观及其历史命运》,《史学月刊》,1993年第2期。

53.牛海桢、李晓英:《简论清朝初年对青海蒙古的政策》,《兰州大学学报》(社会科学版),2007年第2期。

54.潘维:《如何建设政治学的中国学派》,《文化纵横》,2020年第6期。

55.潘忠岐:《中国之"中"与中国外交的尚"中"特色》,《武汉科技大学学报》(社会科学版),2021年第2期。

56.泮伟江:《如何理解中国的超大规模性》,《读书》,2019年第5期。

57.漆海霞、曾绍毓、李娅:《合法性与政治认同:明朝朝贡秩序稳定的原因》,《战略决策研究》,2019年第1期。

58.祁怀高:《新中国70年周边多边外交的历程、特点与挑战》,《世界经济与政治》,2019年第6期。

59.祁美琴:《对清代朝贡体制地位的再认识》,《中国边疆史地研究》,2006年第1期。

60.强世功:《中美"关键十年":"新罗马帝国"与"新的伟大斗争"》,《东方学刊》,2020年第3期。

61.秦亚青:《国际关系理论中国学派生成的可能和必然》,《世界经济与政治》,2006年第3期。

62.任剑涛:《"天下":三重蕴含、语言载体与重建路径》,《文史哲》,2018年第1期。

63. 时殷弘：《武装的中国：千年战略传统及其外交意蕴》，《世界经济与政治》，2011年第6期。

64. 舒健：《高丽与北元、明关系中的几点问题考述》，《华人时刊旬刊》，2014年第6期。

65. 宋国友：《美制裁政策调整难免受内政掣肘》，《环球时报》，2021年10月21日，第15版。

66. 宋国友：《全球化思潮的当前态势及应对之策》，《人民论坛》，2021年第13期。

67. 宋伟：《规范与认同的相互建构：社会建构主义的进展与难题》，《世界经济与政治》，2008年第3期。

68. 宋伟：《国际规范、国家认同与国家行为：〈国家安全的文化〉述评》，《国际政治研究》，2008年第2期。

69. 苏长和：《巨变时代的世界政治研究议程》，《中国政治学》，2020年第3期。

70. 苏长和：《中国大国外交的政治学理论基础》，《世界经济与政治》，2019年第8期。

71. 孙卫国：《试论朝鲜王朝尊明贬清的理论基础》，《史学月刊》，2004年第6期。

72. 唐利国：《日本武士道论视野中的中国儒学》，《世界历史》，2014年第1期。

73. 唐世平：《国际秩序的未来》，《国际观察》，2019年第2期。

74. 万明：《明代初年中国与东亚关系新审视》，《学术月刊》，2009年第8期。

75. 王灿：《北宋"正统""夷夏""中国"诸观念问题新探：以士大夫言论为中心》，《北京社会科学》，2018年第2期。

76. 王成、宋清员：《多元一体中华民族的生成逻辑及其现代启示：基于民族共同体建构的视角》，《南开学报》（哲学社会科学版），2019年第2期。

77.王栋:《中美关系与东亚秩序》,《中国国际战略评论》,2015年。

78.王来特:《朝贡贸易体系的脱出与日本型区域秩序的构建:江户前期日本的对外交涉政策与贸易调控》,《日本学刊》,2012年第6期。

79.王立胜、晏扩明:《"儒家传统—共产主义"文明新形态:中国道路对人类文明新形态的现代探索》,《文化纵横》,2022年第3期。

80.王培华:《正统论与中国文明连续性》,《社会科学辑刊》,2002年第1期。

81.王元周:《论"朝鲜中华主义"的实与虚》,《史学集刊》,2009年第3期。

82.韦宗友:《地位焦虑与美国对华战略竞争》,《国际观察》,2022年第3期。

83.魏志江:《关于清朝与朝鲜宗藩关系研究的几个问题:兼与韩国全海宗教授商榷》,《东北史地》,2007年第1期。

84.武心波:《日本与东亚"朝贡体系"》,《国际观察》,2003年第6期。

85.谢超:《论印度人民党的右翼民粹主义动员策略及效果》,《南亚研究》,2021年第4期。

86.修晓波:《试析朱元璋与北元势力军事斗争的意义》,《历史教学》,1989年第1期。

87.徐进、孙学峰:《"清华路径"与中国国际关系研究的发展方向》,《国际展望》,2014年第6期。

88.徐进:《国家何以建构国际规范:一项研究议程》,《国际论坛》,2007年第5期。

89.许纪霖:《特殊的文化,还是新天下主义?》,《文化纵横》,2012年第2期。

90.许纪霖:《新天下主义:对民族主义与传统天下主义的双重超越》,《探索与争鸣》,2016年第5期。

91.许纪霖:《新天下主义与中国的内外秩序》,《知识分子论丛》,2015年第1期。

92.许学权:《高丽对北宋、辽的朝贡政策探析》,《西安社会科学》,2011年第1期。

93.薛平拴:《论唐玄宗与道教》,《陕西师大学报》(哲学社会科学版),1993年第3期。

94.薛宗正:《回纥的初兴及其同突厥、唐朝的关系》,《西北民族研究》,1992年第1期。

95.闫彩虹:《武则天与道教》,《新西部》(理论版),2016年第9期。

96.阎学通:《道义现实主义的国际关系理论》,《国际问题研究》,2014年第5期。

97.杨峰:《南宋初年宋金"和""战"新探》,《贵州文史丛刊》,2003年第4期。

98.杨光斌:《世界政治学基本问题和框架探讨》,《中国人民大学学报》,2021年第1期。

99.杨树森:《略论辽与五代、北宋战争的性质》,《社会科学战线》,1986年第1期。

100.杨原:《崛起国如何与霸权国争夺小国?——基于古代东亚历史的案例研究》,《世界经济与政治》,2012年第12期。

101.杨原:《武力胁迫还是利益交换?——大国无战争时代大国提高国际影响力的核心路径》,《外交评论》,2011年第4期。

102.姚中秋:《"大一统"理念辨析》,《学海》,2008年第6期。

103.姚中秋:《超大规模国家的治理之道》,《读书》,2013年第5期。

104.叶自成:《说柔、用柔、柔实力》,《社会科学》,2017年第3期。

105.于晓光:《元末明初高丽"两端"外交原因初探》,《东岳论丛》,2006年第1期。

106.翟东升:《中国不必接棒美国扮演全球化的新旗手,但要抓住新风口》,观察者网,2020年5月28日,https://www.guancha.cn/DiDongSheng/2020_05_14_550357_s.shtml.

107.张春海:《高丽政权的自称抉择、记忆筛选与中国认同》,《安徽史学》,2018年第1期。

108. 张辉:《"铁岭立卫"与辛禑朝出师攻辽》,《中国边疆史地研究》,2003年第1期。

109. 张双智:《清朝外藩体制内的朝觐年班与朝贡制度》,《清史研究》,2010年第3期。

110. 张文木:《大国崛起的历史经验》,《东南亚南亚研究》,2018年第1期。

111. 张文木:《论正在崛起的中国及其治理世界能力的预备》,《中央社会主义学院学报》,2017年第4期。

112. 张献忠:《试论高丽辛禑王朝对明朝和北元的"骑墙"外交》,《南开学报》(哲学社会科学版),2012年第3期。

113. 张兴胜:《论唐朝与西突厥的关系》,《西北史地》,1996年第3期。

114. 张植华:《略论噶尔丹:关于噶尔丹与西藏僧俗统治者以及同沙俄关系的探讨》,《内蒙古大学学报》(哲学社会科学版),1979年第Z2期。

115. 章永乐:《多民族国家传统的接续与共和宪政的困境:重审清帝逊位系列诏书》,《清史研究》,2012年第2期。

116. 赵德勇、姚洪越:《马克思主义无神论中国化初探》,《当代世界与社会主义》,2014年第4期。

117. 赵明昊:《试析中美"战略竞争"及其管理》,《东亚评论》,2021年第1期。

118. 赵汀阳:《"天下体系":帝国与世界制度》,《世界哲学》,2003年第5期。

119. 赵汀阳:《以天下重新定义政治概念:问题、条件和方法》,《世界经济与政治》,2015年第6期。

120. 赵现海:《洪武初年明、北元、高丽的地缘政治格局》,《古代文明》,2010年第1期。

121. 赵永春:《北宋联金复燕的活动及其经验教训》,《历史教学》,1987年第10期。

122.[韩]郑容和:《从周边视角来看朝贡关系:朝鲜王朝对朝贡体系的认识和利用》,《国际政治研究》,2006年第1期。

123.郑宇:《21世纪多边主义的危机与转型》,《世界经济与政治》,2020年第8期。

124.中国历史研究院课题组:《明清时期"闭关锁国"问题新探》,《历史研究》,2022年第3期。

125.周方银、李源晋:《实力、观念与不对称关系的稳定性:以明清时期的中朝关系为例》,《当代亚太》,2014年第4期。

126.周雪光:《国家治理规模及其负荷成本的思考》,《吉林大学社会科学学报》,2013年第1期。

127.周永卫:《匈奴与南越关系考》,《史学月刊》,2009年第3期。

128.朱杰进:《国际制度设计中的规范与理性》,《国际观察》,2008年第4期。

129.朱小略、叶自成:《"攘夷"与"徕外":传统社稷安全观的对象与对策》,《世界经济与政治》,2016年第12期。

130.朱中博、周云亨:《中国战略文化的和平性:〈文化现实主义〉再反思》,《当代亚太》,2011年第1期。

131.庄国土:《略论朝贡制度的虚幻:以古代中国与东南亚的朝贡关系为例》,《南洋问题研究》,2005年第3期。

(三)古代文献

1.[汉]司马迁撰:《史记》,中华书局编辑部点校,北京:中华书局,1982年。

2.[唐]魏徵、令狐德棻撰:《隋书》,中华书局编辑部点校,北京:中华书局,1973年。

3.[五代]刘昫:《旧唐书》,中华书局编辑部点校,北京:中华书局,1975年。

4.[宋]欧阳修、宋祁:《新唐书》,中华书局编辑部点校,北京:中华书局,1975年。

5.[宋]司马光编著:《资治通鉴》,[元]胡三省音注,标点资治通鉴小组点校,北京:中华书局,1956年。

6.[宋]李焘撰:《续资治通鉴长编》,北京:中华书局,2004年。

7.[宋]徐自明撰:《宋宰辅编年录校补》续编卷之六理宗,王瑞来校补,北京:中华书局,1986年。

8.[宋]叶绍翁撰:《四朝闻见录》,冯惠民、沈锡麟点校,北京:中华书局,1989年。

9.[元]脱脱等编:《辽史》,北京:中华书局,1991年。

10.[元]脱脱、阿鲁图等编:《宋史》,北京:中华书局,1977年。

11.[明]陈建著:《皇明通纪》,钱茂伟点校,北京:中华书局,2008年。

12.[明]谈迁:《国榷》,张宗祥点校,北京:中华书局,1958年。

13.[明]严从简:《殊域周咨录》,余思黎点校,北京:中华书局,1993年。

14.[明]朱元璋撰:《明太祖集》,胡士萼点校,合肥:黄山书社,1991年。

15.[朝]郑麟趾:《高丽史》,载《四库全书存目丛书》史部,济南:齐鲁书社,1996年。

16.[清]谷应泰等撰:《明史纪事本末》,河北师范学院历史系点校,北京:中华书局,2015年。

17.[清]康有为著:《论语注》,楼宇烈整理,北京:中华书局,1984年。

18.[清]梁启超:《饮冰室文集点校》,昆明:云南教育出版社,2001年。

19.[清]钱谦益撰:《国初群雄事略》,张德信、韩志远点校,北京:中华书局,1982年。

20.[清]夏燮撰:《明通鉴》,沈仲九点校,北京:中华书局,2009年。

21.[清]张廷玉等撰:《明史》,中华书局编辑部点校,北京:中华书局,1974年。

22.[清]赵翼:《廿二史札记校证》,王树民校证,北京:中华书局,2013年。

23.王国维:《观堂集林》,北京:中华书局,1961年。

24.梁启雄:《荀子简释》,北京:中华书局,1983年。

25. 岑仲勉：《隋唐史》，北京：中华书局，1982年新1版。

26. 吴晗辑：《朝鲜李朝实录中的中国史料》，北京：中华书局，1980年。

27. 曾枣庄、刘琳主编：《全宋文》，上海：上海辞书出版社，2006年。

28. 刘尚慈译注：《春秋公羊传译注》，北京：中华书局，2010年。

29. 吴云、冀宇校注：《唐太宗全集校注》，天津：天津古籍出版社，2004年。

二、英文文献

(一)著作

1. Beach, Derek, and Rasmus Brun Pedersen, *Process-Tracing Methods: Foundations and Guidelines*, Ann Arbor, MI: University of Michigan Press, 2013.

2. Burbank, Jane, and Frederick Cooper, *Empires in World History: Power and the Politics of Difference*, Princeton, NJ: Princeton University Press, 2010.

3. Clark, Ian, *The Hierarchy of States: Reform and Resistance in the International Order*, New York: Cambridge University Press, 1989.

4. Fairbank, John K. (ed.), *The Chinese World Order: Traditional China's Foreign Relations*, Cambridge, MA: Harvard University Press, 1968.

5. Fairbank, John K., *Trade and Diplomacy on the China Coast: The Opening of the Treaty Ports, 1842—1854*, Cambridge, MA: Harvard University Press, 1953.

6. Gilpin, Robert, *U.S. Power and the Multinational Corporation: The Political Economy of Foreign Direct Investment*, New York: Basic Books, 1975.

7. Gramsci, Antonio, *Selections from the Prison Notebooks*, New York: International Publishers, 1971.

8. Hamashita, Takeshi, *China, East Asia and the Global Economy: Regional and Historical Perspectives*, London and New York: Routledge, 2008.

9. Hass, Ryan, *Stronger: Adapting America's China Strategy in an Age of*

Competitive Interdependence, New Haven, CT: Yale University Press, 2021.

10. Hevia, James L., *Cherishing Men from Afar: Qing Guest Ritual and the McCartney Embassy of 1793*, Durham and London: Duke University Press, 1995.

11. Islamoglu, Huri, and Peter C. Perdue (eds.), *Shared Histories of Mo-dernity in China, India and the Ottoman Empire*, Delhi: Routledge, 2008.

12. Johnston, Alastair Iain, *Cultural Realism: Strategic Culture and Grand Strategy in Chinese History*, Princeton, NJ: Princeton University Press, 1995.

13. Kang, David C., *China Rising: Peace, Power, and Order in East Asia*, New York: Columbia University Press, 2007.

14. Kang, David C., *East Asia Before the West: Five Centuries of Trade and Tribute*, New York: Columbia University Press, 2010.

15. Lake, David A., *Hierarchy in International Relations*, Ithaca and Lon-don: Cornell University Press, 2009.

16. Lattimore, Owen, *Inner Asian Frontiers of China*, London: Oxford University Press, 1940.

17. Lobell, Steven E., Norrin M. Ripsman and Jeffrey W. Taliaferro (eds.), *Neoclassical Realism, the State, and Foreign Policy*, Cambridge, UK: Cam-bridge University Press, 2009.

18. Mancall, Mark, *China at the Center: 300 Years of Foreign Policy*, New York: The Free Press, 1984.

19. Mearsheimer, John J., *The Tragedy of Great Power Politics*, New York: W. W. Norton, 2001.

20. Millward, James A., *Beyond the Pass: Economy, Ethnicity, and Empire in Qing Central Asia, 1759—1864*, Stanford: Stanford University Press, 1998.

21. Nye, Joseph S., *Soft Power: The Means to Success in World Politics*, New York: Public Affairs, 2004.

22. Puchala, Donald, *Theory and History in International Relations*, New

York: Routledge, 2003.

23. Rossabi, Morris (ed.), *China Among Equals: The Middle Kingdom and Its Neighbors, 10th–14th Centuries*, Berkeley: University of California Press, 1983.

24. Shively, W. Phillips, *The Craft of Political Research, Fifth Edition*, Upper Saddle River, NJ: Pearson Education, Inc, 2002.

25. Spence, Jonathan D., *Search for Modern China, 2nd edition*, New York: Norton, 1999.

26. Tao, Jing–shen, *Two Sons of Heaven: Studies in Sung–Liao Relations*, Tucson: University of Arizona Press, 1988.

27. Toby, Ronald, *State and Diplomacy in Early Modern Japan: Asia in the Development of the Tokugawa Bakufu*, Stanford: Stanford University Press, 1984.

28. Waltz, Kenneth, *Theory of International Politics*, Reading, Mass.: Addison–Wesley Publishing Co., 1979.

29. Wan, Ming, *The Political Economy of East Asia: Striving for Wealth and Power*, Washington, D.C.: CQ Press, 2007.

30. Wang, Gungwu, *The Chinese Way: China's Position in International Relations*, Oslo, Norway: Scandinavian University Press, 1995.

31. Wang, Yi–T'ung, *Official Relations Between China and Japan, 1368—1549*, Cambridge: Harvard University Press, 1953.

32. Wang, Yuan–kang, *Harmony and War: Confucian Culture and Chinese Power Politics*, New York: Columbia University Press, 2011.

33. Westad, Odd Arne, *Restless Empire: China and the World Since 1750*, New York: Basic Books, 2012.

34. Womack, Brantly, *China Among Unequals: Asymmetric Foreign Relations in Asia*, Singapore: World Scientific Publishing Company, 2010.

35. Yan, Xuetong, *Leadership and the Rise of Great Powers*, Princeton:

Princeton University Press, 2019.

36. Yü, Ying–shih, *Trade and Expansion in Han China: A Study in the Structure of Sino–Barbarian Economic Relations*, Berkeley and Los Angeles: University of California Press, 1967.

37. Zhang, Feng, *Chinese Hegemony: Grand Strategy and International Institutions in East Asian History*, Stanford: Stanford University Press, 2015.

38. Zhao, Dingxin, *The Confucian–Legalist State: A New Theory of Chinese History*, New York: Oxford University Press, 2015.

（二）期刊和媒体文章

1. Acharya, Amitav, "From Heaven to Earth: 'Cultural Idealism' and 'Moral Realism' as Chinese Contributions to Global International Relations," *The Chinese Journal of International Politics*, Vol. 12, No. 4, 2019.

2. Axelrod, Robert, "An Evolutionary Approach to Norms," *American Political Science Review*, Vol. 80, No. 4, 1986.

3. Buzan, Barry, "The Logic and Contradictions of 'Peaceful Rise/Development' as China's Grand Strategy," *The Chinese Journal of International Politics*, Vol. 7, No. 4, 2014.

4. Callahan, William A., "Sino–Speak: Chinese Exceptionalism and the Politics of History," *Journal of Asian Studies*, Vol. 71, No. 1, 2012.

5. Chakrabarty, Ria, "It's Time to Condition Aid to India," *Foreign Policy*, August 15, 2022, https://foreignpolicy.com/2022/08/15/india–united–states–military–security–aid–human–rights–ndaa/.

6. Chanda, Nayan, "When Asia Was One," *Global Asia*, Vol. 1, No. 1, 2006.

7. Checkel, Jeffrey T., "Norms, Institutions and National Identity in Contemporary Europe," *International Studies Quarterly*, Vol. 43, No. 1, 1999.

8. Chu, Sinan, "Whither Chinese IR? The Sinocentric subject and the

paradox of Tianxiaism", *International Theory*, Vol. 14, No. 1, 2022.

9.Clarke, Richard A., and Rob Knake, "The Internet Freedom League," *Foreign Affairs*, Vol. 98, No. 5, 2019, https://www.foreignaffairs.com/articles/2019-08-12/internet-freedom-league.

10.Cranmer-Byng, John, "The Chinese View of Their Place in the World: A Historical Perspective," *The China Quarterly*, Vol. 53, 1973.

11.Fairbank, John K. and Ssu-yü Teng, "On the Ch'ing Tributary System," *Harvard Journal of Asiatic Studies*, Vol. 6, No. 2, 1941.

12.Fairbank, John K., "Tributary Trade and China's Relations with the West," *Far Eastern Quarterly*, Vol. 1, No. 2, 1942.

13.Foot, Rosemary, "Chinese Strategies in a US-hegemonic Global Order: Accommodating and Hedging," *International Affairs*, Vol. 82, No. 1, 2006.

14. Friedberg, Aaron L., "The Growing Rivalry Between America and China and the Future of Globalization," *Texas National Security Review*, Vol. 5, No. 1, 2021/2022, http://dx.doi.org/10.26153/tsw/21612.

15. Gilpin, Robert, "The Origin and Prevention of Major Wars," *The Journal of Interdisciplinary History*, Vol. 18, No. 4, 1988.

16.Goh, Evelyn, "Great Power and Hierarchical Order in Southeast Asia: Analyzing Regional Security Strategies," *International Security*, Vol. 32, No. 3, 2007/08.

17.Gross, Neil, "Is the United States Too Big to Govern?" *The New York Times*, May 11, 2018, https://www.nytimes.com/2018/05/11/opinion/sunday/united-states-too-big.html.

18.Hawley, William, "Supremacy First, Morality Later? China's Ascendancy from a Western IR Perspective," *The European Legacy*, Vol. 26, No. 3-4, 2021.

19.Hui, Victoria Tin-Bor, "How China Was Ruled," *The American Interest*, Vol. 3, No. 4, 2008, Retrieved from https://www.the-american-interest.

com/2008/03/01/how-china-was-ruled.

20. Huntington, Samuel P., "The West: Unique, Not Universal," *Foreign Affairs*, Vol. 75, No. 6, 1996.

21. Hwang, Kwang-Kuo, "Chinese Relationalism: Theoretical Construction and Methodological Considerations," *Journal for the Theory of Social Behavior*, Vol. 30, No. 2, 2000.

22. Hwang, Yih-Jye, "Reappraising the Chinese School of International Relations: A Postcolonial Perspective," *Review of International Studies*, Vol. 47, No. 3, 2021.

23. Johnston, Alastair Iain, "Conclusions and Extensions: Toward Mid-Range Theorizing and Beyond Europe," *International Organization*, Vol. 59, No. 4, 2005.

24. Kang, David C. "Authority and Legitimacy in International Relations: Evidence from Korean and Japanese Relations in Pre-Modern East Asia," *The Chinese Journal of International Politics*, Vol. 5, No. 1, 2012.

25. Kang, David C., "Getting Asia Wrong: The Need for New Analytic Frameworks," *International Security*, Vol. 27, No. 4, 2003.

26. Kang, David C., "Hierarchy and Legitimacy in International Systems: The Tribute System in Early Modern East Asia," *Security Studies*, Vol. 19, No. 4, 2010.

27. Kang, David C., "Hierarchy, Balancing, and Empirical Puzzles in Asian International Relations, " *International Security*, Vol. 28, No. 3, 2004.

28. Kang, David C., "International Relations Theory and East Asian History: An Overview," *Journal of East Asian Studies*, Vol. 13, No. 2, 2013.

29. Kang, David C., "The Theoretical Roots of Hierarchy in International Relations," *Australian Journal of International Affairs*, Vol. 58, No. 3, 2004.

30. Kang, David C., "Why was There No Religious War in Premodern East Asia?" *European Journal of International Relations*, Vol. 20, No. 4, 2014.

31. Kang, David C., Meredith Shaw, and Ronan Tse-min Fu, "Measuring War in Early Modern East Asia, 1368—1841: Introducing Chinese and Korean Language Sources," *International Studies Quarterly*, Vol. 60, No. 4, 2016.

32. Kelly, Robert, "A 'Confucian Long Peace' in Pre-Western East Asia?" *European Journal of International Relations*, Vol. 18, No. 3, 2012.

33. Khong, Yuen Foong, "The American Tributary System," *The Chinese Journal of International Politics*, Vol. 6, No. 1, 2003.

34. Kohno, Masaru, "East Asia and International Relations Theory," *International Relations of the Asia-Pacific*, Vol. 14, No. 1, 2014.

35. Lake, David A., "Hobbesian Hierarchy: The Political Economy of Political Organization," *Annual Review of Political Science*, Vol. 12, No. 1, 2009.

36. Mckeown, Ryder, "Norm Regress: Revisionism and the Slow Death of the Torture Norm," *International Relations*, Vol. 23, No. 1, 2009.

37. Medeiros, Evan S., "Strategic Hedging and the Future of Asia - pacific Stability," *The Washington Quarterly*, Vol. 29, No. 1, 2005.

38. Miyakawa, Hisayuki, "An Outline of the Naitō Hypothesis and its Effects on Japanese Studies of China," *The Far Eastern Quarterly*, Vol. 14, No. 4, 1955.

39. Noesselt, Nele, "Revisiting the Debate on Constructing a Theory of International Relations with Chinese Characteristics," *The China Quarterly*, Vol. 222, 2015.

40. Owen, John M., "Two Emerging International Orders? China and the United States," *International Affairs*, Vol. 97, No. 5, 2021.

41. Perdue, Peter C., "The Tenacious Tributary System," *Journal of Contemporary China*, Vol. 24, No. 96, 2015.

42. Ruggie, John, "Continuity and Transformation in the World Polity: Toward a Neorealist Synthesis," *World Politics*, Vol. 35, No. 2, 1983.

43. Song, Nianshen, " 'Tributary' from a Multilateral and Multilayered

Perspective," *The Chinese Journal of International Politics*, Vol. 5, No. 2, 2012.

44. Tang, Shiping, "Foundational Paradigms of Social Sciences," *Philos - ophy of the Social Sciences*, Vol. 41, No. 2, 2011.

45. Walt, Stephen M., "The Ukraine War Doesn't Change Everything," *Foreign Policy*, April 13, 2022, https://foreignpolicy.com/2022/04/13/ukraine- war-realism-great-powers-unipolarity/.

46. Waltz, Kenneth N., "International Politics is Not Foreign Policy," *Se - curity Studies*, Vol. 6, No. 1, 1996.

47. Wang, Gungwu, "The Fourth Rise of China: Cultural Implications," *China: An International Journal*, Vol. 2, No. 2, 2004.

48. Wang, Yuan-kang, "Explaining the Tribute System: Power, Confu - cianism, and War in Medieval East Asia," *Journal of East Asian Studies*, No. 13, No. 2, 2013.

49. Wang, Yuan-kang, "Managing Regional Hegemony in Historical Asia: The Case of Early Ming China," *The Chinese Journal of International Politics*, Vol. 5, No. 2, 2012.

50. Wills, John E., "Tribute, Defensiveness, and Dependency: Uses and Limits of Some Basic Ideas about Mid-Qing Dynasty Foreign Relations," *American Neptune*, Vol. 48, 1988.

51. Womack, Brantly, "Asymmetry and China's Tributary System," *The Chinese Journal of International Politics*, Vol. 5, No. 1, 2012.

52. Woodside, Alexander, "Territorial Order and Collective-Identity Tensions in Confucian Asia: China, Vietnam, Korea," *Daedalus*, Vol. 127, No. 3, 1998.

53. Zakaria, Fareed, "The New China Scare," *Foreign Affairs*, January / February 2020, https://www.foreignaffairs.com/articles/china/2019-12-06/ new-china-scare.

54. Zhang, Yongjin and Barry Buzan, "The Tributary System as Interna -

tional Society in Theory and Practice," *The Chinese Journal of International Politics*, Vol. 5, No. 1, 2012.

55. Zhang, Feng, "Rethinking the 'Tribute System': Broadening the Conceptual Horizon of Historical East Asian Politics," *The Chinese Journal of International Politics*, Vol. 2, No. 4, 2009.

56. Zhou, Fangyin, "Equilibrium Analysis of the Tributary System," *The Chinese Journal of International Politics*, Vol. 4, No. 2, 2011.

后　记

这本书是在我最近十年来积累的一些浅显思考的基础上形成的。我最初开始对古代东亚的国际关系感兴趣，是在本科的最后一年。本书内容跨越了我在三个时间段的学习和研究经历，即读博之前的两年、博士生期间的四年和博士毕业之后的五年。中国特色国际关系理论或"中国学派"国际关系理论是一个经久不衰的话题，无论是在国内还是国际的学术会议上，这个话题总是能吸引相当多的同仁的关注。很多先辈学者努力从多个路径探索中国特色国际关系理论，古代视角只是其中的一种路径。从研究古代东亚入手，我希望将视野提升到对国际关系理论的普遍性与特殊性的理解。

我立志从事国际关系研究是在2008年初。我当时的志向非常明确，即希望将来能到大学或科研机构从事学术工作。从那个时候开始，我再也没有改变过自己的理想追求，一直朝着这个方向不断努力。那时互联网的知识传播和学术交流不如今天这样发达，我在一开始几年里主要通过自学方式学习国际关系知识。我的本科专业是外国语言文学，这是我在高考之后的选择，但是后来我发现这个专业对我未来职业生涯的帮助比较有限，我更需要培养一种能对社会问题进行深入思考和批判的能力，而不是仅仅掌握某种技能。当然，本科时期的语言能力的培养，为我后来的阅读和写作打下了一定基础。

我先后在多个城市求学，包括北京、上海、南京、香港。与很多同仁一样,我追求学术的道路也曾有过很多挫折和坎坷。由于没有在国内的任何一个主流的国际关系学院的求学经历,我的基础知识较为薄弱,在研究方法方面的训练比较匮乏。不过,失之东隅,收之桑榆,每次在遇到困难之后我总能抓住新的机遇,或者得到知音和知己的帮助。学术工作和其他职业的一个明显不同之处在于,自己可以更容易把握和掌控自己的命运。只要踏实勤恳地做研究,总会有所成长和进步,未来还会有广阔的空间供自己施展才干。此外,我还发现,在过去的十多年里,国际秩序及其价值体系进行了深刻的重组,我们学习新知识的速度赶不上客观世界的变化。我周围很多熟悉的人,他们的思想观念发生了很大的转变。

2018年,我博士毕业之后来到复旦大学工作,同时在中国研究院、发展研究院两个智库任职,基本上实现了十年前的理想愿望。这本书的主体结构也是在这一时期构思而出的,很多同事和朋友给了我启迪。很多人认为,一个学者难以兼顾学术研究和智库研究,但我认为二者同等重要。学术研究最终也是要解决现实问题,智库研究同样应该有必要的学理逻辑的支撑。2021年10月,我来到复旦大学社会科学高等研究院工作,我的学术生涯也进入了新的阶段,我很喜欢这里的同事们低调严谨做学术的风格,而且有更多机会与来自世界各国的知名学者学习交流。十几年来,很多老师和朋友给予了我宝贵的帮助,我要感谢的人太多了,如果在这里一一列出可能会占据几页的篇幅。

今天中国的国际关系学科的发展,似乎正在面临关键的节点,很多同仁感到了我们正在面临的困境。新的学科划分难免使得我们流失一部分从业人员,在资源分配上也正在面临不利境地,即使继续坚守阵地的同仁们很多也从基础研究转向对策研究。理论创新已经变得越来越困难,即使有所创新也难免被认为只有"术"的突破,而没有"道"的进步。那些触及社会本质问题的领域,很多人因为各种原因不愿意去研究。我认为,虽然每项研究都有自己的价值,但每个人的生命毕竟是有限的,还是应该多研究一些自己认为最重要的问题。很多客观因素不是自己有能力改变的,但是这并不意味着一定要循规蹈矩。

随着中国的发展和崛起,它与西方世界之间的关系变得更加复杂。这为我们讨论国际政治中的普遍性与特殊性问题提供了更多的事实基础。普遍性可能意味着更多的和谐,也可能意味着更多的冲突,特殊性也是如此。目前世界正处于大变局时期,在接下来的五年中,我希望继续关注这个问题,争取再有一些研究成果。

从事研究工作肯定会牺牲很多陪伴家人的时间,感谢我的父母为我作出的巨大牺牲。此外,天津人民出版社的同志们为这本书的编辑出版工作做了重要贡献。我和天津人民出版社很有缘分,我父亲25年前有幸在这里出版了著作。一年之前,出版社的编辑就积极给我出谋划策,我希望这本书成为一本存得住、留得久的著作。

孟维瞻

2022年夏于尚景园